职业教育“十四五”规划教材
职业教育课程改革规划创新教材

物流数据采集与分析

谢小丽　张　婧　卢昭昭　主编

中国石化出版社
HTTP://WWW.SINOPEC-PRESS.COM
中国经济出版社
CHINA ECONOMIC PUBLISHING HOUSE

内 容 提 要

本书围绕智慧物流的核心场景，系统构建了从基础操作到高阶分析的全链路知识体系。全书共分六大模块，以任务驱动为导向，融入真实行业案例与标准化工具，旨在帮助读者掌握数据分析方法的同时，深入理解物流业务的底层逻辑，为智慧物流的实践与应用提供科学支撑。模块一从 Excel 数据处理起步，夯实数据清洗、分析与可视化技能，为后续场景应用奠定技术基础；模块二至模块四聚焦仓储、运输、配送三大核心环节，涵盖 ABC 分类、出入库效率分析、最短路径规划、配送站点选址等典型任务，完整解析数据驱动的决策逻辑；模块五、模块六深入智能设备与运营绩效分析，从设备异常监测到仓储运输配送全链路绩效评估，助力企业实现精细化、智能化管理。

本书适合作为职业院校物流管理、供应链运营、电子商务等专业核心教材，适配中高职院校“课证融通”培养需求，也可作为仓储主管、运输调度员、物流规划师等岗位的技能提升手册。

图书在版编目(CIP)数据

物流数据采集与分析 / 谢小丽,张婧,卢昭昭主编.
北京 : 中国石化出版社, 2025. 9. -- ISBN 978-7-5114-8097-2
Ⅰ. F252
中国国家版本馆 CIP 数据核字第 2025H73Q72 号

中国石化出版社出版发行
地址:北京市东城区安定门外大街 58 号
邮编:100011　电话:(010)57512500
发行部电话:(010)57512575
http://www.sinopec-press.com
E-mail:press@sinopec.com
宝蕾元仁浩(天津)印刷有限公司印刷
全国各地新华书店经销
*
787 毫米×1092 毫米 16 开本 14 印张 348 千字
2025 年 9 月第 1 版　2025 年 9 月第 1 次印刷
定价:45.00 元

《物流数据采集与分析》

编　委　会

主　编：谢小丽　张　婧　卢昭昭

副主编：朱荣珏　庞春宁　胡　璇　朱海燕

编　委：史成龙　许小会　钟　岚　卢开茶

吴　艳

前言

在数字经济与智能制造深度融合的今天，智慧物流已成为推动供应链变革的核心引擎。大数据、人工智能、物联网等技术的快速迭代，正在重塑物流行业的作业模式与管理思维。企业不再仅依赖经验决策，而是通过精准的数据分析优化仓储布局、运输路径、配送效率及设备效能。为适应这一趋势，培养兼具数据分析能力与物流业务素养的复合型人才迫在眉睫。本书特色如下：

1. 实战导向，场景驱动

围绕仓储、运输、配送、智能设备及运营绩效等核心环节，设计真实业务场景下的数据分析任务，覆盖 Excel 基础操作、路径优化、成本计算、设备可靠性分析等实用技能，助力读者快速解决实际问题。

2. 系统化学习路径

从数据收集、处理、分析到可视化呈现，构建完整的数据分析流程；通过 ABC 分类、最短路径算法、配送选址模型等经典方法，结合智慧物流新技术（如自动化设备、智能调度系统），形成“方法+工具+案例”三位一体的知识体系。

3. 行业前沿与实用工具结合

以 Excel 为数据分析入门工具，降低学习门槛；同时融入智慧物流领域的最新应用（如自动化仓储性能分析、配送集包业务优化），帮助读者同步掌握基础工具与行业趋势。

4. 课程思政融合，培养职业精神

在技能训练中渗透工匠精神、绿色理念与社会责任。例如，通过精准盘点作业强调“数据零误差”的职业态度；结合路径优化分析传递“节能减排”的可持续发展观；在设备选型决策中融入成本把控与技术创新平衡的伦理思考。

本书的编写得益于多家物流企业的一线数据支持与技术专家指导，在此对京东物流、顶通物流等行业伙伴提供的实战案例与系统参数表示衷心感谢。同时，感谢职业教育领域同仁提出的宝贵建议，使本书更贴合教学实际。

在智慧物流的浪潮中，数据是新的生产要素，分析能力是新的核心竞争力。期待本书能助力每一位读者在数字化转型中抢占先机，用精准洞察赋能物流未来！

由于编者水平有限，书中难免存在疏漏之处，恳请读者批评指正。

编　者

2025 年 5 月

目录

模块一　数据分析的 Excel 基本操作

项目背景

快鹿商超集团是一家大型连锁商超企业，总部设在 A 市，其经营网络覆盖全国大部分地区。快鹿商超集团在 A 市建立了一家物流中心(以下简称“快鹿物流中心”)。快鹿物流中心拥有完善的物流服务网络，依托先进的物流服务平台，主要为快鹿商超集团分布在 A 市的门店提供仓储和市内配送等物流服务，同时为快鹿商超集团分布在 B、C、D、E、F、G 六市的门店提供长途干线运输等物流服务。

快鹿物流中心结合客户具体要求和企业管理制度，完成客户委托的日常业务，其项目背景数据基于快鹿物流中心 2025 年 1 月 10 日当天的物流作业情况。快鹿物流中心每天的工作时间为 8：00—17：30。快鹿物流中心组织部门架构如图 1-1 所示，人员管理架构如图 1-2 所示。

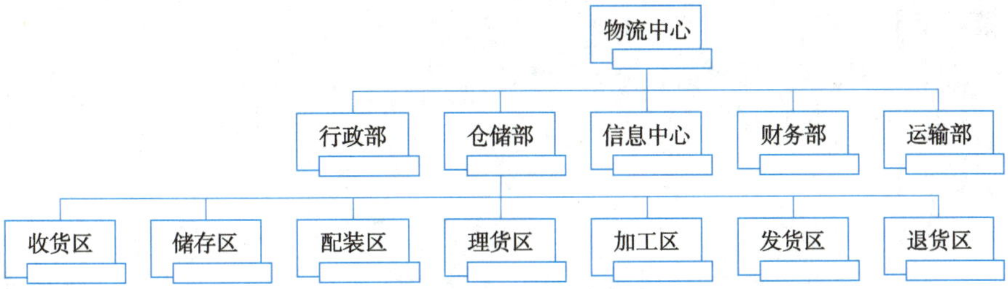

图 1-1　快鹿物流中心组织部门架构图

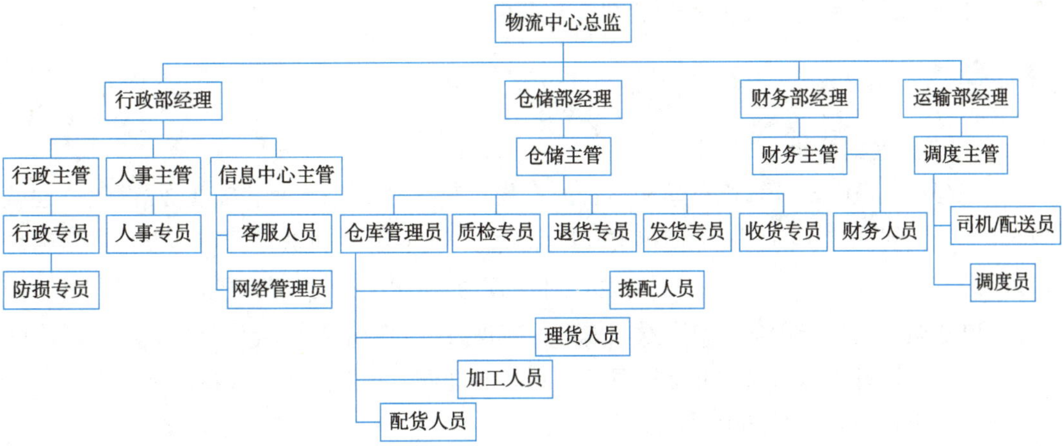

图 1-2　快鹿物流中心人员管理架构图

任务一　数据分析概述

任务描述

2025 年 1 月 10 日，快鹿商超集团管理层下发指示，要求对新入职的网络管理员进行数据分析的培训，物流中心总监蒋立安排信息中心主管陈鹏完成该项工作。

学习目标

【知识目标】

1. 理解数据分析的定义、意义和应用领域。

2. 掌握数据分析的基本流程，包括明确分析目标、数据收集、数据清洗、数据分析、数据可视化和撰写分析报告。

3. 了解数据分析的未来发展趋势，例如大数据分析、人工智能与机器学习、实时数据分析和数据可视化。

【技能目标】

1. 能够根据实际需求明确数据分析目标。

2. 能够复述统计指标的概念。

【素养目标】

1. 培养学生对数据的敏感度和洞察力，能够从数据中发现问题和机会。

2. 培养学生的团队合作精神和沟通能力，能够与他人合作完成数据分析项目，并清晰地传达分析结果。

3. 引导学生关注数据分析的伦理和社会影响，负责任地使用数据。

任务准备

1. 什么是数据分析

数据分析是数学与计算机科学相结合的产物。数据分析的数学基础在 20 世纪早期就已确立，但直到计算机的出现才使得实际操作成为可能，并使得数据分析得以推广。随着互联网的发展和大数据时代的来临，数据分析的重要性比任何时候都更为突出。

简单地说，数据分析是指对大量数据进行整理后，利用适当的统计分析方法，把隐藏在数据背后的信息提炼出来，并加以概括、总结的过程。数据分析的内容主要包括：

现状分析：明确已经发生了什么；

原因分析：分析为什么发生某一现状；

预测分析：预测将来可能发生什么。

1.1　数据分析的过程

数据分析的过程主要包括 6 个既相对独立又相互联系的阶段，下面分别进行介绍。

1.1.1　确定分析目的

做任何事情都要有目的，数据分析也不例外。明确目的在数据分析中上升到了一个非常重要的高度，甚至决定了你后面所做的一切有没有价值。如果目的不明确，南辕北辙，结果可想而知。

1.1.2　收集数据

收集数据是指根据数据分析的目的，收集相关数据的过程，它为数据分析提供素材和依据。俗话说“巧妇难为无米之炊”，没有数据，再高强的分析本领也无从施展。那么数据怎么收集呢？可以手动收集，也可以用工具收集。

1.1.3　数据处理

数据处理是指对收集到的数据进行加工整理，即将收集到的原始数据转换为可以分析的形式，并且保证数据的一致性和有效性，是数据分析前必不可少的阶段。

1.1.4　数据分析

数据分析是指用适当的分析方法和分析工具，对处理过的数据进行分析，形成有效结论的过程。

数据分析是通过软件来完成的，这就要求我们不仅要掌握各种数据分析的原理和方法、还要熟悉数据分析软件的操作。本书作为数据分析的基础教材，使用 Excel 2016，通过数据分组、计算统计指标、回归分析、探索相关关系等方法对数据进行统计分析。

1.1.5　数据展现

数据分析的结果往往是一个个数据或一张数据表。这些纯数字，别说一般人看不懂，就是经常做数据分析的人，也很难用眼睛在一大堆数据里面发现信息，所以就有了数据展现。

数据展现是指把数据分析的结果进一步优化，用更加直观、有效的方式展现出来。常见的数据展现方式有统计表和统计图。

1.1.6　撰写报告

撰写报告就是把所看到的、所想到的，分析的思路、分析的结果，通过文字、表格、图表的方式记录下来，方便他人阅读并理解分析者思路和结果。

1.2　数据分析的工具

做数据分析必须运用工具，没有工具的支持，数据分析工作便无从开展。古语云“工欲善其事，必先利其器”，只有借助工具，才能做出高效、精准的数据分析。

数据分析的相关工具可以分成以下 3 种。

① 存放数据的工具。在数据量大的情况下，需要运用专门的数据库软件。数据量在 100 万条以内的，可以用 Excel 作为数据库。

② 分析数据的工具。统计分析的软件很多，如 SPSS、SAS、Python、Tableau 等，但这些软件价格昂贵，普及率很低，一般情况下，个人或中小企业都不可能购买安装。对于

职业院校的学生来说，最适合的分析软件莫过于 Excel，它虽不如 SPSS、SAS 功能强大，但它是一款通用软件，基本上每台计算机都会安装。Excel 所提供的函数功能、图表绘制、数据分析功能及电子表格技术，足以满足非统计专业的教学和工作需要。

③ 做分析报告的工具。我们用 Word、PowerPoint 就可以达到目的。

1.3 数据分析的应用领域

数据分析已经广泛应用于各个领域，例如，金融行业中的风险评估、欺诈检测、投资分析等；电商行业中的用户画像、精准营销、商品推荐等；医疗行业中的疾病诊断、药物研发、医疗资源优化等；交通运输行业中的交通流量预测、路线规划、物流优化等；政府机构中的人口统计、犯罪分析、政策评估等。

1.4 数据分析的未来发展趋势

随着技术的不断发展，数据分析领域也在不断演进，未来发展趋势包括大数据分析——处理和分析海量、高速、多样化的数据，人工智能与机器学习——利用人工智能和机器学习算法进行更复杂的数据分析，实时数据分析——对实时数据进行分析，以支持实时决策，数据可视化——更加直观，需交互式数据可视化工具和技术。

2. 统计学的几个基本概念

数据分析是统计学的重要内容与扩展，因此，在学习数据分析之前，我们来学习一些统计学基本概念。

2.1 现象总体和现象个体

现象总体(简称总体)，是由客观存在的、具有某种共同性质又有差别的许多单位所构成的整体。现象个体(简称个体)，是构成现象总体的每一个事物或基本单位。原始资料最初就是从每个个体中取得的，所以个体是各项统计数字最原始的承担者。根据表 1-1-1 的数据，进一步理解什么是总体，什么是个体。

分析表 1-1-1，①如果研究全校学生的体质，什么是总体，什么是个体？②如果研究全校学生的身高，什么是总体？什么是个体？

表 1-1-1　某学校全体学生资料一览表

姓名	性别	身高/cm	体重/kg	爱好
张三	男	175	68	篮球
李四	男	172	70	唱歌
王二	女	163	50	舞蹈
…	…	…	…	…

如果研究全校学生的体质特征，那么每一个学生都是个体，对于每一个个体，有一整行的数据来用于描述。由每一行数据组成的整个表格的数据就是总体。如果仅仅研究学生的身高，那么一个身高数据就是一个个体，由这些身高数据组成的集合(即表中的第 3 列数据)就是总体。

总体必须具备 3 个特性：大量性、同质性和变异性。

① 大量性：是总体的量的规定性，即指总体的形成要有一个相对规模的量，仅仅由个别单位或极少量的单位不足以构成总体。

② 同质性：是指构成总体的各个单位至少有一种性质是相同的，同质性是将各单位结合起来构成总体的基础，也是总体的质的规定性。

③ 变异性：是指总体各个单位除了具有某种或某些相同性质以外，在其他方面则各不相同，具有质的差异和量的差别，这种差别叫变异。

另外，总体和个体也是相对而言的。随着统计研究目的及其范围的变化，总体和个体可以相互转化。同一事物在不同情况下可以作为总体，也可以作为个体。

分析表 1-1-2，①如果研究江西省所有工业企业的工业总产值，何为总体，何为个体？②如果研究其中某一个企业的工业总产值，何为总体，何为个体？

表 1-1-2　江西省工业企业总产值一览表

企业名称	工业总产值/万元
企业 1	4000
企业 2	6000
企业 3	9000
……	……

在研究江西省所有工业企业的工业总产值时(见表 1-1-2)，每个企业的工业总产值都是个体，但在研究其中某一个企业的工业总产值时，则该企业又成了总体。

2.2　标志和标志表现

通常，每个个体具有许多属性和特征。这些属性或特征叫标志。标志的属性或数量在每个个体中的具体表现，叫标志表现。(如图 1-1-1)

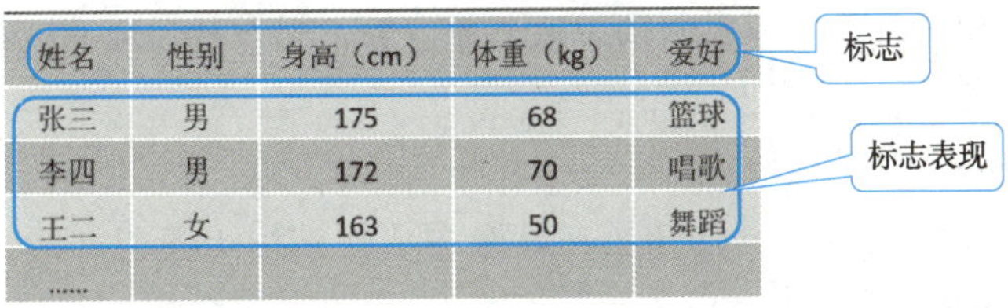
姓名	性别	身高（cm）	体重（kg）	爱好
张三	男	175	68	篮球
李四	男	172	70	唱歌
王二	女	163	50	舞蹈
……				

图 1-1-1　标志及标志表现

标志按其性质可以分为数量标志和品质标志。数量标志：以数量的多少来表示的标志，表示事物量的特性。品质标志：不能用数量而只能以性质属性的差别(即文字)来表示的标志，表示事物质的特征。例如表 1-1-1 中的“性别”和“爱好”。

2.3　统计指标

假如通过对表 1-1-1 的统计计算，可能得出以下统计结果：学校总人数 5000 人，男生人数 2600 人，女生人数 2400 人，男女性别比为 1.08∶1，平均身高为 172cm，平均体重为 62kg。

这些数据在统计学上都称为统计指标。统计指标就是反映总体的数量特征的概念和具体数值。通常，一个完整的统计指标包含指标名称和指标数值两部分。

任务实施

信息中心主管陈鹏使用一个案例来对新员工进行培训。

案例背景

2023年，OpenAI推出的ChatGPT在全球范围内引发了广泛关注和应用热潮。然而，随着其普及，关于数据隐私、算法偏见和伦理问题的争议也逐渐浮出水面。多家企业和机构对ChatGPT的数据收集和使用方式提出质疑，担心其可能泄露敏感信息或产生误导性内容。这一事件引发了全球对人工智能伦理和数据隐私保护的深度讨论。

案例内容

一、事件经过

ChatGPT的广泛应用：ChatGPT被广泛应用于教育、医疗、金融、法律等领域，帮助用户生成文本、解答问题甚至编写代码。然而，用户发现ChatGPT有时会生成不准确、具有偏见或有害的内容。

数据隐私问题：用户担心输入ChatGPT的敏感信息（如个人数据、商业机密）可能被OpenAI收集并用于模型训练。

意大利数据保护机构曾禁止使用ChatGPT，认为其违反了欧盟的《通用数据保护条例》（GDPR）。

算法偏见与伦理争议：ChatGPT在生成内容时表现出一定的偏见，例如性别、种族和文化偏见。

一些用户利用ChatGPT生成虚假信息或恶意内容，引发社会对AI滥用的担忧。

二、案例分析

职业道德问题：

数据隐私：OpenAI是否充分告知用户其数据可能被用于模型训练？是否采取了足够的措施来保护用户隐私？

算法透明度：ChatGPT的决策过程是否透明？用户能否理解其生成内容的依据？

内容责任：OpenAI是否对ChatGPT生成的有害或误导性内容承担相应责任？

社会影响：

正面影响：ChatGPT提高了工作效率，推动了AI技术的普及和应用。

负面影响：数据隐私泄露、算法偏见和虚假信息传播可能对社会造成危害。

三、案例讨论

分组讨论以下问题：

OpenAI在ChatGPT的开发和应用中应承担哪些责任？

用户在使用AI工具时应注意哪些伦理问题？

政府和监管机构应如何规范 AI 技术的发展和应用?

角色扮演:

模拟 OpenAI、用户、监管机构和媒体四方角色，探讨如何在 AI 技术的发展中平衡创新、隐私保护和社会责任。

四、案例总结

职业道德的重要性:

AI 开发者应严格遵守职业道德，确保数据收集和使用的合法性与透明性。企业应建立完善的数据保护机制，避免数据滥用。

社会责任的承担:

AI 技术可能对社会产生深远影响，从业者应意识到自己的社会责任，避免技术滥用。企业应主动承担社会责任，保护用户隐私，维护社会公共利益。

法律法规的遵守:

AI 开发者应熟悉并遵守相关法律法规，如 GDPR 和《人工智能伦理准则》。政府应加强监管，确保 AI 技术的合法性和公正性。

任务小结

通过本案例，学生不仅能够掌握数据分析的技术知识，还能够树立正确的职业价值观，增强社会责任感和伦理意识，为未来的职业发展奠定坚实的基础。

人工智能小贴士:

在 ChatGPT 人工智能技术的支持下，当你面对制作一份数据分析报表没有头绪的时候，可以输入关键字"数据分析""报表"等让它帮助你拟一份大纲，然后再根据实际使用情况进行完善。

任务评价

本任务为分组任务：每组若干组员，在组长带领下，根据任务内容进行分工，使用学生自评表(表 1-1-3)、学生互评表(表 1-1-4)、教师评价表(表 1-1-5)完成任务评价。

表 1-1-3　学生自评表

班级		学号		姓名	
角色	□组长　□组员		完成时间		
任务内容		完成情况记录			

表 1-1-4　学生互评表

班级		被评人学号		被评人姓名	
评价者角色		评价者学号		评价者姓名	
任务内容		完成情况记录			

表 1-1-5　教师评价表

班级		被评人学号		被评人姓名	
任务内容		完成情况记录			

课证融通

一、单选题

1. 数据分析的第一步是(　　)。

A. 数据清洗　B. 确定分析目的　C. 数据可视化　D. 撰写报告

2. 适合职业学生进行数据分析的工具是(　　)。

A. SPSS　B. SAS　C. Excel　D. Python

3. 数据展现的主要形式不包括(　　)。

A. 统计表　B. 统计图　C. 原始数据表　D. 文字描述

4. 统计总体的特性不包括(　　)。

A. 大量性　B. 同质性　C. 变异性　D. 确定性

5. 统计指标的核心组成部分是(　　)。

A. 数据来源和计算方法　B. 指标名称和指标数值

C. 图表和表格　D. 样本量和置信区间

二、多选题

1. 数据分析的完整流程包括(　　)。

A. 确定分析目的　B. 数据清洗　C. 数据可视化　D. 撰写报告

2. 数据分析的应用领域包括(　　)。

A. 金融行业的风险评估　B. 电商行业的用户画像

C. 医疗行业的疾病诊断　D. 天气预测

3. 数据分析的未来发展趋势包括(　　)。

A. 大数据分析　B. 人工智能与机器学习

C. 手工记录数据　D. 实时数据分析

4. 统计总体的特性包括(　　)。

A. 大量性　　B. 同质性　　C. 变异性　　D. 独立性

5. 标志(变量)的类型包括(　　)。

A. 数量标志　　B. 品质标志　　C. 时间标志　　D. 空间标志

课赛强化

1. 分析表 1-1-6 中的数据，判断何为总体，何为个体。

表 1-1-6　某校数理化奥赛成绩汇总表

姓名	数学	物理	化学	总分
陈登宝	90	100	87	277
寸待杨	47	51	63	161
寸德志	98	77	84	259

2. 判断以下哪些标志为数量标志，哪些为品质标志？

工人的性别、年龄、工种、工龄、工资、民族、文化程度、企业的工人数、产量、产值、固定资产。

课程思政

数据背后的责任：数据分析中的职业道德与社会影响

某互联网公司通过用户行为数据分析，为用户推荐个性化广告。然而，该公司在未经用户明确同意的情况下，将用户数据出售给第三方，导致用户隐私泄露，引发社会广泛关注和批评。

问题提出：

数据分析师在数据处理过程中应如何平衡商业利益与用户隐私？

数据分析的结果可能对社会产生哪些影响？数据分析师应如何承担社会责任？

案例分析：

职业道德问题：

数据隐私：数据分析师在收集和使用数据时，是否充分尊重了用户的知情权和隐私权？

数据篡改：是否存在数据分析师为了达到某种目的而故意篡改数据的行为？

算法偏见：在数据分析中是否存在因算法设计不合理导致偏见或歧视？

社会影响：

正面影响：数据分析可以帮助企业优化决策、提高效率，为社会创造价值。

负面影响：数据滥用可能导致隐私泄露、社会不公，甚至引发社会信任危机。

小组讨论：

分组讨论案例中的职业道德问题和社会影响，每组提出自己的看法和解决方案。

任务二　数据的收集与处理

任务描述

2025 年 1 月 10 日，快鹿商超集团管理层下发指示，要求对新入职的网络管理员进行数据收集与处理的培训，物流中心总监蒋立安排信息中心主管陈鹏完成该项工作。

学习目标

【知识目标】

1. 理解数据收集的基本概念，掌握数据收集的定义、类型(如定量数据、定性数据)及其在不同领域的应用。

2. 熟悉数据收集的方法，了解常见的数据收集方法，如问卷调查法、访谈法、观察法、实验法等，并能够根据研究需求选择合适的方法。

3. 掌握数据处理的基本流程，理解数据清洗、数据转换、数据加工等基本步骤，并能够运用相关工具进行数据处理。

【技能目标】

1. 数据收集技能：能够设计有效的数据收集工具(如问卷、访谈提纲)，并能够独立进行数据收集。

2. 数据处理技能：掌握常用的数据处理工具(如 Excel、Python、R 等)，能够进行数据清洗、数据加工。

【素养目标】

1. 培养学生对数据的敏感性，能够识别数据中的潜在问题，如偏差、缺失值等。

2. 在数据项目中，能够与团队成员有效合作，分享数据见解，并能够与非技术人员沟通数据分析结果。

3. 在数据收集与处理过程中，始终遵守数据隐私和伦理规范，尊重数据主体的权利。

任务准备

1. 数据的收集

传统方法收集的数据主要包括实验数据、调查数据以及其他各种途径收集到的数据，这样收集得到的数据大多存在误差，容易导致分析结果产生偏差。随着互联网的发展和大数据的出现，数据的收集环节实现了跨越，更多地是直接从网上下载海量数据。

1.1　数据的类型

很多人一开始并不能清晰地认识到数据分析对数据有什么要求，正因为如此，当进行数据分析时，就会有比较迷茫、无从下手的感觉。对数据的正确理解是数据分析的一个重要前提。

从不同的角度、不同学科分类，数据类型不尽相同。在 Excel 中，数据类型细分起来有很多(如图 1-2-1)，但是归根结底还是四大类，分别是：数值、货币、日期与时间、文本。

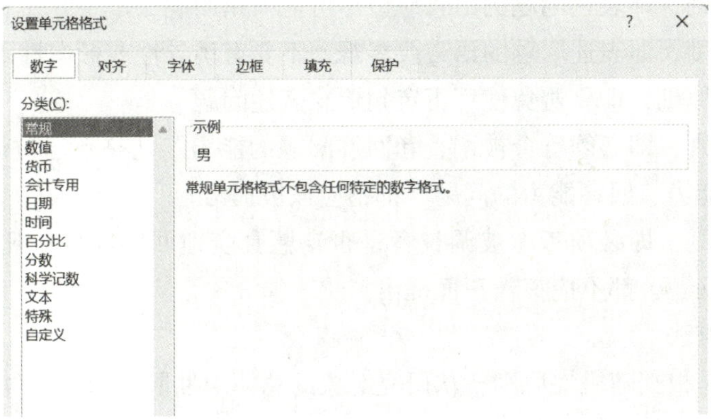

图 1-2-1 Excel 中数据类型

在数据运算过程中，我们发现，数值、货币、日期与时间都可以进行加、减、乘、除等算术运算，所以统称为数值型；而文本只能进行简单的“计数”，不能进行算术运算，称为文本型。

所以，在 Excel 数据分析中，我们把数据类型分成两种：数值型数据和文本型数据。

数值型数据对应统计学中的数量标志的标志表现，文本型数据对应统计学中的品质标志的标志表现。

1.2 数据的来源

据数据的来源不同，可以将数据分成一手数据和二手数据。

1.2.1 一手数据

一手数据也称为原始数据，是指通过调查或实验等方式直接获得的数据。获取一手数据的方法有：观察法、采访法、问卷调查法、抽样调查法、实验法、报告法等。

(1) 观察法

观察法是指调查人员亲自到现场对调查对象进行观察，在被调查者无察觉的情况下获得数据资料的一种调查方法。

(2) 采访法

采访法是通过指派调查人员对被调查者提问，据被调查者的答复取得资料的一种调查方法。

(3) 问卷调查法

问卷调查法是把调查项目列于表格上形成问卷，通过发放问卷搜集调查对象情况的一种采集资料的方法。问卷中问题的设计应注意以下原则。

① 单一性原则，即问题的内容要单一，不要把两个或两个以上的问题合在一起。

② 通俗性原则，即表述问题的语言要通俗，不要使用让被调查者感到陌生的语言，特别要避免使用过于专业的术语。

③ 准确性原则，即表述问题的语言要准确，不要使用模棱两可、含混不清或容易产生歧义的语言或概念。

④ 具体性原则，即问题的内容要具体，不要提抽象、笼统的问题。

⑤ 简明性原则，即表述问题的语言应该尽可能简单明确，不要冗长和啰唆。

⑥ 客观性原则，即表述问题的语言要客观，不要有诱导性或倾向性语言。

⑦ 非否定性原则，即要避免使用否定句形式表述问题。

⑧ 可能性原则，即必须符合被调查者回答问题的能力。凡是超越被调查者理解能力、记忆能力、计算能力、回答能力的问题，都不应该被提出。

⑨ 自愿性原则，即必须考虑被调查者是否自愿真实地回答问题。凡被调查者不可能自愿真实回答的问题，都不应该被正面提出。

(4) 抽样调查法

抽样调查法是根据随机性原则，从研究对象的总体中抽取一部分个体作为样本进行调查研究，据此推断有关总体的数字特征的研究方法。抽样应遵循以下原则。

① 随机取样。

② 取样应具有代表性。

③ 若样本由具有明显不同特征的部分组成，应按比例从各部分抽样。

(5) 实验法

实验法是在设定的特殊实验场所、特殊状态下，对调查对象进行实验以获得所需的资料。

(6) 报告法

报告法是报告单位根据一定的原始记录和台账，根据统计表的格式和要求，按照隶属关系，逐级向有关部门提供统计资料的一种调查方法。

(7) 自动生成

在大数据时代，数据的产生方式呈现多样化，如传感器、摄像头自动收集的数据，电子商务在线交易日志数据，应用服务器日志数据等都是自动生成的数据。

1.2.2 二手数据

二手数据也称为次级数据，是指那些从同行或一些媒体上获得的、经过加工整理的数据，比如国家统计局定期发布的各种数据，从报纸、电视上获取的各种数据。

(1) 导入外部数据

在 Excel 中，单击“数据”，菜单栏左边显示可以导入外部数据选项，如图 1-2-2 所示。

(2) 利用爬虫软件下载网络数据

万维网上更多的数据是以非表格形式呈现的。如何有效地提取并利用这些信息成为一个巨大的挑战。为了解决上述问题，定向抓取相关网页资源的软件——聚焦网络爬虫应运而生。

聚焦网络爬虫是一种能自动下载万维网数据的程序，能按照一定的规则，根据既定的目标，自动地抓取万维网上的数据。

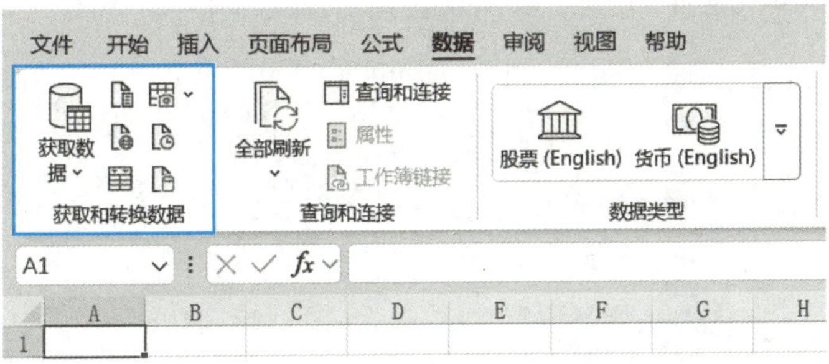

图 1-2-2　在 Excel 中导入外部数据

2. 数据的处理

数据处理的基本目的是将大量的、杂乱无章、难以理解的数据加工整理成便于分析的数据。数据处理主要包括数据的清洗和数据的简单加工。

2.1　数据清洗

数据清洗就是将格式错误的数据进行格式一致性处理，将错误的数据纠正或删除，将缺失的数据补充完整，将重复多余的数据删除。

2.1.1　数据一致性处理

通过统计调查收集的数据，经常会出现同一字段数据格式不一致的问题，如图 1-2-3 所示。

	A	B	C	D	E	F	G	H	I	J	K	L
1	姓名	性别	身高（cm）	体重（kg）	年龄	是否独生子女	月生活费	家庭成员数	家庭年收入（万元）	家庭住房面积（m²）	每周课外学习时间	各科平均成绩
2	柴鹏程	男	187	70	20	是	800	6	60000	95	4	66
3	陈昊	男	178	86	18	否	1000	5	6万	120	7小时	73
4	陈虎	男	178	83	17	是	1000	3	7万	80	4小时	84
5	陈健广	男	173	72	19	是	1000	3	100000	100	6	63
6	陈旭明	男	172	57	18	是	1000	4	50000	130	6	80

图 1-2-3　数据格式不一致的资料

这会直接影响后续的数据分析，所以必须对数据的格式做出一致性处理。

下面就以图 1-2-4 所示的数据为例，将“身高”这个字段中的数据去掉字符“cm”。

打开 Excel 文件“模块一任务二 . xlsx”，找到“数据清洗”工作表。

① 把鼠标指针移到字母 C 上，当指针变成⬇时，单击选择 C 列，如图 1-2-4 所示。

	A	B	C	D	E	F	G	H	I	J	K	L
1	姓名	性别	身高（cm）	体重（kg）	年龄	是否独生子女	月生活费	家庭成员数	家庭年收入（万元）	家庭住房面积（m²）	每周课外学习时间	各科平均成绩
2	柴鹏程	男	187	70	20	是	800	6	60000	95	4	66
3	陈昊	男	178	86	18	否	1000	5	6万	120	7小时	73
4	陈虎	男	178	83	17	是	1000	3	7万	80	4小时	84
5	陈健广	男	173	72	19	是	1000	3	100000	100	6	63
6	陈旭明	男	172	57	18	是	1000	4	50000	130	6	80
7	陈志伟	男	175cm	61kg	18	否	1000元	4	6万	200	17h	82

图 1-2-4　选择 C 列

② 同时按下“Ctrl”键和“H”键，会出现查找和替换的弹窗，如图 1-2-5 所示。

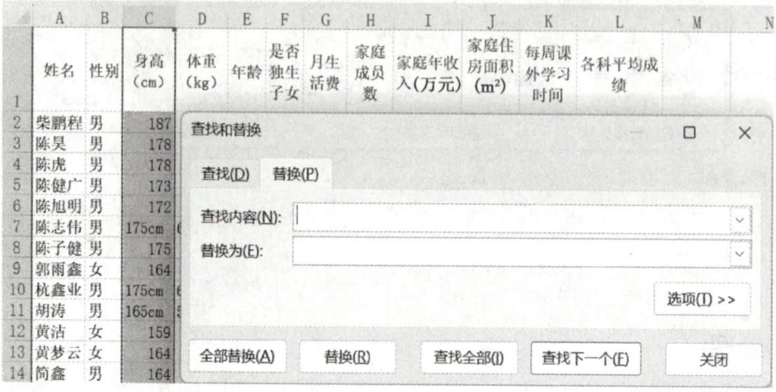

图 1-2-5　查找和替换弹窗

③ 在“查找和替换”对话框的“查找内容”中输入“cm”，设置“替换为”为空，单击“全部替换”按钮完成替换，如图 1-2-6 所示。

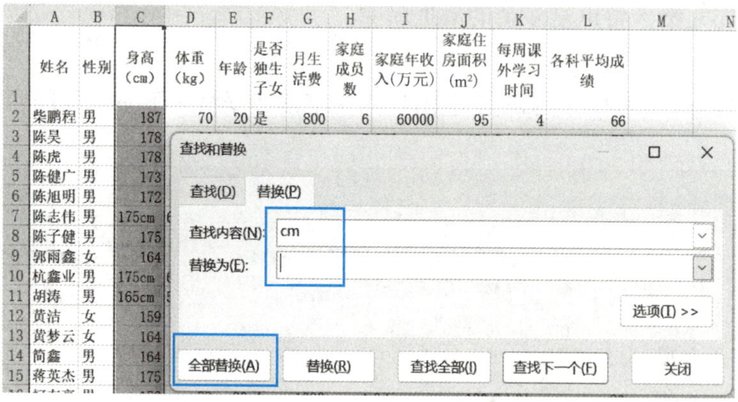

图 1-2-6　输入查找内容和替换内容

替换后的结果如图 1-2-7 所示。

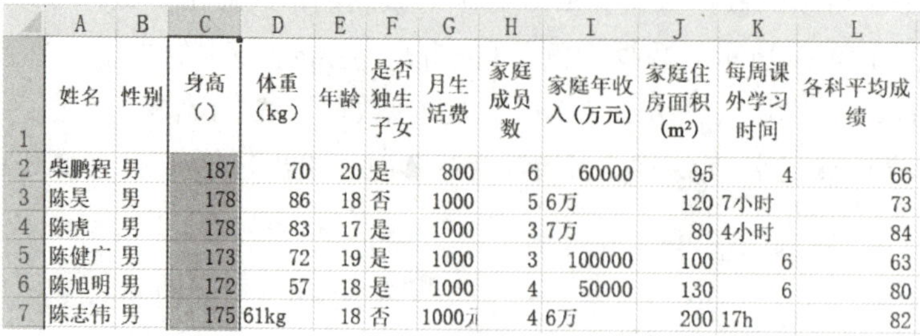

	A	B	C	D	E	F	G	H	I	J	K	L
1	姓名	性别	身高()	体重(kg)	年龄	是否独生子女	月生活费	家庭成员数	家庭年收入(万元)	家庭住房面积(m²)	每周课外学习时间	各科平均成绩
2	柴鹏程	男	187	70	20	是	800	6	60000	95	4	66
3	陈昊	男	178	86	18	否	1000	5	6万	120	7小时	73
4	陈虎	男	178	83	17	是	1000	3	7万	80	4小时	84
5	陈健广	男	173	72	19	是	1000	3	100000	100	6	63
6	陈旭明	男	172	57	18	是	1000	4	50000	130	6	80
7	陈志伟	男	175	61kg	18	否	1000元	4	6万	200	17h	82

图 1-2-7　替换后的结果

2.1.2　缺失数据的处理

在数据清单中，单元格如果出现空值，就认为数据存在缺失。缺失数据的处理方法通常有以下 3 种：

① 用样本均值(或众数、中位数)代替缺失值；

② 将有缺失值的记录删除；

③ 保留该记录，在要用到该值做分析时，将其临时删除(最常用方法)。

首先来解决如何发现缺失数据，仅靠眼睛来搜索缺失数据显然是不现实的，一般我们用“定位条件”来查找缺失数据的单元格。下面演示将“年龄”字段中的空值均替换为“18”。

① 选择“年龄”所在的 E 列。

② 同时按下“Ctrl”键和“G”键，调出“定位条件”命令，如图 1-2-8 所示。

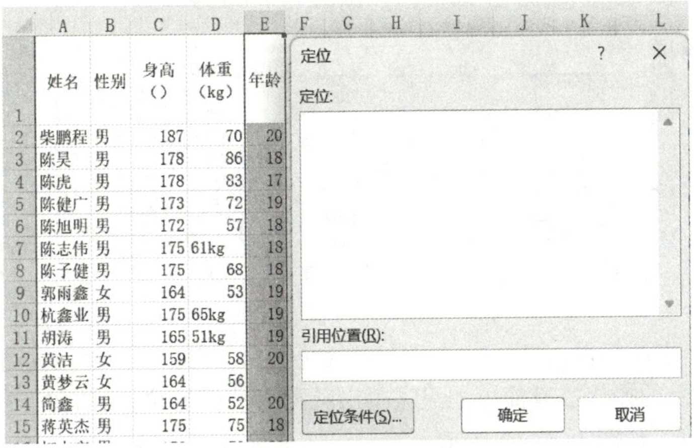

图 1-2-8　选择“定位条件”命令

③点击图 1-2-8 中的定位条件，在“定位条件”对话框中，选中“空值”单选项，如图 1-2-9 所示。

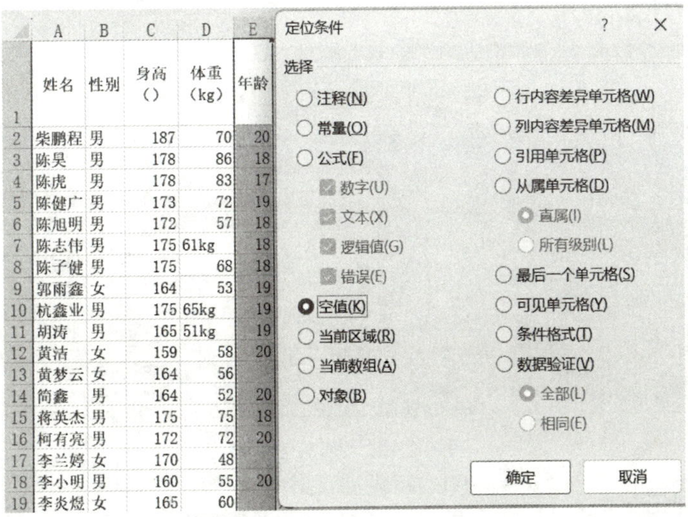

图 1-2-9　选择定位条件“空值”

④ 单击“确定”按钮后，E 列所有的空白单元格呈选中状态，如图 1-2-10 所示。

⑤ 输入替代值“18”，按 Ctrl+Enter 组合键确认，结果如图 1-2-11 所示。

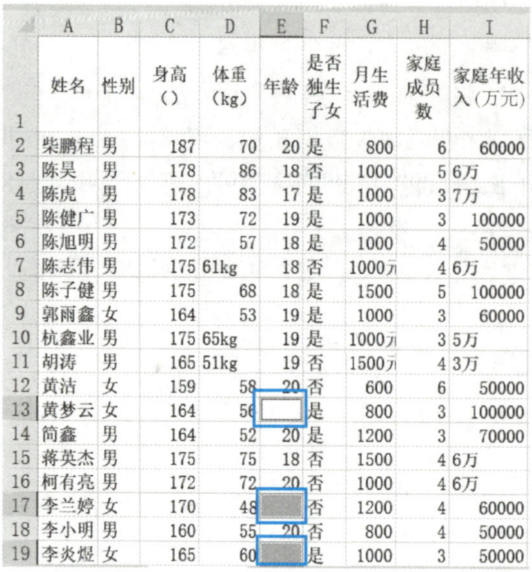

	A	B	C	D	E	F	G	H	I
1	姓名	性别	身高()	体重(kg)	年龄	是否独生子女	月生活费	家庭成员数	家庭年收入(万元)
2	柴鹏程	男	187	70	20	是	800	6	60000
3	陈昊	男	178	86	18	否	1000	5	6万
4	陈虎	男	178	83	17	是	1000	3	7万
5	陈健广	男	173	72	19	是	1000	3	100000
6	陈旭明	男	172	57	18	是	1000	4	50000
7	陈志伟	男	175	61kg	18	否	1000元	4	6万
8	陈子健	男	175	68	18	是	1500	5	100000
9	郭雨鑫	女	164	53	19	是	1000	3	60000
10	杭鑫业	男	175	65kg	19	是	1000元	3	5万
11	胡涛	男	165	51kg	19	否	1500元	4	3万
12	黄洁	女	159	58	20	否	600	6	50000
13	黄梦云	女	164	56		是	800	3	100000
14	简鑫	男	164	52	20	是	1200	3	70000
15	蒋英杰	男	175	75	18	否	1500	4	6万
16	柯有亮	男	172	72	20	否	1000	4	6万
17	李兰婷	女	170	48		否	1200	4	60000
18	李小明	男	160	55	20	否	800	4	50000
19	李炎煜	女	165	60		是	1000	3	50000

图 1-2-10　查找到 E 列所有空白单元格

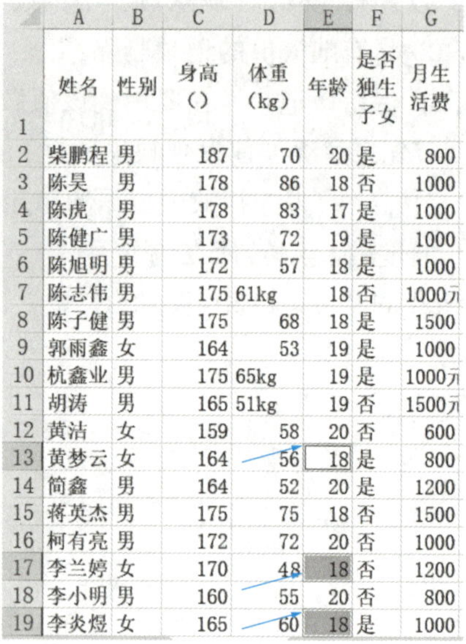

	A	B	C	D	E	F	G
1	姓名	性别	身高()	体重(kg)	年龄	是否独生子女	月生活费
2	柴鹏程	男	187	70	20	是	800
3	陈昊	男	178	86	18	否	1000
4	陈虎	男	178	83	17	是	1000
5	陈健广	男	173	72	19	是	1000
6	陈旭明	男	172	57	18	是	1000
7	陈志伟	男	175	61kg	18	否	1000元
8	陈子健	男	175	68	18	是	1500
9	郭雨鑫	女	164	53	19	是	1000
10	杭鑫业	男	175	65kg	19	是	1000元
11	胡涛	男	165	51kg	19	否	1500元
12	黄洁	女	159	58	20	否	600
13	黄梦云	女	164	56	18	是	800
14	简鑫	男	164	52	20	是	1200
15	蒋英杰	男	175	75	18	否	1500
16	柯有亮	男	172	72	20	否	1000
17	李兰婷	女	170	48	18	否	1200
18	李小明	男	160	55	20	否	800
19	李炎煜	女	165	60	18	是	1000

图 1-2-11　统一输入新的数据

2.1.3　删除重复记录

删除重复记录的操作极其简单，只需单击数据表的任意位置，再单击“数据”|“删除重复值”按钮即可，如图 1-2-12 所示。

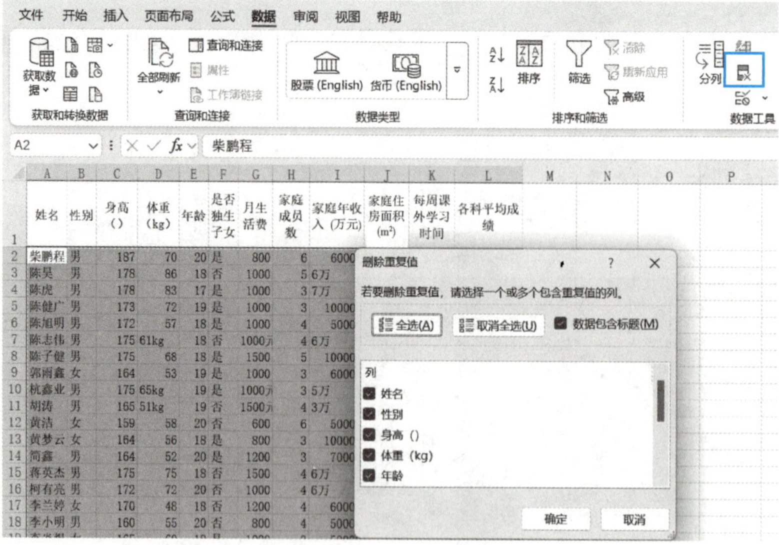

图 1-2-12　删除重复值

2.2　数据加工

经过清洗后的数据，并不一定是我们想要的数据，可能还要对数据进行信息提取、计算、分组、转换等加工，让它变成我们想要的数据。数据加工的手段主要有：数据转置、字段分列、字段匹配、数据抽取、数据计算。

2.2.1　数据转置

有时候，我们拿到的数据可能是横行显示的，而数据清单中的数据却要纵列显示，此时可以用数据的“转置”功能转行为列。

操作的方法是：先复制好横行数据，然后在粘贴时单击“开始”|“粘贴”按钮下面的三角箭头，点击选择性粘贴，勾选“转置”选项即可，如图 1-2-13 所示。

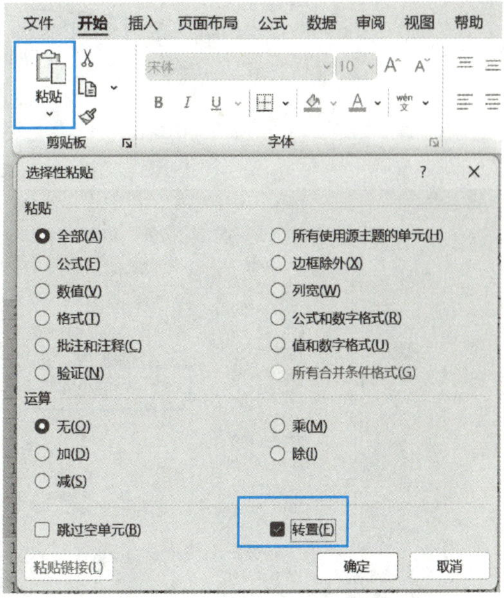

图 1-2-13　转置粘贴

2.2.2　字段分列

字段分列就是将一个字段分成两个字段。例如，将文件“模块一任务二 . xlsx”的“字段分列”工作表的“姓名”分成“姓”和“名”两列，操作如下。

① 选择“字段分列”工作表的 A 列数据，如图 1-2-14 所示。

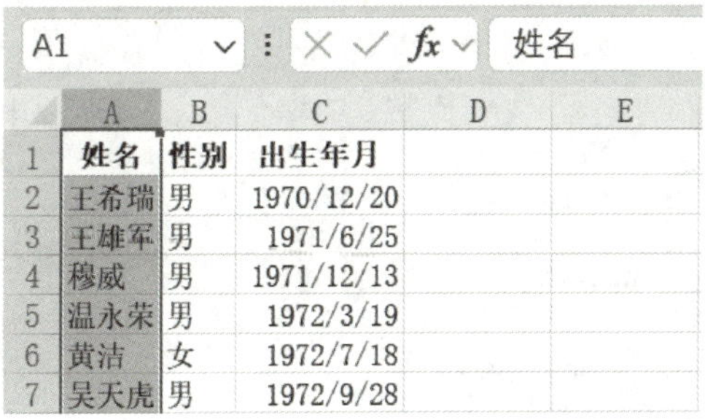

A1　姓名

	A	B	C	D	E
1	姓名	性别	出生年月		
2	王希瑞	男	1970/12/20		
3	王雄军	男	1971/6/25		
4	穆威	男	1971/12/13		
5	温永荣	男	1972/3/19		
6	黄洁	女	1972/7/18		
7	吴天虎	男	1972/9/28		

图 1-2-14　选择 A 列

② 单击“数据”|“分列”按钮，如图 1-2-15 所示。

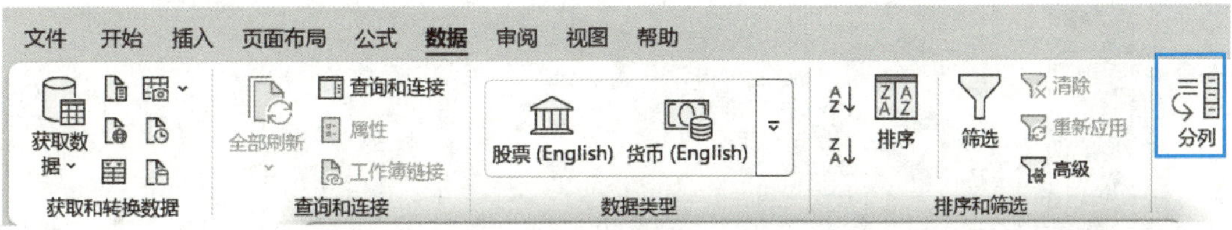

图 1-2-15　数据分列

③ 要将字段“姓名”中的第一个字分列出来，所以选中“固定宽度”单选项，如图 1-2-16 所示。

④ 单击“下一步”按钮，在刻度尺上单击鼠标以确定分列的位置，如图 1-2-17 所示。

⑤ 单击“下一步”按钮，确定目标区域的起点单元格 D1，如图 1-2-18 所示。

⑥ 单击“完成”按钮，分列的结果如图 1-2-19 所示。

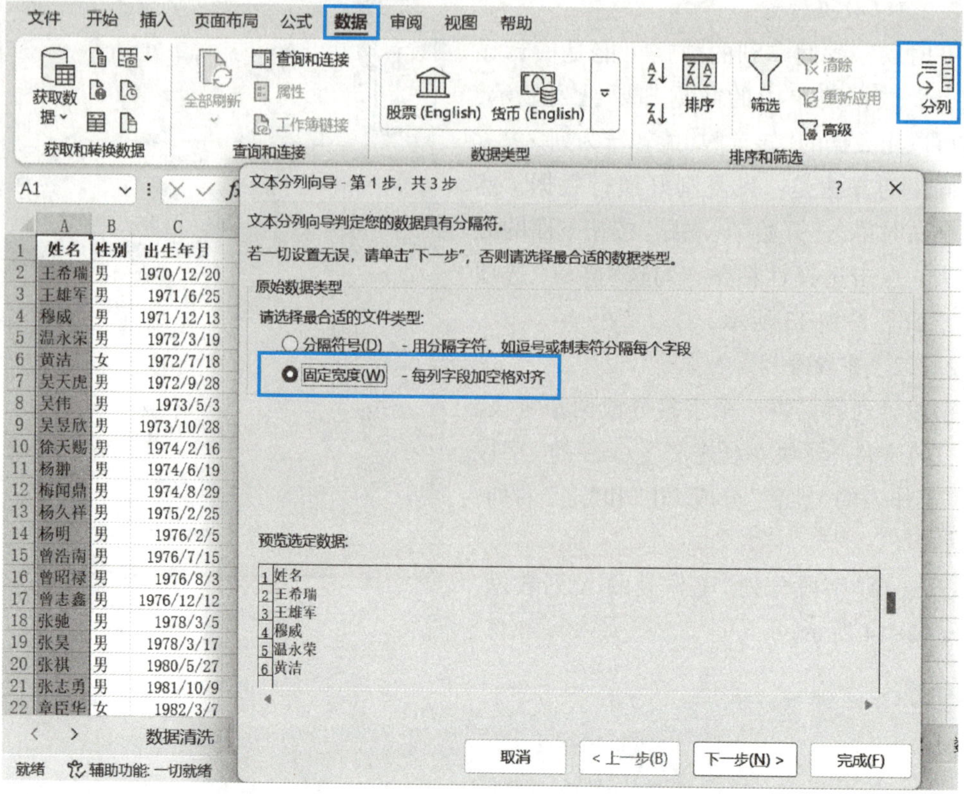

图 1-2-16　选中“固定宽度”单选项

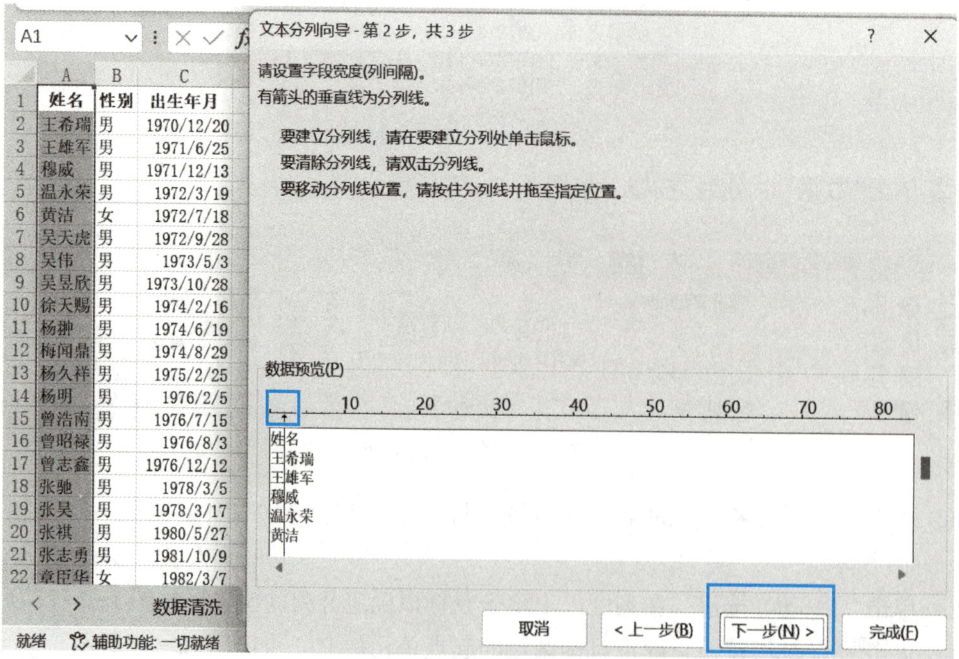

图 1-2-17　确定分列位置

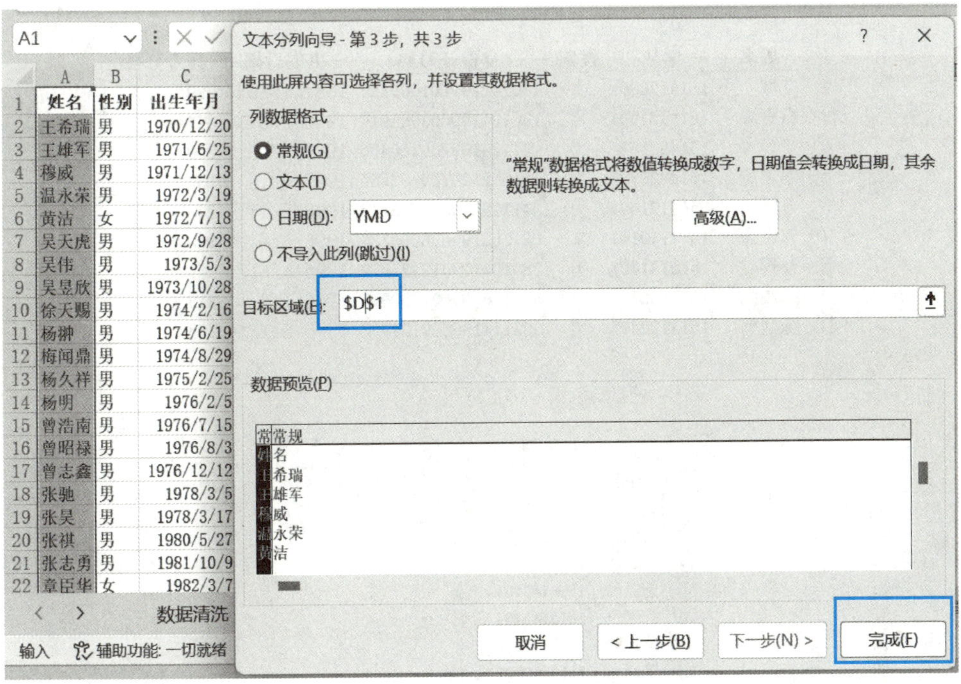

图 1-2-18　确定目标区域

	A	B	C	D	E
1	姓名	性别	出生年月	姓	名
2	王希瑞	男	1970/12/20	王	希瑞
3	王雄军	男	1971/6/25	王	雄军
4	穆威	男	1971/12/13	穆	威
5	温永荣	男	1972/3/19	温	永荣
6	黄洁	女	1972/7/18	黄	洁
7	吴天虎	男	1972/9/28	吴	天虎
8	吴伟	男	1973/5/3	吴	伟
9	吴昱欣	男	1973/10/28	吴	昱欣
10	徐天赐	男	1974/2/16	徐	天赐
11	杨翀	男	1974/6/19	杨	翀
12	梅闻鼎	男	1974/8/29	梅	闻鼎
13	杨久祥	男	1975/2/25	杨	久祥
14	杨明	男	1976/2/5	杨	明
15	曾浩南	男	1976/7/15	曾	浩南
16	曾昭禄	男	1976/8/3	曾	昭禄
17	曾志鑫	男	1976/12/12	曾	志鑫

图 1-2-19　分列结果

2.2.3　字段匹配

字段匹配就是将原数据清单中没有但其他数据清单中有的字段匹配过来。例如，文件"模块一任务二 . xlsx"中的"全校名单"工作表是某校 2025 级全体学生的基本信息(见图 1-2-20)，"四级名单"工作表是 2025 级学生中报考了英语四级的学生名单(见图 1-2-21)。

	A	B	C	D	E	F
1	姓名	学号	性别	身份证号码	出生日期	高考分数
2	艾城	1514120801	女	120102199701306123	1997/1/30	299
3	白有成	1514121501	男	130104199602082817	1996/2/8	311
4	毕程青	1514821524	男	141123199709166436	1997/9/16	259
5	蔡志涛	1514820832	女	151512199709182585	1997/9/18	232
6	曹峰	1514121601	男	211112199605113116	1996/5/11	243
7	曹志丽	1514140101	女	221202199608065380	1996/8/6	343
8	柴鹏程	1515141401	男	230104199612127579	1996/12/12	246
9	陈成晟	1515122719	女	310106199601060048	1996/1/6	318
10	陈楚宇	1514120802	男	322114199609124953	1996/9/12	365

图 1-2-20 “全校名单”工作表

	A	B	C	D
1	姓名	学号	性别	身份证号码
2	白有成	1514121501	男	
3	曹峰	1514121601	男	
4	曹志丽	1514140101	女	
5	陈慧琴	1514140401	女	
6	陈健广	1515141404	男	
7	陈岚玲	1514140102	女	
8	陈晴云	1514140201	男	
9	陈旭明	1515141405	男	
10	程激武	1514121401	男	

图 1-2-21 “四级名单”工作表

由于报名工作的失误，“四级名单”中漏登了“身份证号码”资料。这时，可以利用函数 VLOOKUP 将“全校名单”中的“身份证号码”一栏的资料匹配到“四级名单”中，操作步骤如下。

① 将“白有成”的身份证号码匹配到单元格 D2。

a. 单击“四级名单”工作表中的单元格 D2，插入 VLOOKUP 函数，打开 VLOOKUP 的“函数参数”对话框(如图 1-2-22 所示)。

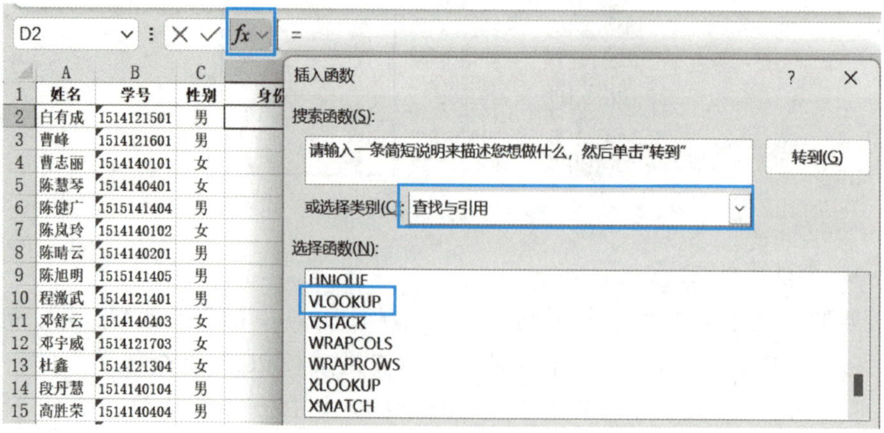

图 1-2-22 插入 VLOOKUP 函数

b. 在“函数参数”对话框中，单击第 1 个输入框(此参数为搜索的关键字)，再单击 B2 设定搜索的内容为 B2(即“白有成”学号“1514121501”)。因为姓名是很容易重复的，所以不建议按“姓名”搜索，而学号是不会重复的，所以按“学号”搜索更合理、准确。

c. 单击第 2 个输入框(此参数为搜索的区域)，再切换到“全校名单”工作表选择 B、C、D 三列。

要提醒大家的是：搜索区域的第 1 个字段必须和搜索的字段相同。此处是按“学号”来搜索的，那么搜索区域的第 1 个字段就必须是“学号”，所以搜索区域不能从 A 列开始，而要从 B 列开始。

d. 单击第 3 个输入框(此参数为返回值所在的列数)。此处希望返回“身份证号码”，而“身份证号码”位于搜索区域的第 3 列，所以输入数字“3”。

e. 在第 4 个输入框中输入“False”或“0”，表示匹配的方式为“精确匹配”。

f. 点击确定后，得到白有成的身份证号码“130104199602082817”。单元格 D2 中 VLOOKUP 函数的所有参数设置如图 1-2-23 所示。

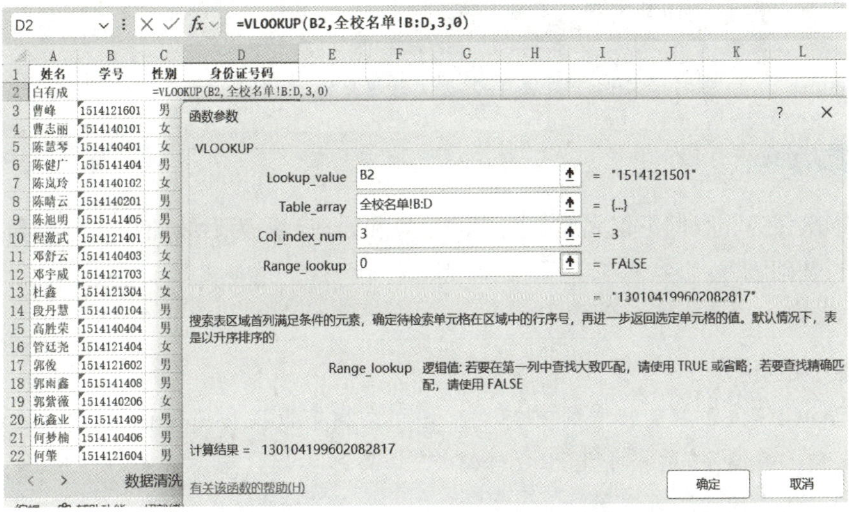

图 1-2-23　VLOOKUP 函数的参数设置

② 双击 D2 的填充柄完成填充，将所有人的身份证号码都匹配过来，结果如图 1-2-24 所示。

	A	B	C	D
1	姓名	学号	性别	身份证号码
2	白有成	1514121501	男	130104199602082817
3	曹峰	1514121601	男	211112199605113116
4	曹志丽	1514140101	女	221202199608065380
5	陈慧琴	1514140401	女	360211199602104389
6	陈健广	1515141404	男	371234199511017619
7	陈岚玲	1514140102	女	421215199703084323
8	陈晴云	1514140201	男	431315199612182037
9	陈旭明	1515141405	男	502148199704278139
10	程激武	1514121401	男	621201199604059593

图 1-2-24　匹配结果

任务实施

① 打开文件“模块一任务二.xlsx”，将“数据清洗”工作表中其他不一致的字段做一致性处理。

② 打开文件“模块一任务二.xlsx”，将“全校名单”工作表中的“高考分数”匹配到“四级名单”工作表中。

③ 打开文件“模块一任务二.xlsx”，将“数据分列”工作表中的“姓名”“家庭地址”“邮编”分列显示在 C、D、E 列，结果如图 1-2-25 所示。

	A	B	C	D	E
1	姓名,家庭地址,邮编		姓名	家庭地址	邮编
2	蔡新兵，内蒙古赤峰市松山区穆家营子镇五三村 [illegible]		蔡新兵	内蒙古赤峰	324000
3	陈登宝,江西省南昌市湖田乡王华村蟹形组,336000		陈登宝	江西省南昌	336000
4	陈非洲,江西省宜春市新建县七二0厂,332000		陈非洲	江西省宜春	332000
5	陈甲,江西省上饶市万年县上坊乡高墩村,335511		陈甲	江西省上饶	335511
6	程意,黑龙江省佳木斯市桦南县广播局8单元701,154402		程意	黑龙江省佳	154402
7	寸素香,内蒙古四子王旗供济堂镇宿尼吾素村,211815		寸素香	内蒙古四子	211815
8	董露,江西省宜春市上高县锦江大道15号501室,336400		董露	江西省宜春	336400
9	董诗斌,江西省泰和县碧溪圩镇,343709		董诗斌	江西省泰和	343709

图 1-2-25 数据分列

任务小结

通过本次任务，我们不仅完成了数据的收集和处理，还为后续的深入分析和决策支持奠定了坚实基础。

人工智能小贴士：

在 ChatGPT 人工智能技术的支持下，当你在收集数据和处理数据没有头绪的时候，可以输入关键字“数据收集”“数据清洗”等关键字让它帮助你拟一份大纲，然后再根据实际使用情况进行完善。

任务评价

本任务为分组任务：每组若干组员，在组长带领下，根据任务内容进行分工，使用学生自评表（表 1-2-1）、学生互评表（表 1-2-2）、教师评价表（表 1-2-3）完成任务评价。

表 1-2-1 学生自评表

班级		学号		姓名	
角色	□组长 □组员	完成时间			
任务内容		完成情况记录			

表 1-2-2　学生互评表

班级		被评人学号		被评人姓名	
评价者角色		评价者学号		评价者姓名	
任务内容		完成情况记录			

表 1-2-3　教师评价表

班级		被评人学号		被评人姓名	
任务内容		完成情况记录			

课证融通

一、单选题

1. Excel 中的数据类型主要分为(　　)。

A. 数值型和日期型　B. 数值型和文本型　C. 货币型和文本型　D. 时间型和逻辑型

2. 以下哪种方法属于一手数据收集方式？(　　)

A. 导入国家统计局数据　　B. 使用网络爬虫下载数据

C. 实验法　　D. 引用已发表的论文数据

3. 处理缺失数据时，最常用的方法是(　　)。

A. 用样本均值替换　　B. 删除所有缺失记录

C. 保留记录并在分析时临时删除　　D. 随机填充数值

4. 在 Excel 中使用 VLOOKUP 函数时，精确匹配的参数应设置为(　　)。

A. True　B. 2　C. 1　D. 0

5. 数据转置的功能是(　　)。

A. 将行数据转换为列数据　　B. 删除重复记录

C. 合并多个字段　　D. 自动填充缺失值

二、多选题

1. 数据清洗的主要步骤包括(　　)。

A. 数据一致性处理　B. 缺失数据处理　C. 删除重复记录　D. 数据分列

2. 问卷调查法设计问题的原则包括(　　)。

A. 单一性原则　B. 通俗性原则　C. 诱导性原则　D. 自愿性原则

3. 二手数据的来源包括(　　)。

A. 国家统计局发布的报告　　B. 实验法收集的数据

C. 网络爬虫下载的电商数据　　D. 企业内部的原始记录

4. 数据处理加工的方法包括(　　)。

A. 数据转置　　　　B. 字段分列

C. 字段匹配(如 VLOOKUP)　　　　D. 数据删除

5. 以下属于数据一致性处理的案例是(　　)。

A. 将"身高"字段中的"cm"统一删除

B. 用均值替换缺失的年龄数据

C. 删除重复的订单记录

D. 将"日期"格式从"2025/01/10"改为"2025-01-10"

课赛强化

① 文件"模块一任务二.xlsx"的"数据计算 1"工作表中只有"销量"和"单价",没有"销售额",可以通过公式"销售额=单价×销量"来计算销售额,如图 1-2-26 所示。

② 文件"模块一任务二.xlsx"的"数据计算 2"工作表中只有"成交单数"和"好评单数",可以通过公式"好评率$=\frac{好评单数}{成交单数}\times 100\%$"来计算好评率,如图 1-2-27 所示。

	A	B	C	D
1	商品名称	单价	销量	销售额
2	时尚女士手链	98	2845	¥ 278,810
3	爱心四叶草日韩手镯	299	1278	
4	男士紫檀木佛珠216颗开	699	1082	
5	钛钢手镯手环	188	2358	
6	天然黑曜石	168	2689	
7				

图 1-2-26　计算销售额

D2　fx　=C2/B2

	A	B	C	D
1	商品名称	成交单数	好评单数	好评率
2	时尚女士手链	2280	2180	96%
3	爱心四叶草日韩手镯	986	920	
4	男士紫檀木佛珠216颗开光	890	780	
5	钛钢手镯手环	2186	1986	
6	天然黑曜石	2478	2228	

图 1-2-27　计算好评率

课程思政

Facebook-Cambridge Analytica 数据泄露事件与数据伦理教育

案例背景:

2018 年,Facebook-Cambridge Analytica 数据泄露事件曝光,引发全球对数据隐私和伦理的广泛关注。Cambridge Analytica 通过一款名为"This Is Your Digital Life"的 Facebook 应用,非法获取了超过 8700 万用户的数据,并利用这些数据精准推送政治广告,影响选民行为。这一事件不仅暴露了数据收集和使用的伦理问题,还引发了对科技公司责任和数据隐私保护的深刻反思。

事件回顾:

数据收集:Cambridge Analytica 通过一款心理测试应用,收集用户及其好友的 Facebook 数据,包括个人资料、点赞记录、位置信息等。

数据滥用:这些数据被用于构建用户心理画像,并精准推送政治广告,影响选民行为。

事件曝光：2018 年，《卫报》和《纽约时报》曝光了这一事件，引发全球关注。

后果：Facebook 被罚款 50 亿美元，Cambridge Analytica 宣布破产，公众对科技公司的信任度大幅下降。

数据收集和使用的具体问题：

未经用户同意：用户并未明确同意其数据被用于政治广告。

数据滥用：数据被用于操纵选民行为，违背了数据使用的伦理原则。

隐私侵犯：用户及其好友的隐私被严重侵犯。

社会危害：

公众信任危机：用户对科技公司和数据隐私保护的信任度大幅下降。

政治操纵：数据被用于影响选举结果，对民主制度的公正性产生威胁。

法律和监管加强：事件促使各国加强数据隐私保护立法(如欧盟 GDPR)。

问题：数据收集和使用应遵循哪些伦理原则？

分组讨论 Facebook-Cambridge Analytica 事件中的数据收集和使用问题。

1. 数据收集应如何确保用户知情和同意？
2. 数据使用应如何避免滥用和侵犯隐私？
3. 科技公司在数据收集和使用中应承担哪些责任？

任务三　数据分析与展现

任务描述

2025 年 1 月 10 日，快鹿商超集团管理层下发指示，要求对新入职的网络管理员进行数据分析的培训，物流中心总监蒋立安排信息中心主管陈鹏完成该项工作。

学习目标

【知识目标】

1. 掌握数据分析的描述性统计法、线性回归分析法等。
2. 了解数据展现的常用形式，比如直方图，折线统计图等。

【技能目标】

1. 能够运用数据分析的方法解决实际问题。
2. 能够合理运用数据分析的展现形式。

【素养目标】

1. 培养学生对数据的敏感度和洞察力，使其能够从数据中发现问题和机会。
2. 培养学生的团队合作精神和沟通能力，使其能够与他人合作完成数据分析项目，并清晰地传达分析结果。

3. 引导学生关注数据分析的伦理和社会影响，负责任地使用数据。

任务准备

在之前的课程中，我们已经学习过 Excel 数据的排序、筛选、分类汇总等基本方法。在这一章，我们要继续深入系统学习描述性统计指标的计算、相关分析与回归分析法等。

1. 数据分析

数据分析是指通过统计和逻辑技术对数据进行系统性的审查、清洗、转换和建模，以发现有用的信息，提出结论并支持决策制定。它是一个多步骤的过程，涉及从原始数据中提取有价值的信息，以便更好地理解过去的行为、预测未来的趋势，并优化决策过程。

1.1 描述性统计

描述性统计主要用于计算总体的总量指标、平均指标、中位数、众数、极差、方差、标准差、标准差系数等。

1.1.1 总量指标和平均指标

根据总体反映的具体内容，总量指标划分为标志总量和单位总量。

① 标志总量：总体某一标志的总和 $\sum x_i$。

② 单位总量：总体所包含个体数的多少。

如果收集的数据是一条一条的原始记录，而且是精确的数据，则用 SUM 函数计算标志总量，用 COUNT 函数计算单位总量，用 AVERAGE 函数计算平均指标。

1.1.2 中位数和众数

中位数是指将总体各单位的标志值按大小顺序排列时位于数列中间位置的数据。如果有偶数个数据，则取中间两个数的平均数。中位数用字母 Me(median)表示。众数是指总体中出现次数最多的数据，用字母 Mo(mode)表示。中位数和众数也可以表明总体的一般水平。

在实际工作中，众数是应用较广泛的。例如，要说明消费者需要的服装、鞋帽等的普遍尺码，反映集市、贸易市场某种蔬菜的价格等，都可以通过市场调查、分析，了解哪一尺码的成交量最大，哪一价格的成交量最多。

假如我们要考查某学校某班的数学水平，一般情况下，我们肯定看全班的平均分。但如果这个班大多数学生的分数都在 50 分左右，但有一个天才居然考了满分 100 分，以一己之力生生将全班的平均分拉高了不少，这时用平均分来衡量全班同学的数学水平显然是不科学的。

所以，当数据整体平稳，但有少数异常值时，我们用均值来做指标参考就不靠谱了，这种情况更适合用中位数或众数来作为指标。

1.1.3 极差、方差、标准差和标准差系数

有一组数据：x_1、x_2、x_3、x_4…

① 极差=最大值-最小值；

② 方差= $\frac{\sum_{i=1}^{n}(x_i-\bar{x})^2}{n}$；

③ 标准差= $\sqrt{\frac{\sum_{i=1}^{n}(x_i-\bar{x})^2}{n}}$；

④ 标准差系数= $\frac{标准差}{平均值}$。

这几个指标用于描述数据的差异程度和离散程度。指标值越大，说明数据的离散程度越大，即数据波动幅度大，平均值的代表性越差；指标值越小，说明数据越平稳，波动幅度小，平均值的代表性越好。如果直接从数学角度用数学公式的方法来计算方差和标准差是比较烦琐的。在 Excel 中，用函数计算要方便得多。

“描述统计”结果中其他指标的含义或公式：

标准误差：$\sigma=\sqrt{\frac{\sum_{i=1}^{n}(x_i-\bar{x})^2}{n-1}}$

峰度：衡量数据离群度的指标

偏度：衡量数据偏斜平均数 $\bar{x}$ 的方向和程度

区域：极值

求和：标志总量

观测数：单位总量

1.1.4 利用“数据分析”中的“描述统计”功能计算描述性指标

例：打开文件“模块一任务三 . xlsx”的“捐款资料”工作表，用“描述统计”的方法统计“捐款金额”的各项描述性统计指标。

① 单击“数据”|“数据分析”按钮，打开“数据分析”对话框，选择“描述统计”功能，单击“确定”按钮，如图 1-3-1 所示。

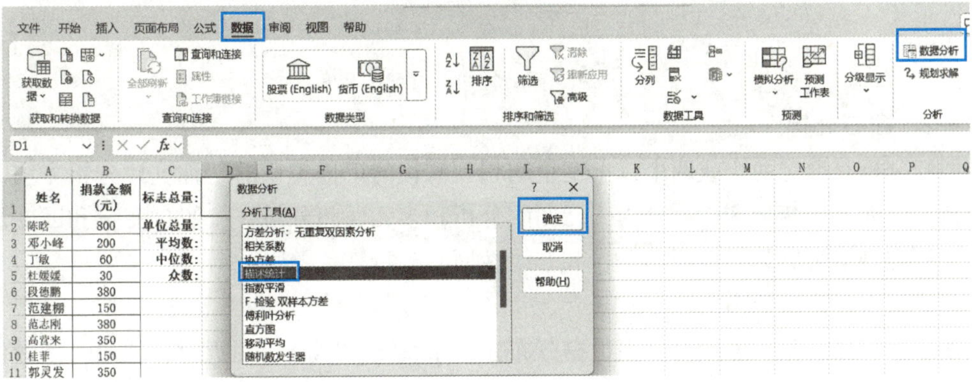

图 1-3-1 “数据分析”之“描述统计”

② 在“描述统计”对话框中设置输入区域(可选择整列)、输出区域(仅选择起点)，如图 1-3-2 所示。

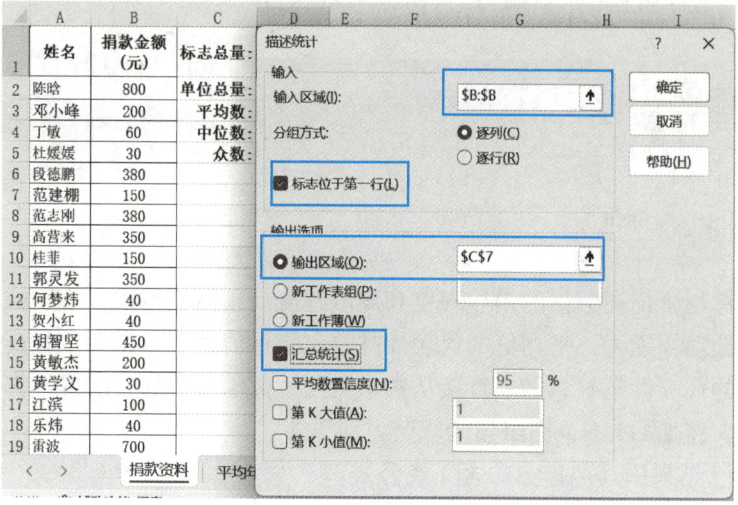

图 1-3-2　描述统计设置

③ 单击“确定”按钮，结果如图 1-3-3 所示。

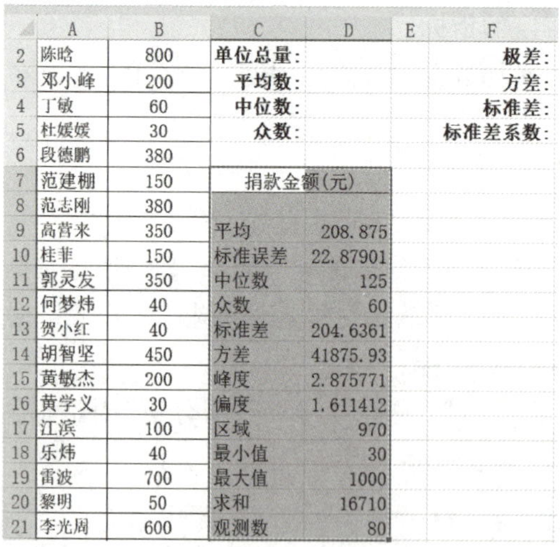

图 1-3-3　描述统计结果

1.2　回归分析

回归分析是确定两个或两个以上变量间相互依赖的定量关系的一种统计分析方法。回归分析按照涉及的变量多少，分为一元回归分析和多元回归分析；按照自变量和因变量之间的关系类型，可分为线性回归分析和非线性回归分析。

(1) 最小二乘法原理

回归分析法的基本思路是：当数据分布在一条直线(或曲线)附近时，找出一条最佳的直线(或曲线)来模拟它。

当所有点到该直线的竖直距离的平方和 $\sum(y-y')^2$ 最小时，得到的直线(或曲线)最佳，如图 1-3-4 所示。这就是最小二乘法原理(二乘就是平方)。

归根结底，回归分析法就是根据最小二乘法原理，将变量之间的关系模拟成一个数学方程(也叫回归方程，或趋势线方程)，以此来推断变量之间的关系的一种统计方法，所以回归分析法也叫数学模型法。

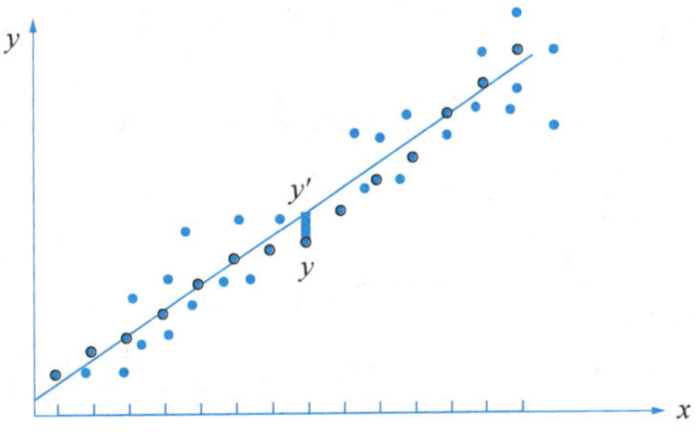

图 1-3-4　最小二乘法原理

(2) 决定系数

当变量之间的关系可以用一个数学模型来模拟时，我们用决定系数(R^2)判定数学模型拟合效果的好坏。

在数学上，决定系数 $R^2=\dfrac{\sum(y-y')^2}{\sum(y-\bar{y})^2}$ (y 是实际值，y'是模拟值)。

决定系数 R^2 越接近 1，说明数学模型的模拟效果越好 .

对于一元线性回归来说，$r^2=R^2$。

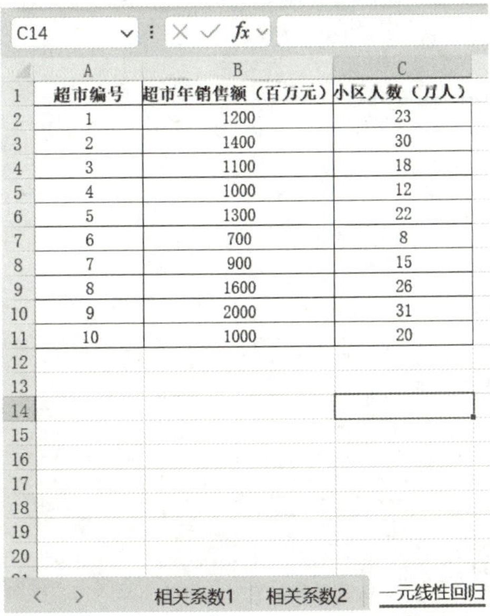

超市编号	超市年销售额（百万元）	小区人数（万人）
1	1200	23
2	1400	30
3	1100	18
4	1000	12
5	1300	22
6	700	8
7	900	15
8	1600	26
9	2000	31
10	1000	20

图 1-3-5　一元线性回归数据

1.2　利用 Excel 回归分析工具进行回归分析

1.2.1　一元线性回归

如果在回归分析中只包括一个因变量和一个自变量，且二者的关系可用函数 $y=kx+b$ 来模拟，这种回归分析称为一元线性回归分析。

例：调查××小区超市的年销售额(百万元)与小区人数(万人)的数据资料如图 1-3-5 所示，用回归分析法分析该超市的年销售额与小区人数的相关关系。数据文件见工作簿“模块一任务三 . xlsx”的“一元线性回归”工作表。

(1) 单击“数据”|“数据分析”按钮，打开“数据分析”对话框，选择“回归”功能，单击“确定”按钮，如图 1-3-6 所示。

(2) 如图 1-3-7 所示，设置回归分析数据，Y 值输入区域为 $B$1：$B$11，X 值输入区域为 $C$1：$C$11，然后勾选标志，因为第一行为标志，输出区域选择 $F$2，勾选线性拟合图，最后点击确定，就可以显示出结果。

(3) 如图 1-3-8 所示，即为回归分析结果。回归结果中第一组数据的前 3 个数据分别为：Multiple R(相关系数)、R Square(决定系数)、Adjusted R Square(校正决定系数)，都用于反映模型的拟合度；第 4 个数据是标准误差，反映拟合平均数对实际平均数的变异程度；第 5 个数据为观测值(数据的个数)。

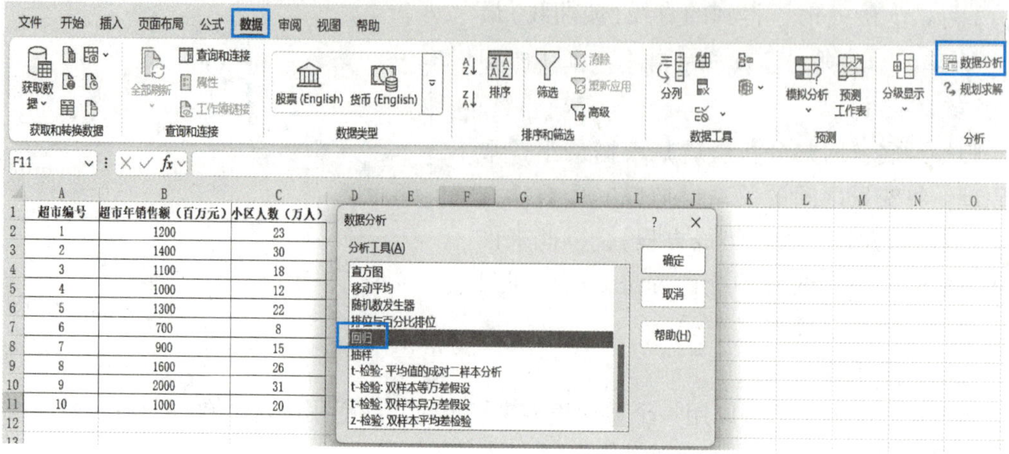

图 1-3-6 “数据分析”之“回归”功能

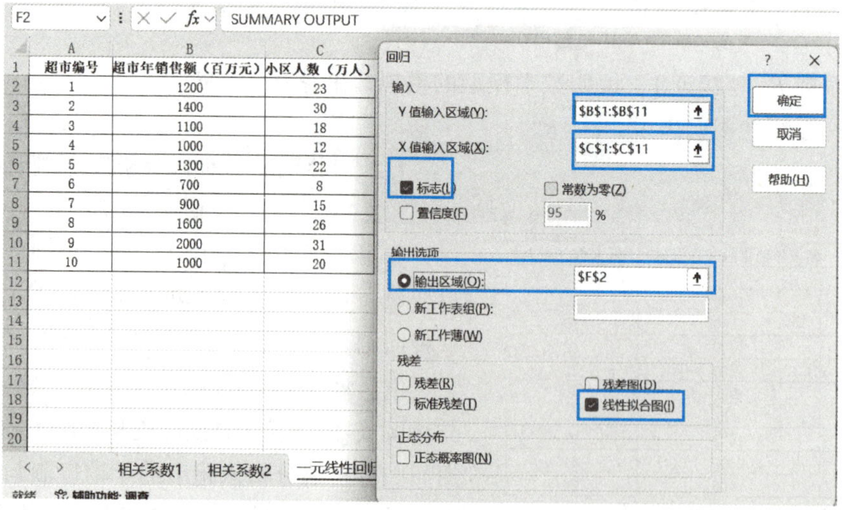

图 1-3-7 一元线性回归分析数据设置

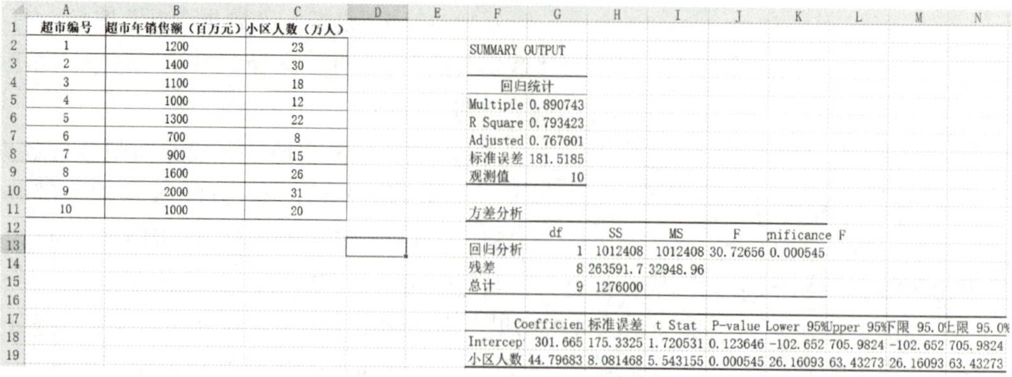

图 1-3-8 一元线性回归分析结果

第三组数据的第 1 个数据(301.665)是回归直线的截距 b，第 2 个数据(44.797)也叫回归系数，其实就是回归直线的斜率 k。

相关系数为 0.8907432，接近于 1，小区超市年销售额与小区人数线性相关。

回归直线的方程为：$y=44.797x+301.665$。

决定系数为 0.7934235，接近 1，说明用直线 $y=44.797x+301.665$ 模拟年销售额与小区人数之间的相关性是吻合的。

1.2.2　多元线性回归

如果在回归分析中包括一个因变量和多个自变量，且因变量和自变量的关系可用函数 $y=k_1x_1+k_2x_2+\cdots+k_nx_n+b$ 来模拟，这种回归分析称为多元线性回归分析。

事实上，一种现象常常与多个因素相关，所以，由多个自变量的最优组合来估计和预测因变量，比只用一个自变量进行估计和预测更有效、更有实际意义。

例：用回归分析法分析某超市的销售额与超市的面积大小、月促销费、地理位置的关系，数据资料如图 1-3-9 所示，并根据回归方程预测一家在二类地段、面积为 1000 平方米、月促销费 5 万元的超市月销售额将会是多少。数据文件为工作簿“模块一任务三.xlsx”中“多元线性回归”工作表。

**市大型超市月销售情况调查表

超市编号	销售额（百万元）	卖场面积（百平方米）	月促销费（万元）	地理位置
1	16.5	3	3	3
2	20	6	2	2
3	8.9	3	2	3
4	28	7	4	1
5	18	5	3.5	2
6	13.8	4	3	3
7	36	12	5	1
8	32	8	5	1
9	26.7	6	3	1
10	16	2	2	2

图 1-3-9　多元线性回归数据

① 单击“数据”|“数据分析”按钮，打开“数据分析”对话框，选择“回归”功能，单击“确定”按钮，如图 1-3-10 所示。

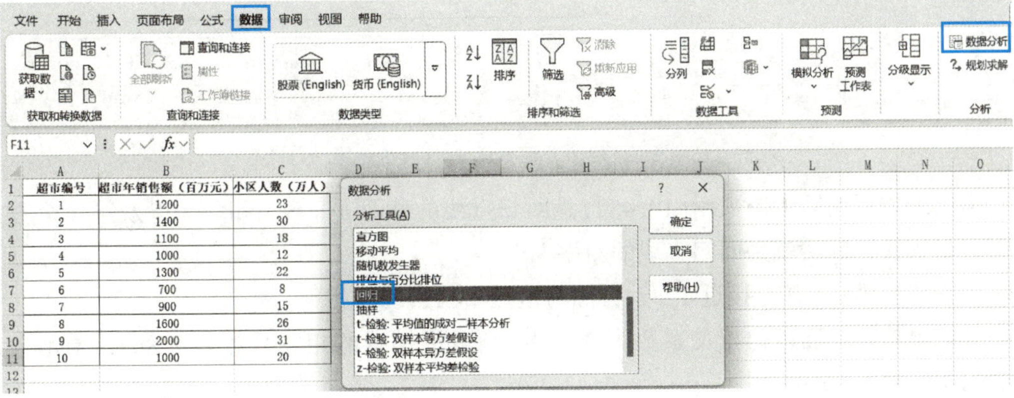

图 1-3-10　“数据分析”之“回归”功能

② 如图 1-3-11 所示，设置回归分析数据，Y 值输入区域为 \$B\$2：\$B\$12，X 值输入区域为 \$C\$2：\$E\$12，然后勾选标志，因为第一行为标志，输出区域选择 \$F\$2，勾选线性拟合图，最后点击确定，就可以出结果。

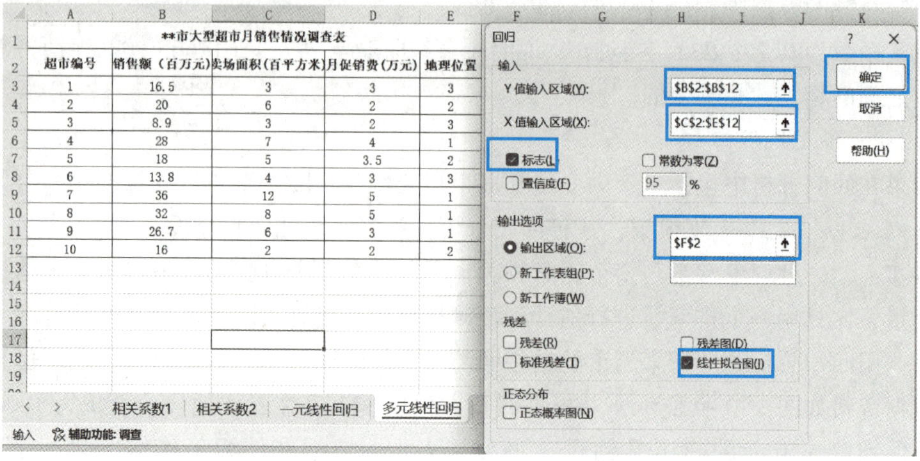

图 1-3-11　多元线性回归分析设置

③ 如图 1-3-12 所示，即为回归分析结果。回归分析结果中第一组数据的前 3 个数据分别为：Multiple R(相关系数)、R Square(决定系数)、Adjusted R Square(校正决定系数)，都用于反映模型的拟合度；第 4 个数据是标准误差，反映拟合平均数对实际平均数的变异程度；第 5 个数据为观测值(数据的个数)。

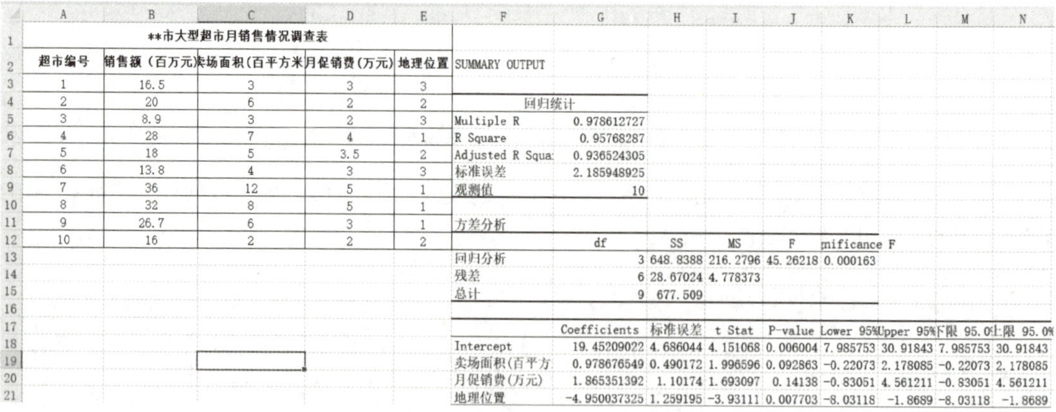

**市大型超市月销售情况调查表

超市编号	销售额（百万元）	卖场面积（百平方米）	月促销费（万元）	地理位置
1	16.5	3	3	3
2	20	6	2	2
3	8.9	3	2	3
4	28	7	4	1
5	18	5	3.5	2
6	13.8	4	3	3
7	36	12	5	1
8	32	8	5	1
9	26.7	6	3	1
10	16	2	2	2

SUMMARY OUTPUT

回归统计	
Multiple R	0.978612727
R Square	0.95768287
Adjusted R Squa	0.936524305
标准误差	2.185948925
观测值	10

方差分析

	df	SS	MS	F	nificance F
回归分析	3	648.8388	216.2796	45.26218	0.000163
残差	6	28.67024	4.778373		
总计	9	677.509			

	Coefficients	标准误差	t Stat	P-value	Lower 95%	Upper 95%	下限 95.0%	上限 95.0%
Intercept	19.45209022	4.686044	4.151068	0.006004	7.985753	30.91843	7.985753	30.91843
卖场面积(百平方	0.978676549	0.490172	1.996596	0.092863	-0.22073	2.178085	-0.22073	2.178085
月促销费(万元)	1.865351392	1.10174	1.693097	0.14138	-0.83051	4.561211	-0.83051	4.561211
地理位置	-4.950037325	1.259195	-3.93111	0.007703	-8.03118	-1.8689	-8.03118	-1.8689

图 1-3-12　多元线性回归分析结果

第三组数据的第 1 个数据(19.452)是回归直线的截距 b，第 2 和第 3 以及第 4 个数据也叫回归系数，其实就是回归直线的斜率 k。

相关系数为 0.979，接近 1，销售额与这三个因素线性相关。

销售额与卖场面积的相关系数为 0.979，与月促销费的相关系数为 1.865，与地理位置的相关系数为-4.95。

回归的方程为：$y=19.452+0.979x_1+1.865x_2-4.95x_3$($x_1$ 是卖场面积、x_2 是月促销费、

x_3 是地理位置）

（4）把 $x_1=10$，$x_2=5$，$x_3=2$ 代入到回归方程中，得到 $y=28.667$，即可根据回归方程预测一家在二类地段、面积为 1000 平方米、月促销费 5 万元的超市销售额为 28.667（百万元）。

1.2.3　利用 Excel 散点图和趋势线进行回归分析

对于初学者，我们还是建议大家用“先插入散点图，再添加趋势线”的方法求趋势线方程、相关系数和决定系数，最后根据决定系数的大小判定模拟效果的好坏，并根据趋势线方程做数据预测。

例：利用散点图求 1.2.1 节中“超市年销售额”和“小区人数”的回归方程，“超市年销售额”为因变量 y，“小区人数”为自变量 x。数据文件为工作簿“模块一任务三.xlsx”中的“直线模型”工作表。

① 插入散点图。选择 B 列和 C 列要分析的数据，点击插入，选择散点图，如图 1-3-13 所示，效果图如 1-3-14 所示。然后在图表上选择蓝色的圆点，单击右键选择数据，出现对话框，如图 1-3-15 所示；点击编辑，对标题、X 轴以及 Y 轴进行编辑，如图 1-3-16 所示；完成后，图表更新，如图 1-3-17 所示。

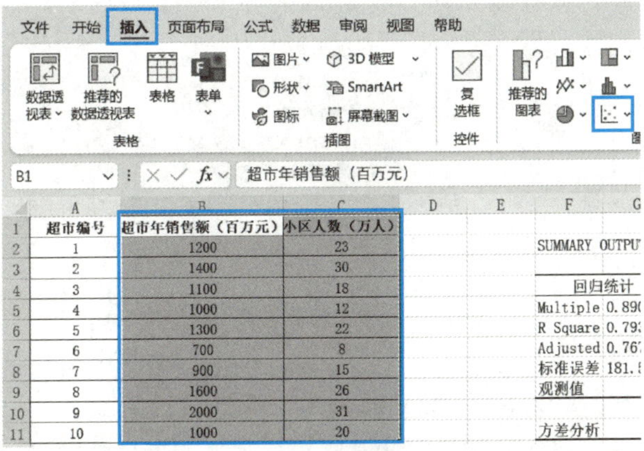

	A	B	C
1	超市编号	超市年销售额（百万元）	小区人数（万人）
2	1	1200	23
3	2	1400	30
4	3	1100	18
5	4	1000	12
6	5	1300	22
7	6	700	8
8	7	900	15
9	8	1600	26
10	9	2000	31
11	10	1000	20

图 1-3-13　插入散点图

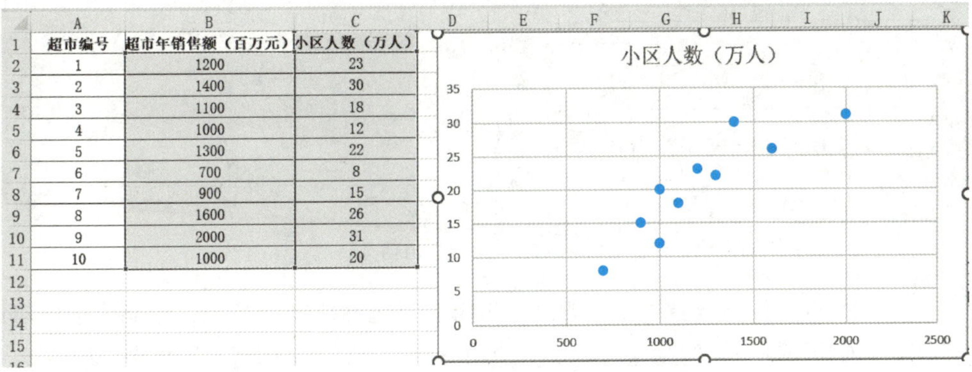

	A	B	C
1	超市编号	超市年销售额（百万元）	小区人数（万人）
2	1	1200	23
3	2	1400	30
4	3	1100	18
5	4	1000	12
6	5	1300	22
7	6	700	8
8	7	900	15
9	8	1600	26
10	9	2000	31
11	10	1000	20

图 1-3-14　散点图效果图

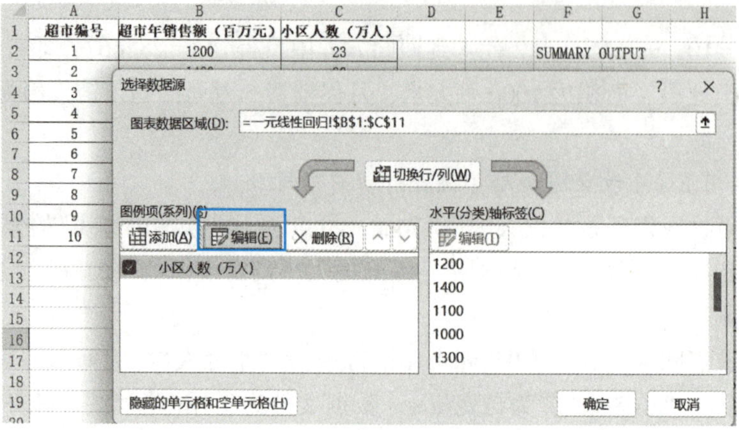

图 1-3-15　散点图数据编辑

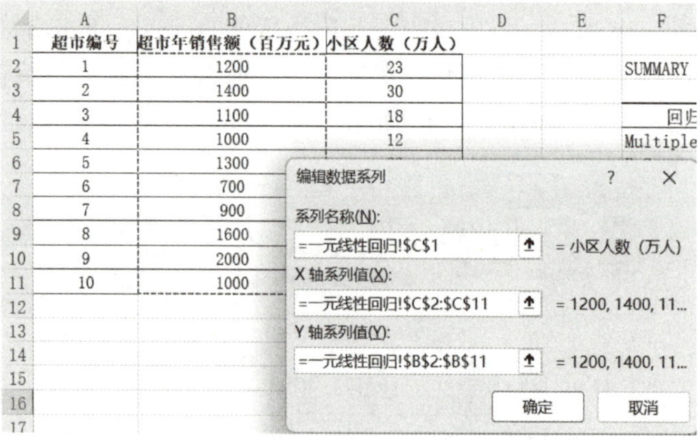

图 1-3-16　数据系列编辑

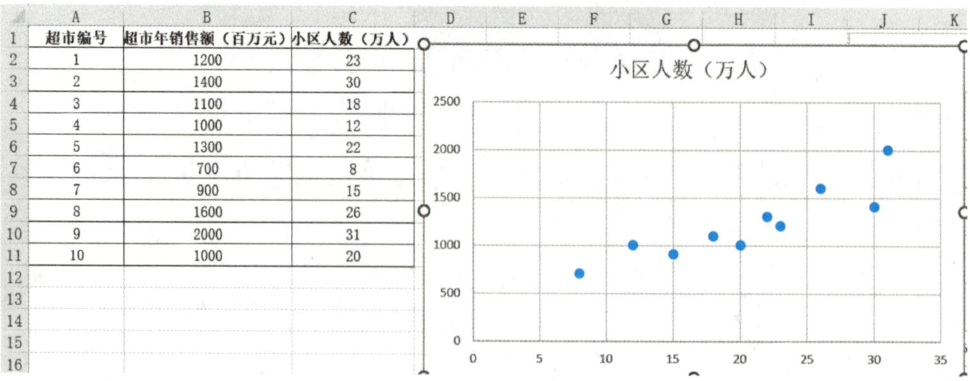

图 1-3-17　更新后的图表

② 添加趋势线。选中图表中蓝色的点，单击右键选择添加趋势线，趋势线选项勾选线性，同时下拉右边滚动条，勾选显示 R 平方值和公式，则图表上即可显示出来，如图 1-3-18 所示。

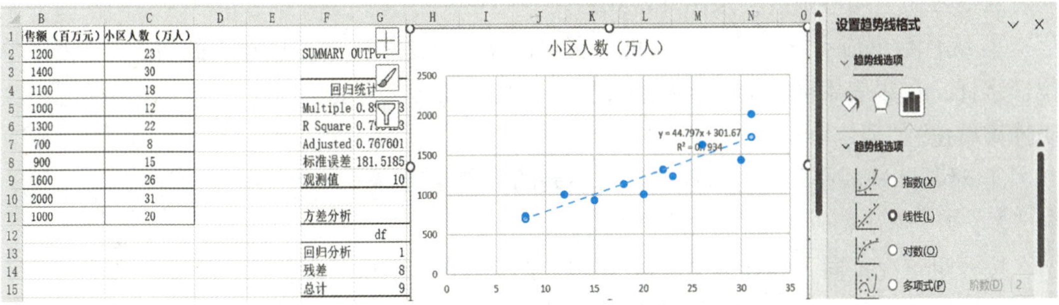

图 1-3-18　添加趋势线效果图

小结：

利用回归分析工具进行线性回归的优缺点：

① 优点：可以一元线性回归，也可以进行多元线性回归。

② 缺点：只能进行线性回归，不能直接进行非线性回归。

利用散点图和趋势线进行回归分析的优缺点：

① 优点：不仅能进行线性回归，还能进行非线性回归。

② 缺点：只能进行一元回归，不能进行多元回归。

2. 数据展现

所谓数据展现，是指把数据分析的结果进一步优化，用更加直观、有效的方式展现出来，常见的展现方式有统计表和统计图。

一般情况下，能用表格说明问题就不用文字，能用图说明问题的就不用表格。

2.1　统计表

把数据按一定的顺序排列在表格中，就形成了统计表。统计表是表现数字资料整理结果最常用的一种形式。

2.1.1　统计表的构成

从构成上看，统计表是由纵横交叉的直线组成的左右两边不封口的表格，表的上面有总标题，即表的名称，左边有横行标题，上方有纵栏标题，表内是统计数据。如图 1-3-19 所示，为统计表的构成。

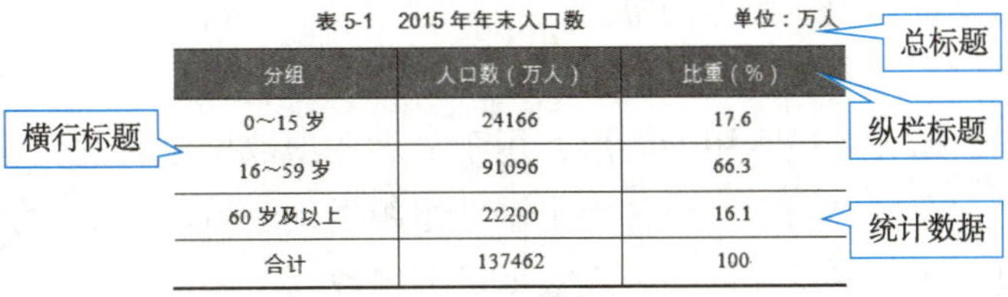

图 1-3-19　统计表的构成

为了使统计表的设计更符合科学、实用、简明和美观，应注意以下四个问题：

① 总标题要简明扼要，并能确切说明表中的内容；

② 统计表的上下两端的端线应当用粗线绘制，表中其他线条一律用细线绘制，表的

左右两端习惯上均不画线，采用开口式；

③ 统计数据应有计算单位，如果全表的计算单位是相同的，应在表的右上角注明“单位:”字样，如果表中同样的指标数据计算单位相同而各栏之间不同时，应在各栏标题中注明计算单位。

④ 对某些资料必须进行说明时，应在表的下面注明。

2.1.2　统计表的分类

按分组情况不同，统计表又可以分为简单表、分组表和复合表。

① 简单表：指总体未经任何分组的统计表。

② 分组表：指按一个分组标志对总体进行分组的统计表。

③ 复合表：指按两个或两个以上标志结合起来对总体进行分组的统计表，如表 1-3-1 所示。

表 1-3-1　2004 年我国人口统计

分类	指标	年末数/万人	比重/%
按城乡分	城镇	54283	41.8
	乡村	75705	58.2
按性别分	男性	66976	51.5
	女性	63012	48.5
按年龄分	0~14 岁	27947	21.5
	15~64 岁	92184	70.9
	65 岁及以上	9857	7.6

2.1.3　统计图

统计图是利用几何图形或具体形象表现统计资料的一种形式。它的特点是形象直观、富于表现、便于理解，因而绘制统计图也是统计资料整理的重要内容之一。统计图可以表明总体的规模、水平、结构、对比关系、依存关系、发展趋势和分布状况等，更有利于统计分析与研究。

下面主要介绍如何利用 Excel 软件来绘制统计图。在 Excel 中，常用的统计图有柱形图、条形图、饼图、折线图、散点图等。

(1) 柱形图

柱形图是展现数据关系最常用的图形，用于显示各项数据之间的比较情况或显示一段时间内的数据变化。在柱形图中，通常沿水平轴组织类别，沿垂直轴组织数值。

以下几种情况一般均采用柱形图展现数据：分组数据，展示动态数列的趋势，不同部门、地区、产品的同一指标值的比较。

例：打开工作簿“模块一任务三.xlsx”，找到“柱形图 1”工作表。

步骤一：选择要分析的两列数据，点击“插入”，选择“簇状柱形图”，如图 1-3-20 所示，效果图如图 1-3-21 所示。

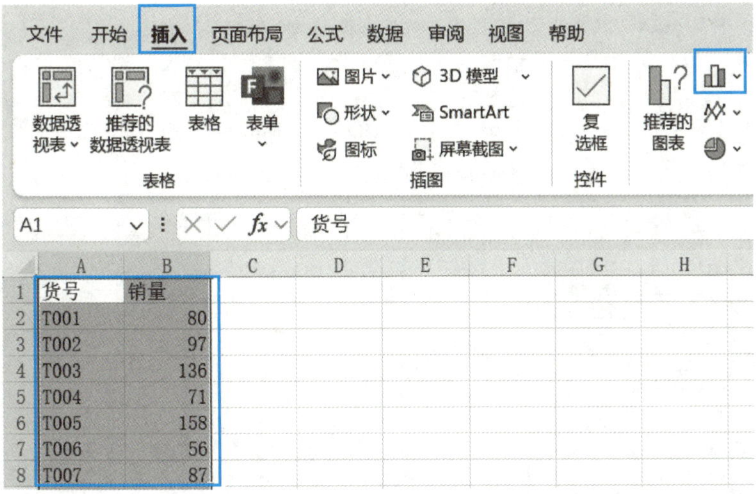

图 1-3-20　插入柱状图

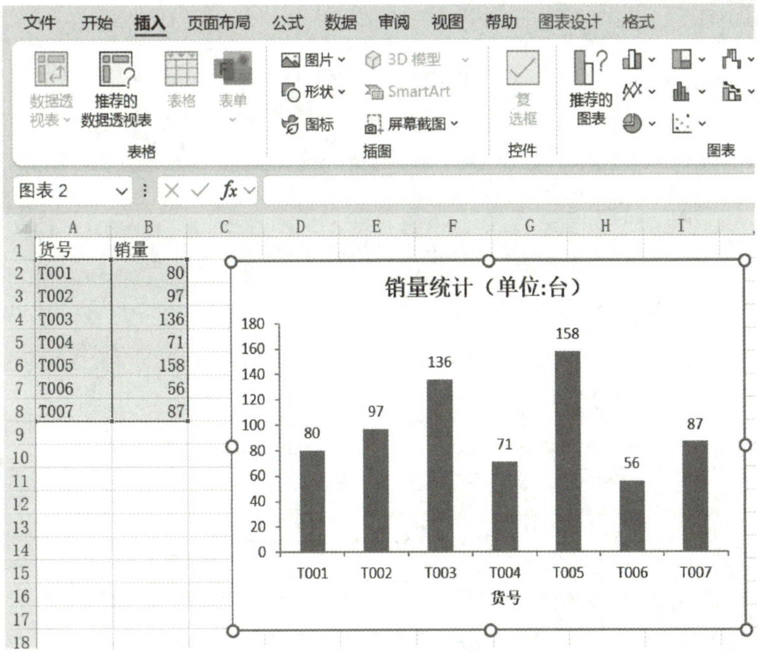

图 1-3-21　柱状图效果图

(2) 条形图

条形图就是将柱形图顺时针旋转 90°后所得到的效果图，其作用与柱形图一样。

一般来说，如果柱形图的水平轴标签或数据标签过长(见图 1-3-22)，就会影响数据的可读性，这时建议改用条形图(见图 1-3-23)。

(3) 折线图

如果希望图表能体现数据的变化趋势，一般用折线图。动态数列的速度指标一般用折线图展现。

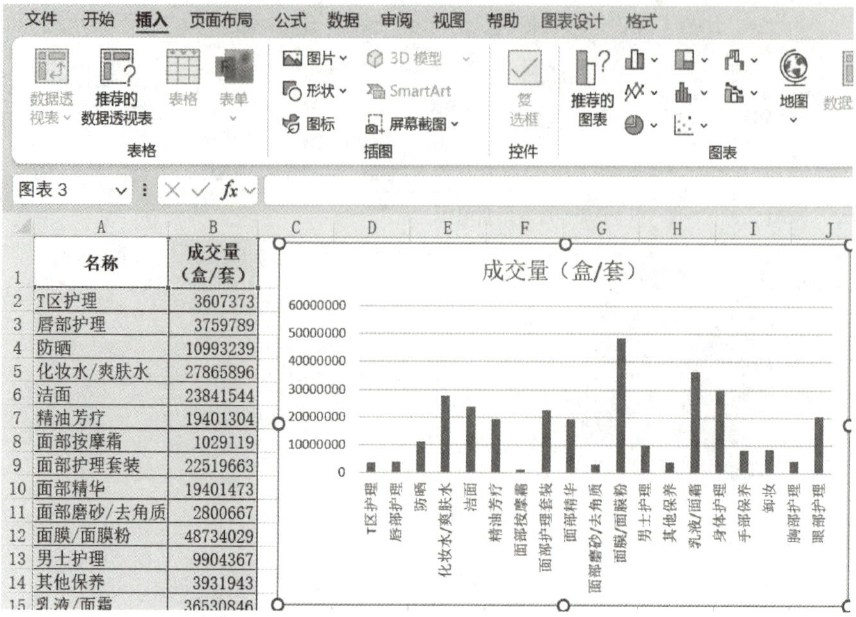

图 1-3-22 柱状图

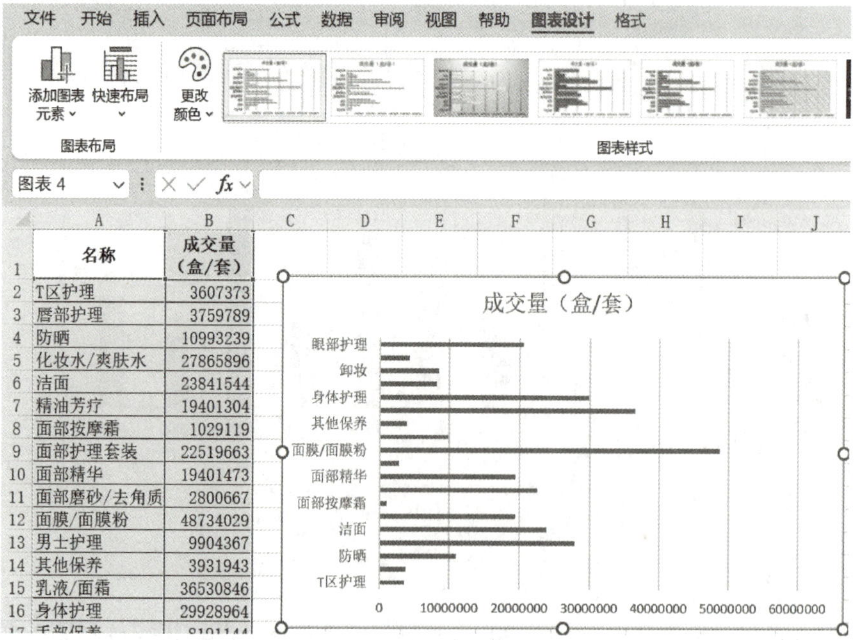

图 1-3-23 条形图

例：绘制 2015 年 1—12 月的环比增长速度折线图。数据文件为“模块一任务三 . xlsx”中的“折线图”工作表。

步骤：选择单元格区域 E14:E25，插入第 1 种折线图，结果如图 1-3-24 所示。

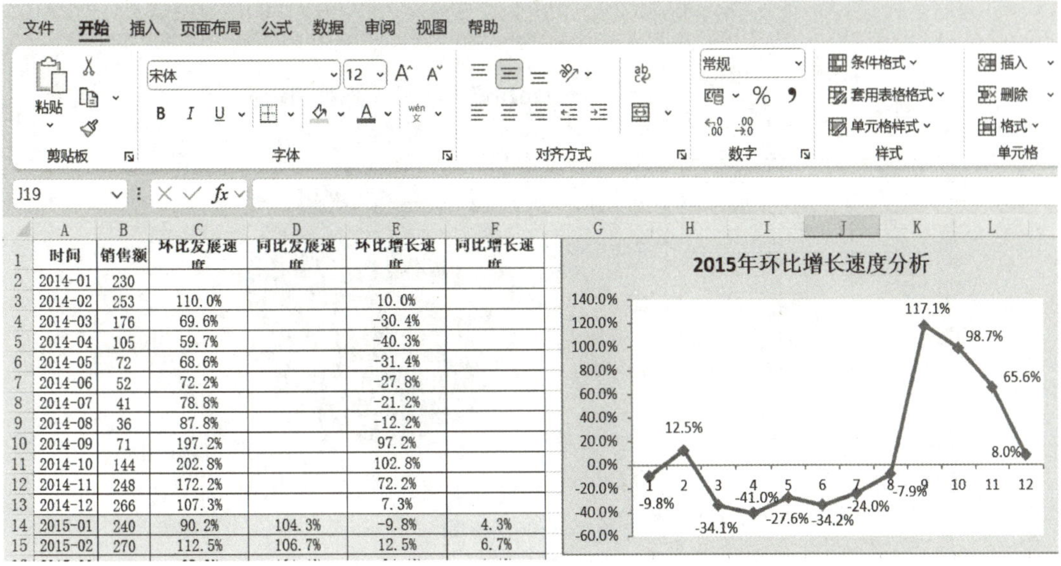

图 1-3-24　折线统计图

（4）饼图

一个整体分成若干部分，表示每个部分所占的比重，一般用饼图表示。亦即结构相对数一般都用饼图展现。

例：将工作簿“模块一任务三.xlsx”的“饼图”工作表中的数据绘制成饼图。

步骤：选择数据 A1:B13，插入饼状图，如图 1-3-25 所示，效果图如图 1-3-26 所示。

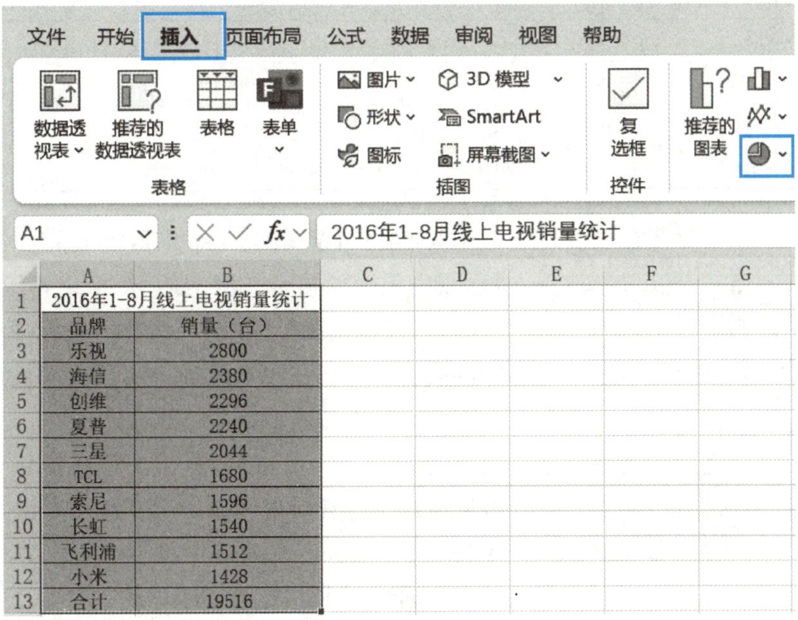

图 1-3-25　插入饼状图

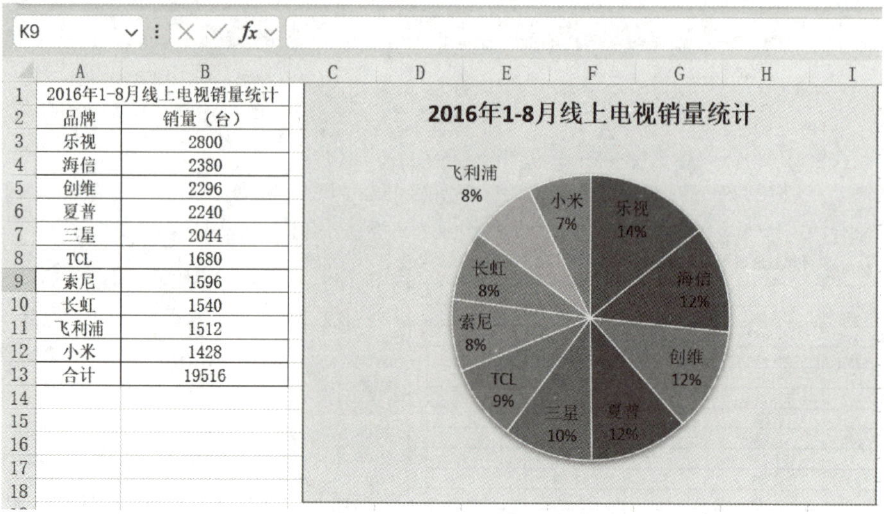

	A	B
1	2016年1-8月线上电视销量统计	
2	品牌	销量（台）
3	乐视	2800
4	海信	2380
5	创维	2296
6	夏普	2240
7	三星	2044
8	TCL	1680
9	索尼	1596
10	长虹	1540
11	飞利浦	1512
12	小米	1428
13	合计	19516

图 1-3-26　饼图

任务实施

① 打开工作簿“模块一任务三 . xlsx”中的“双肩包”工作表，用“描述统计”的方法计算价格的总量指标、平均指标、中位数、众数、极差、方差和标准差。

② 已知节能灯泡使用时数调查资料如表 1-3-2 所示，请依据该资料计算节能灯泡平均使用时数。数据文件为工作簿“模块一任务三 . xlsx”中的“节能灯泡”工作表。

表 1-3-2　节能灯泡按使用时数分组统计资料

按使用时数分组/小时	个数/只	按使用时数分组/小时	个数/只
2000 以下	10	3500～4000	70
2000～2500	30	4000～4500	40
2500～3000	60	4500 以上	20
3000～3500	200		

	A	B	C
1	2015年京东空气净化器销量统计（台）		
2	时间	销售量	环比增长速度
3	1月	30795	
4	2月	33986	110.4%
5	3月	87302	256.9%
6	4月	47597	54.5%
7	5月	49594	104.2%
8	6月	120412	242.8%
9	7月	58278	48.4%
10	8月	55142	94.6%
11	9月	63783	115.7%
12	10月	55001	86.2%
13	11月	203327	369.7%
14	12月	139091	68.4%

图 1-3-27　2015 年京东空气净化器十大品牌销量统计资料

③ 2015 年京东空气净化器十大品牌销量统计资料如图 1-3-27 所示，源文件为“模块一任务三 . xlsx”中的“线柱双轴图”工作表。请在主坐标轴上将销售量绘制成柱形图，在次坐标轴上将环比增长速度绘制成折线图，效果如图 1-3-28 所示。

④ 2015 年“双 11”当天线上手机销售十大品牌销售额占比排行资料如图 1-3-29 所示。源文件为工作簿“模块一任务三 . xlsx”中的“复合条饼图”工作表。请将数据绘制成饼图。

2015年京东空气净化器销量统计（台）		
时间	销售量	环比发展速度
1月	30795	
2月	33986	110.4%
3月	87302	256.9%
4月	47597	54.5%
5月	49594	104.2%
6月	120412	242.8%
7月	58278	48.4%
8月	55142	94.6%
9月	63783	115.7%
10月	55001	86.2%
11月	203327	369.7%
12月	139091	68.4%

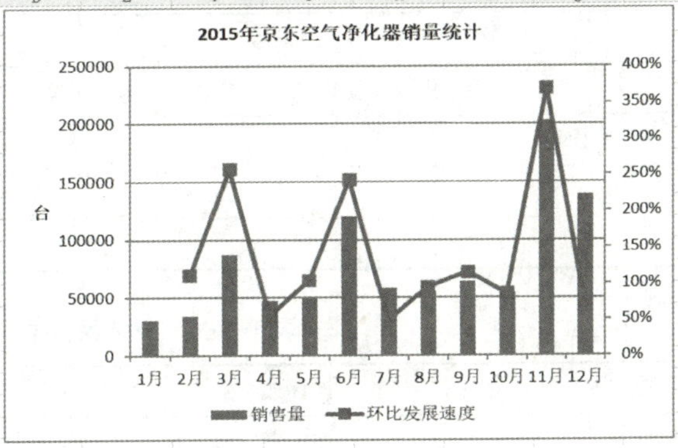

图 1-3-28　效果图

2015年双11当天线上手机销售	
品牌	销售额占比
华为	29.9%
小米	22.2%
苹果	18.2%
魅族	16.0%
乐视	8.9%
360奇酷	1.5%
OPPO	1.4%
三星	0.9%
酷派	0.6%
锤子	0.4%

图 1-3-29　2015 年“双 11”当天线上手机销售十大品牌销售额占比

任务小结

数据展现是指把数据分析的结果进一步优化，用更加直观、有效的方式展现出来，常见的展现方式有统计表和统计图。

人工智能小贴士：

在 ChatGPT 人工智能技术的支持下，当你面对制作一份数据图表没有头绪的时候，可以输入关键字“数据分析”“图表”等让它帮助你拟一份大纲，然后再根据实际使用情况进行完善。

任务评价

本任务为分组任务：每组若干组员，在组长带领下，根据任务内容进行分工，使用学生自评表(表 1-3-3)、学生互评表(表 1-3-4)、教师评价表(表 1-3-5)完成任务评价。

表 1-3-3　学生自评表

班级		学号		姓名	
角色	□组长　□组员		完成时间		
任务内容		完成情况记录			

表 1-3-4　学生互评表

班级		被评人学号		被评人姓名	
评价者角色		评价者学号		评价者姓名	
任务内容		完成情况记录			

表 1-3-5　教师评价表

班级		被评人学号		被评人姓名	
任务内容		完成情况记录			

课证融通

一、单选题

1. 当数据存在异常值时，以下哪个指标最适合衡量数据的集中趋势？(　　)

A. 均值　　B. 中位数　　C. 方差　　D. 标准差

2. 决定系数(R^2)在回归分析中的作用是(　　)。

A. 衡量模型的拟合优度　　B. 计算变量的相关系数

C. 预测未来数据　　D. 判断异常值

3. Excel 中用于计算标准差的函数是(　　)。

A. STDEV. P　　B. AVERAGE　　C. SUM　　D. COUNT

4. 以下哪种图表适合展示时间序列数据的趋势变化？(　　)

A. 饼图　　B. 柱形图　　C. 折线图　　D. 散点图

5. 极差的计算公式是(　　)。

A. 最大值-最小值　　B. 标准差/均值　　C. $\sum(x_i-均值)^2$　　D. 中位数-众数

二、多选题

1. 以下哪些是描述性统计的常见指标？(　　)

A. 均值　　B. 方差　　C. 相关系数　　D. 中位数

2. Excel 中处理缺失数据的方法包括(　　)。

A. 用均值或众数替换　　B. 删除含有缺失值的记录

C. 保留记录并在分析时临时剔除　　D. 随机填充数据

3. 关于一元线性回归分析，以下哪些说法正确？(　　)

A. 回归方程形式为 $y=kx+b$　　B. 决定系数 R^2 等于相关系数的平方

C. 适用于多个自变量分析　　D. 通过散点图可快速判断线性关系

4. 以下哪些图表适合展示分类数据的比例关系？(　　)

A. 饼图　　B. 条形图　　C. 折线图　　D. 散点图

5. 多元线性回归分析的结果解读包括(　　)。

A. 回归系数的显著性(P 值)　　B. 截距项的实际意义

C. 相关系数(Multiple R)　　D. 模型拟合度(R^2)

课赛强化

1. 如果快鹿商超集团管理层要求提交一份托盘区初始库存信息表中库存前六位货品的柱状统计图，请你根据 10 名送货人员的业务量和投诉量数据表(表 1-3-6)绘制柱状统计图。

2. 配送站现有 10 名送货人员，经统计，这 10 名送货人员的业务量和投诉量数据如表 1-3-6 所示。

表 1-3-6　10 名送货人员的业务量和投诉量数据

	8 月份		9 月份		10 月份		11 月份		12 月份	
配送员	业务量	投诉量	业务量	投诉量	业务量	投诉量	业务量	投诉量	业务量	投诉量
甲	3168	67	3411	65	3439	92	3127	66	3346	148
乙	3219	157	3303	32	3170	163	3179	151	3458	64
丙	3125	164	3318	169	3342	162	3308	31	3165	86
丁	3396	180	3423	172	3379	145	3181	160	3132	119
戊	3252	116	3483	40	3384	199	3229	140	3388	75
己	3169	71	3476	75	3377	20	3118	87	3453	29
庚	3146	134	3232	200	3447	102	3230	163	3286	65
辛	3437	89	3222	134	3260	27	3155	172	3296	60
壬	3289	148	3280	43	3254	46	3426	197	3301	117
癸	3425	191	3190	170	3433	58	3399	44	3353	78

统计 8—12 月份各个配送员的总业务量和总投诉率，绘制可视化图表。

要求：

(1) 图表标题为“员工投诉情况分析”，位于图表上方。

(2) 纵坐标分别为业务量和投诉率。主坐标轴为业务量，显示为簇状柱形图；次坐标轴为投诉率，显示为折线图。

（3）横坐标轴为各个业务员。

（4）在底部显示业务量和投诉率数据表。

（5）数据标签只显示业务量数据，不显示投诉率数据，位置为“数据标签外”。

课程思政

数据展现中的职业道德与社会责任

案例背景：

在数据展现课程中，学生需要学习如何通过图表、报表等形式直观地展示数据。然而，数据展现不仅仅是技术问题，还涉及职业道德和社会责任。通过本案例，引导学生认识到数据展现中的伦理问题，培养其职业道德和社会责任感。

案例描述：

某公司数据分析师小李在制作年度销售报告时，发现公司实际销售额未达到预期目标。为了迎合管理层的要求，小李故意调整了数据展现方式，使用不恰当的图表类型和比例，使得销售额看起来达到了目标。

结果：管理层根据错误的数据作出了错误的决策，导致公司后续资源分配不合理，最终影响了公司整体业绩。

提问互动：

提问问题：小李的行为是否正确？如果不正确，他违反了哪些职业道德？

学生思考数据展现中的伦理问题。

模块二　物流仓储作业数据分析

项目背景

快鹿商超集团是一家大型连锁商超企业，总部设在 A 市，其经营网络覆盖全国大部分地区。快鹿商超集团在 A 市建立了一家物流中心(以下简称“快鹿物流中心”)。快鹿物流中心拥有完善的物流服务网络，依托先进的物流服务平台，主要为快鹿商超集团分布在 A 市的门店提供仓储和市内配送等物流服务，同时为快鹿商超集团分布在 B、C、D、E、F、G 六市的门店提供长途干线运输等物流服务。

快鹿物流中心结合客户具体要求和企业管理制度，完成客户委托的日常业务，项目背景数据基于快鹿物流中心 2025 年 1 月 10 日当天的物流作业情况。快鹿物流中心每天的工作时间为 8：00—17：30。快鹿物流中心组织部门架构如图 2-1 所示，快鹿物流中心人员管理架构如图 2-2 所示。

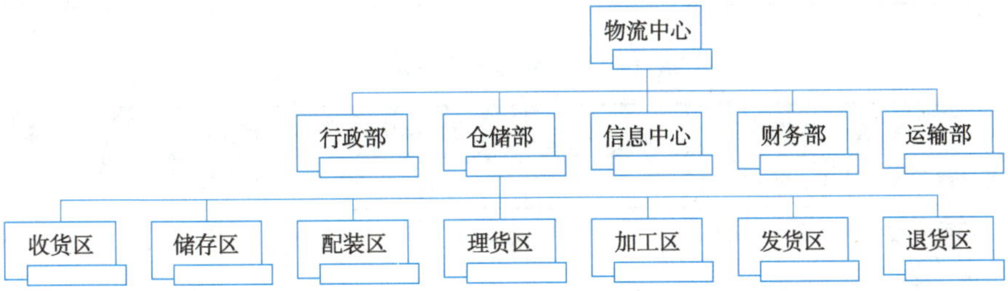

图 2-1　快鹿物流中心组织部门架构图

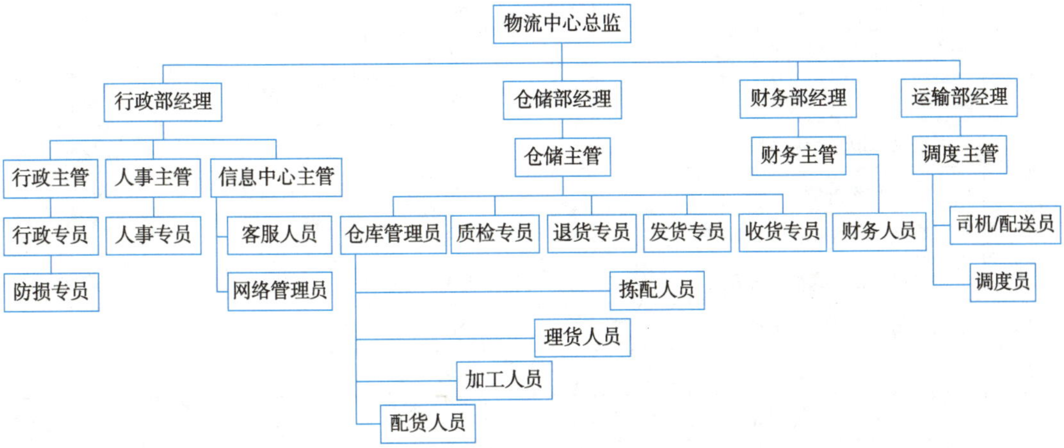

图 2-2　快鹿物流中心人员管理架构图

任务一 商品的 ABC 分类分析

任务描述

2025 年 1 月 10 日，快鹿商超集团管理层下发指示，要求物流中心配合春节促销活动，对库内商品依据累计出库量占比和累计品种占比进行 ABC 分类，物流中心总监蒋立安排仓储部经理吴浩完成该项工作，吴浩指派仓储主管王进负责具体数据的核查与汇总工作，并参见表 2-1-1 的格式于 2025 年 1 月 10 日下班前上报“商品 ABC 分类表”。具体托盘区商品的报表数据见表 2-1-2。ABC 分类标准见表 2-1-3。

表 2-1-1 商品 ABC 分类表

序号	货物名称	出库量/箱	品种百分比	出库量百分比	累计品种百分比	累计出库量百分比	分类结果

表 2-1-2 库存商品基本数据

序号	货物名称	出库量/箱	入库量/箱	单价/元
1	超能除菌洗衣液 3kg 瓶装	124	74	16
2	超能冷水速洁洗衣粉 4kg 袋装	163	113	40
3	超能无磷全效洗衣粉 4kg 袋装	186	136	28
4	超能洗衣粉 4kg 袋装	117	67	56
5	蓝月亮 5kg 洗衣粉袋装	54	4	28
6	蓝月亮洁净薰香洗衣液 3kg 袋装	128	78	65
7	蓝月亮洁雅百合洗衣液 3kg 袋装	27	37	64
8	蓝月亮洗衣液 1. 55kg 袋装	445	395	39
9	蓝月亮洗衣液 3kg 袋装	194	144	64
10	蓝月亮薰衣草洗衣粉 4. 8kg 袋装	189	139	51
11	立白全渍除菌洗衣液 2kg 装	174	124	51
12	立白全渍净除菌除螨洗衣液 1. 5kg	31	41	28
13	立白无磷洗衣粉 5kg 装	340	290	85
14	立白阳光馨香洗衣液 2kg	58	8	39
15	威露士超净洗衣液 350g 瓶装	40	50	56
16	威露士无磷洗衣粉 1. 8kg 袋装	139	89	56

续表

序号	货物名称	出库量/箱	入库量/箱	单价/元
17	威露士无磷洗衣粉 2.8kg 袋装	80	30	64
18	威露士无磷洗衣粉 3.8kg 袋装	76	26	28
19	威露士洗衣粉 3.8kg 袋装	455	405	56
20	威露士洗衣液 2kg 瓶装	223	173	54
21	威露士洗衣液 3kg 袋装	217	167	16

表 2-1-3　ABC 分类标准

累计品种所占比重/%	0<A≤35	35<B≤70	70<C≤100
累计出库量所占比重/%	0<A≤60	60<B≤90	90<C≤100

学习目标

【知识目标】

1. 掌握商品 ABC 分类的原理和方法。
2. 理解商品 ABC 分类报表的应用。

【技能目标】

1. 能够依据任务的要求进行商品 ABC 分类。
2. 熟练使用 Excel 排序、公式编辑进行商品出入库报表的计算。

【素养目标】

1. 树立严谨认真的工作态度。
2. 培养吃苦耐劳的工作精神。

任务准备

1. 知识准备

(1) ABC 分类法的定义

由中华人民共和国国家标准《物流术语》(GB/T 18354—2021)可知，ABC 分类法是指将库存物品按照设定的分类标准和要求分为特别重要的库存(A 类)、一般重要的库存(B 类)和不重要的库存(C 类)三个等级，然后针对不同等级分别进行控制的管理方法。

(2) ABC 分类法的原理

ABC 分类法的基本原理是针对库存货物中存在着少数货物占用大部分资金，以及大多数货物占用很少资金的现象，利用库存与资金占用之间的规律，对库存货物按照消耗数量和价值大小进行分类。这就是所谓的 80/20 定律，即 20%左右的因素占有(带来)80%左右的成果。将数量少且价值大的一类称为 A 类，而数量大且价值小的一类称为 C 类，介于 A 类与 C 类中间的为 B 类，然后分别采用不同的管理方法对其控制。货物管理的 ABC 分类法就是在 80/20 定律的指导下，对货物进行分类，找出占用大量资金的少数货物，并加强对它们的控制与管理；相反，对那些占少量资金的大多数货物则施以较轻松的控制和管理。

（3）ABC 分类法的作用

ABC 分类法通常以货物周转率的累积占比和货物品项的累积占比为标准，将货物分为 A、B、C 三类，划清货物的主次顺序。ABC 分类为配送中心货物分类、分区存储时合理安排储位提供依据。通常情况下，依据分类结果，A 类货物安排在立库存储区靠近出口的底层或重型货架存储区的第一层；B 类货物安排在立库存储区靠近出口的中间位置或重型货架存储区的第二层；C 类货物安排在立库存储区靠近入口的位置或重型货架存储区的第三层。

2. 技能准备

（1）数据排序

排序是将无序的数据或指定名称序列的数据按照升序或者降序排列，有利于数据操作。在数据汇总过程中经常需要将数据排序。

（2）公式引用

在 Excel 2016 中，可以利用公式(见图 2-1-1)对单元格的数据进行求和(SUM)，求平均值(AVERAGE)、最大值(MAX)、最小值(MIN)、计数(COUNT)及其他操作。在公式里可以引用 Excel 2016 允许的函数。公式中引用单元格地址分为绝对地址引用和相对地址引用。

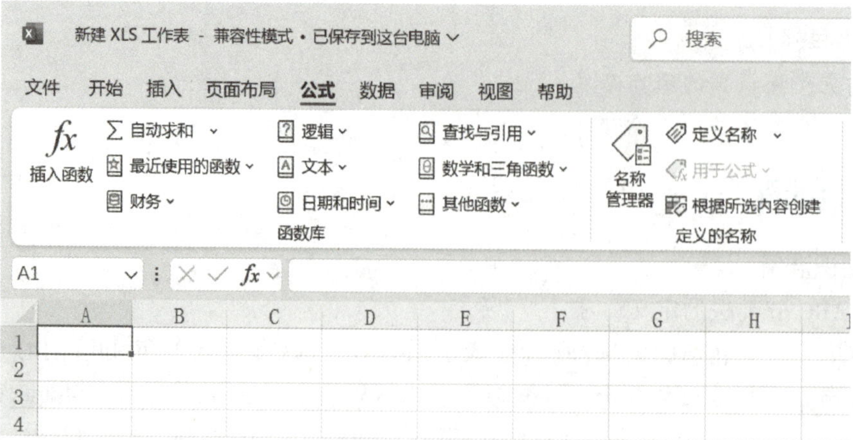

图 2-1-1 公式引用

对于绝对地址，在引用过程中，公式中的行或者列地址前都有“ $ ”符号，如 $A$12 表示列和行地址都是绝对引用、$12 表示行地址是绝对引用、$A 表示列地址是绝对引用，采用绝对地址引用，在公式计算过程中始终保持引用的单元格数据不变。

对于相对地址引用，地址前无“ $ ”符号，如 A12 表示列和行地址都是相对引用。对于相对地址引用，在单元格拖动填充的过程中，公式内引用的地址会发生变化。

任务实施

1. 整理数据

找到模块二任务一附件，打开表格 2-1-2，把需要的 ABC 三列的数据字段复制到新表中，如图 2-1-2 所示。

	A	B	C
1	序号	货物名称	出库量（箱）
2	1	超能除菌洗衣液3kg瓶装	124
3	2	超能冷水速洁洗衣粉4kg袋装	163
4	3	超能无磷全效洗衣粉4kg袋装	186
5	4	超能洗衣粉4kg袋装	117
6	5	蓝月亮5kg洗衣粉袋装	54
7	6	蓝月亮洁净薰香洗衣液3kg袋装	128
8	7	蓝月亮洁雅百合洗衣液3kg袋装	27
9	8	蓝月亮洗衣液1.55kg袋装	445
10	9	蓝月亮洗衣液3kg袋装	194
11	10	蓝月亮薰衣草洗衣粉4.8kg袋装	189
12	11	立白全渍除菌洗衣液2kg装	174
13	12	立白全渍净除菌除螨洗衣液1.5kg	31
14	13	立白无磷洗衣粉5kg装	340
15	14	立白阳光馨香洗衣液2kg	58
16	15	威露士超净洗衣液350g瓶装	40
17	16	威露士无磷洗衣粉1.8kg袋装	139
18	17	威露士无磷洗衣粉2.8kg袋装	80
19	18	威露士无磷洗衣粉3.8kg袋装	76
20	19	威露士洗衣粉3.8kg袋装	455
21	20	威露士洗衣液2kg瓶装	223
22	21	威露士洗衣液3kg袋装	217

图 2-1-2 整理数据

2. 出库量降序排列

整理数据后，选择 ABC 三列数据，选中数据菜单，然后点击排序功能，在弹出的窗口中，排序依据选择出库量(箱)，次序按照降序排列，如图 2-1-3 所示，点击确定，出现如图 2-1-4 所示的效果。

3. 计算品种百分比

出库量降序排列之后，按照任务要求把需要计算的字段复制到表格中，如图 2-1-5 所示，然后计算品种百分比，本次任务一共有 21 种商品品种，因此每种商品品种占比相同，数据为 1/21。鼠标定位在 D2 单元格，输入公式“=1/21”，然后填充所有空格，出现如图 2-1-6 所示的效果图。

4. 计算出库量百分比

计算每种商品的出库量百分比，点中 E2 单元格，输入公式“=C2/SUM($C$2:$C$22)”，如图 2-1-7 所示的效果，按 Enter 键，计算出结果后，自动填充空白单元格，如图 2-1-8 所示的效果。

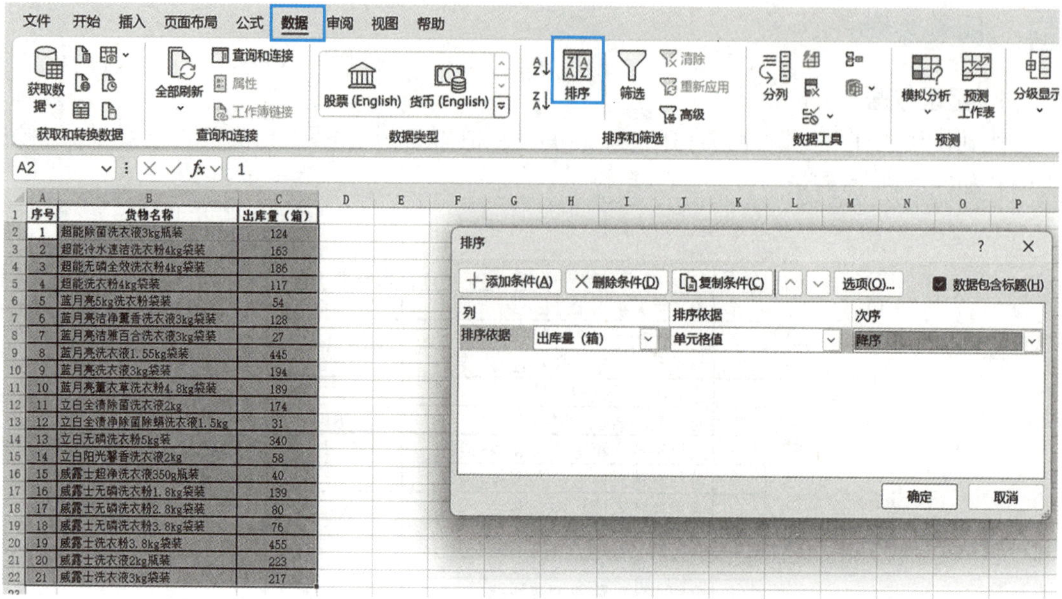

图 2-1-3　数据降序排列

	序号	货物名称	出库量（箱）
2	19	威露士洗衣粉3.8kg袋装	455
3	8	蓝月亮洗衣液1.55kg袋装	445
4	13	立白无磷洗衣粉5kg装	340
5	20	威露士洗衣液2kg瓶装	223
6	21	威露士洗衣液3kg袋装	217
7	9	蓝月亮洗衣液3kg袋装	194
8	10	蓝月亮薰衣草洗衣粉4.8kg袋装	189
9	3	超能无磷全效洗衣粉4kg袋装	186
10	11	立白全渍除菌洗衣液2kg装	174
11	2	超能冷水速洁洗衣粉4kg袋装	163
12	16	威露士无磷洗衣粉1.8kg袋装	139
13	6	蓝月亮洁净薰香洗衣液3kg袋装	128
14	1	超能除菌洗衣液3kg瓶装	124
15	4	超能洗衣粉4kg袋装	117
16	17	威露士无磷洗衣粉2.8kg袋装	80
17	18	威露士无磷洗衣粉3.8kg袋装	76
18	14	立白阳光馨香洗衣液2kg	58
19	5	蓝月亮5kg洗衣粉袋装	54
20	15	威露士超净洗衣液350g瓶装	40
21	12	立白全渍净除菌除螨洗衣液1.5kg	31
22	7	蓝月亮洁雅百合洗衣液3kg袋装	27

图 2-1-4　降序排列效果

序号	货物名称	出库量（箱）	品种百分比	出库量百分比	累计品种百分比	累计出库量百分比	分类结果

图 2-1-5　字段设置

	A	B	C	D
1	序号	货物名称	出库量（箱）	品种百分比
2	1	威露士洗衣粉3.8kg袋装	455	0.04761905
3	2	蓝月亮洗衣液1.55kg袋装	445	0.04761905
4	3	立白无磷洗衣粉5kg装	340	0.04761905
5	4	威露士洗衣液2kg瓶装	223	0.04761905
6	5	威露士洗衣液3kg袋装	217	0.04761905
7	6	蓝月亮洗衣液3kg袋装	194	0.04761905
8	7	蓝月亮薰衣草洗衣粉4.8kg袋装	189	0.04761905
9	8	超能无磷全效洗衣粉4kg袋装	186	0.04761905
10	9	立白全渍除菌洗衣液2kg装	174	0.04761905
11	10	超能冷水速洁洗衣粉4kg袋装	163	0.04761905
12	11	威露士无磷洗衣粉1.8kg袋装	139	0.04761905
13	12	蓝月亮洁净薰香洗衣液3kg袋装	128	0.04761905
14	13	超能除菌洗衣液3kg瓶装	124	0.04761905
15	14	超能洗衣粉4kg袋装	117	0.04761905
16	15	威露士无磷洗衣粉2.8kg袋装	80	0.04761905
17	16	威露士无磷洗衣粉3.8kg袋装	76	0.04761905
18	17	立白阳光馨香洗衣液2kg	58	0.04761905
19	18	蓝月亮5kg洗衣粉袋装	54	0.04761905
20	19	威露士超净洗衣液350g瓶装	40	0.04761905
21	20	立白全渍净除菌除螨洗衣液1.5kg	31	0.04761905
22	21	蓝月亮洁雅百合洗衣液3kg袋装	27	0.04761905

图 2-1-6　品种百分比结果效果图

	A	B	C	D	E	
1	序号	货物名称	出库量（箱）	品种百分比	出库量百分比	累计
2	1	威露士洗衣粉3.8kg袋装	455	0.04761905	=C2/SUM($C$2:$C$22)	
3	2	蓝月亮洗衣液1.55kg袋装	445	0.04761905	SUM(number	
4	3	立白无磷洗衣粉5kg装	340	0.04761905		
5	4	威露士洗衣液2kg瓶装	223	0.04761905		
6	5	威露士洗衣液3kg袋装	217	0.04761905		
7	6	蓝月亮洗衣液3kg袋装	194	0.04761905		
8	7	蓝月亮薰衣草洗衣粉4.8kg袋装	189	0.04761905		
9	8	超能无磷全效洗衣粉4kg袋装	186	0.04761905		
10	9	立白全渍除菌洗衣液2kg装	174	0.04761905		
11	10	超能冷水速洁洗衣粉4kg袋装	163	0.04761905		
12	11	威露士无磷洗衣粉1.8kg袋装	139	0.04761905		
13	12	蓝月亮洁净薰香洗衣液3kg袋装	128	0.04761905		
14	13	超能除菌洗衣液3kg瓶装	124	0.04761905		
15	14	超能洗衣粉4kg袋装	117	0.04761905		
16	15	威露士无磷洗衣粉2.8kg袋装	80	0.04761905		
17	16	威露士无磷洗衣粉3.8kg袋装	76	0.04761905		
18	17	立白阳光馨香洗衣液2kg	58	0.04761905		
19	18	蓝月亮5kg洗衣粉袋装	54	0.04761905		
20	19	威露士超净洗衣液350g瓶装	40	0.04761905		
21	20	立白全渍净除菌除螨洗衣液1.5kg	31	0.04761905		
22	21	蓝月亮洁雅百合洗衣液3kg袋装	27	0.04761905		

图 2-1-7　计算出库量百分比效果图

	A	B	C	D	E
1	序号	货物名称	出库量（箱）	品种百分比	出库量百分比
2	1	威露士洗衣粉3.8kg袋装	455	0.04761905	0.13150289
3	2	蓝月亮洗衣液1.55kg袋装	445	0.04761905	0.128612717
4	3	立白无磷洗衣粉5kg装	340	0.04761905	0.098265896
5	4	威露士洗衣液2kg瓶装	223	0.04761905	0.064450867
6	5	威露士洗衣液3kg袋装	217	0.04761905	0.062716763
7	6	蓝月亮洗衣液3kg袋装	194	0.04761905	0.056069364
8	7	蓝月亮薰衣草洗衣粉4.8kg袋装	189	0.04761905	0.054624277
9	8	超能无磷全效洗衣粉4kg袋装	186	0.04761905	0.053757225
10	9	立白全渍除菌洗衣液2kg装	174	0.04761905	0.050289017
11	10	超能冷水速洁洗衣粉4kg袋装	163	0.04761905	0.047109827
12	11	威露士无磷洗衣粉1.8kg袋装	139	0.04761905	0.04017341
13	12	蓝月亮洁净薰香洗衣液3kg袋装	128	0.04761905	0.03699422
14	13	超能除菌洗衣液3kg瓶装	124	0.04761905	0.03583815
15	14	超能洗衣粉4kg袋装	117	0.04761905	0.033815029
16	15	威露士无磷洗衣粉2.8kg袋装	80	0.04761905	0.023121387
17	16	威露士无磷洗衣粉3.8kg袋装	76	0.04761905	0.021965318
18	17	立白阳光馨香洗衣液2kg	58	0.04761905	0.016763006
19	18	蓝月亮5kg洗衣粉袋装	54	0.04761905	0.015606936
20	19	威露士超净洗衣液350g瓶装	40	0.04761905	0.011560694
21	20	立白全渍净除菌除螨洗衣液1.5kg	31	0.04761905	0.008959538
22	21	蓝月亮洁雅百合洗衣液3kg袋装	27	0.04761905	0.007803468

图 2-1-8　出库量百分比结果

5. 计算累计品种百分比

选中 F2 单元格，输入公式“=SUM($D$2:D2)”，如图 2-1-9 所示的效果，计算结果后，填充空白单元格，如图 2-1-10 所示的效果。

6. 计算累计出库量百分比

选中 G2 单元格，输入公式“=SUM($E$2:E2)”，如图 2-1-11 所示的效果，计算结果后，填充空白单元格，如图 2-1-12 所示的效果。

	A	B	C	D	E	F
1	序号	货物名称	出库量（箱）	品种百分比	出库量百分比	累计品种百分比
2	1	威露士洗衣粉3.8kg袋装	455	0.04761905	0.13150289	=SUM($D$2:D2)
3	2	蓝月亮洗衣液1.55kg袋装	445	0.04761905	0.128612717	SUM(number
4	3	立白无磷洗衣粉5kg装	340	0.04761905	0.098265896	
5	4	威露士洗衣液2kg瓶装	223	0.04761905	0.064450867	
6	5	威露士洗衣液3kg袋装	217	0.04761905	0.062716763	
7	6	蓝月亮洗衣液3kg袋装	194	0.04761905	0.056069364	
8	7	蓝月亮薰衣草洗衣粉4.8kg袋装	189	0.04761905	0.054624277	
9	8	超能无磷全效洗衣粉4kg袋装	186	0.04761905	0.053757225	
10	9	立白全渍除菌洗衣液2kg装	174	0.04761905	0.050289017	
11	10	超能冷水速洁洗衣粉4kg袋装	163	0.04761905	0.047109827	
12	11	威露士无磷洗衣粉1.8kg袋装	139	0.04761905	0.04017341	

图 2-1-9　计算累计品种百分比

	A	B	C	D	E	F
1	序号	货物名称	出库量（箱）	品种百分比	出库量百分比	累计品种百分比
2	1	威露士洗衣粉3.8kg袋装	455	0.04761905	0.13150289	0.047619048
3	2	蓝月亮洗衣液1.55kg袋装	445	0.04761905	0.128612717	0.095238095
4	3	立白无磷洗衣粉5kg装	340	0.04761905	0.098265896	0.142857143
5	4	威露士洗衣液2kg瓶装	223	0.04761905	0.064450867	0.19047619
6	5	威露士洗衣液3kg袋装	217	0.04761905	0.062716763	0.238095238
7	6	蓝月亮洗衣液3kg袋装	194	0.04761905	0.056069364	0.285714286
8	7	蓝月亮薰衣草洗衣粉4.8kg袋装	189	0.04761905	0.054624277	0.333333333
9	8	超能无磷全效洗衣粉4kg袋装	186	0.04761905	0.053757225	0.380952381
10	9	立白全渍除菌洗衣液2kg装	174	0.04761905	0.050289017	0.428571429
11	10	超能冷水速洁洗衣粉4kg袋装	163	0.04761905	0.047109827	0.476190476
12	11	威露士无磷洗衣粉1.8kg袋装	139	0.04761905	0.04017341	0.523809524
13	12	蓝月亮洁净薰香洗衣液3kg袋装	128	0.04761905	0.03699422	0.571428571
14	13	超能除菌洗衣液3kg瓶装	124	0.04761905	0.03583815	0.619047619
15	14	超能洗衣粉4kg袋装	117	0.04761905	0.033815029	0.666666667
16	15	威露士无磷洗衣粉2.8kg袋装	80	0.04761905	0.023121387	0.714285714
17	16	威露士无磷洗衣粉3.8kg袋装	76	0.04761905	0.021965318	0.761904762
18	17	立白阳光馨香洗衣液2kg	58	0.04761905	0.016763006	0.80952381
19	18	蓝月亮5kg洗衣粉袋装	54	0.04761905	0.015606936	0.857142857
20	19	威露士超净洗衣液350g瓶装	40	0.04761905	0.011560694	0.904761905
21	20	立白全渍净除菌除螨洗衣液1.5kg	31	0.04761905	0.008959538	0.952380952
22	21	蓝月亮洁雅百合洗衣液3kg袋装	27	0.04761905	0.007803468	1

图 2-1-10　累计品种百分比结果

	A	B	C	D	E	F	G
1	序号	货物名称	出库量（箱）	品种百分比	出库量百分比	累计品种百分比	累计出库量百分比
2	1	威露士洗衣粉3.8kg袋装	455	0.04761905	0.13150289	0.047619048	=SUM($E$2:E2)

图 2-1-11　累计出库量百分比公式

	A	B	C	D	E	F	G
1	序号	货物名称	出库量（箱）	品种百分比	出库量百分比	累计品种百分比	累计出库量百分比
2	1	威露士洗衣粉3.8kg袋装	455	0.04761905	0.13150289	0.047619048	0.13150289
3	2	蓝月亮洗衣液1.55kg袋装	445	0.04761905	0.128612717	0.095238095	0.260115607
4	3	立白无磷洗衣粉5kg装	340	0.04761905	0.098265896	0.142857143	0.358381503
5	4	威露士洗衣液2kg瓶装	223	0.04761905	0.064450867	0.19047619	0.42283237
6	5	威露士洗衣液3kg袋装	217	0.04761905	0.062716763	0.238095238	0.485549133
7	6	蓝月亮洗衣液3kg袋装	194	0.04761905	0.056069364	0.285714286	0.541618497
8	7	蓝月亮薰衣草洗衣粉4.8kg袋装	189	0.04761905	0.054624277	0.333333333	0.596242775
9	8	超能无磷全效洗衣粉4kg袋装	186	0.04761905	0.053757225	0.380952381	0.65
10	9	立白全渍除菌洗衣液2kg装	174	0.04761905	0.050289017	0.428571429	0.700289017
11	10	超能冷水速洁洗衣粉4kg袋装	163	0.04761905	0.047109827	0.476190476	0.747398844
12	11	威露士无磷洗衣粉1.8kg袋装	139	0.04761905	0.04017341	0.523809524	0.787572254
13	12	蓝月亮洁净薰香洗衣液3kg袋装	128	0.04761905	0.03699422	0.571428571	0.824566474
14	13	超能除菌洗衣液3kg瓶装	124	0.04761905	0.03583815	0.619047619	0.860404624
15	14	超能洗衣粉4kg袋装	117	0.04761905	0.033815029	0.666666667	0.894219653
16	15	威露士无磷洗衣粉2.8kg袋装	80	0.04761905	0.023121387	0.714285714	0.91734104
17	16	威露士无磷洗衣粉3.8kg袋装	76	0.04761905	0.021965318	0.761904762	0.939306358
18	17	立白阳光馨香洗衣液2kg	58	0.04761905	0.016763006	0.80952381	0.956069364
19	18	蓝月亮5kg洗衣粉袋装	54	0.04761905	0.015606936	0.857142857	0.971676301
20	19	威露士超净洗衣液350g瓶装	40	0.04761905	0.011560694	0.904761905	0.983236994
21	20	立白全渍净除菌除螨洗衣液1.5kg	31	0.04761905	0.008959538	0.952380952	0.992196532
22	21	蓝月亮洁雅百合洗衣液3kg袋装	27	0.04761905	0.007803468	1	1

图 2-1-12　累计出库量百分比结果

7. 分类结果

依据以上 6 个步骤的结果，把数据转化为百分比格式，选中 D、E、F、G 列数据，点击开始菜单，选择%，保留两位小数，如图 2-1-13 所示效果，根据任务要求和 ABC 分类标准(表 2-1-3)，对 21 种商品进行 ABC 分类，对表格进行美化，结果如图 2-1-14 所示。

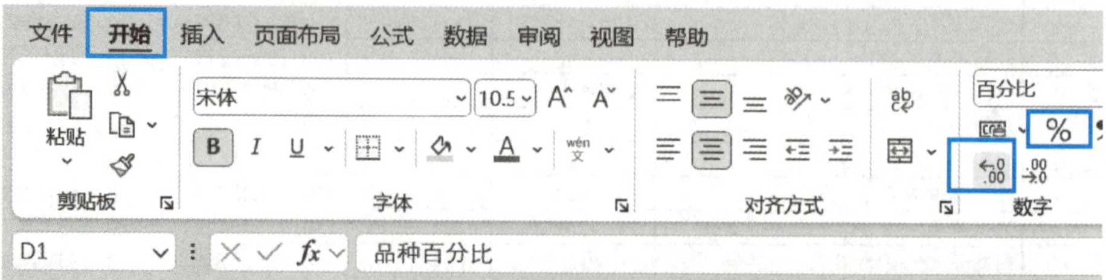

序号	货物名称	出库量（箱）	品种百分比	出库量百分比	累计品种百分比	累计出库量百分比
1	威露士洗衣粉3.8kg袋装	455	4.76%	13.15%	4.76%	13.15%
2	蓝月亮洗衣液1.55kg袋装	445	4.76%	12.86%	9.52%	26.01%
3	立白无磷洗衣粉5kg装	340	4.76%	9.83%	14.29%	35.84%
4	威露士洗衣液2kg瓶装	223	4.76%	6.45%	19.05%	42.28%
5	威露士洗衣液3kg袋装	217	4.76%	6.27%	23.81%	48.55%
6	蓝月亮洗衣液3kg袋装	194	4.76%	5.61%	28.57%	54.16%
7	蓝月亮薰衣草洗衣粉4.8kg袋装	189	4.76%	5.46%	33.33%	59.62%
8	超能无磷全效洗衣粉4kg袋装	186	4.76%	5.38%	38.10%	65.00%
9	立白全渍除菌洗衣液2kg装	174	4.76%	5.03%	42.86%	70.03%
10	超能冷水速洁洗衣粉4kg袋装	163	4.76%	4.71%	47.62%	74.74%
11	威露士无磷洗衣粉1.8kg袋装	139	4.76%	4.02%	52.38%	78.76%
12	蓝月亮洁净薰香洗衣液3kg袋装	128	4.76%	3.70%	57.14%	82.46%
13	超能除菌洗衣液3kg瓶装	124	4.76%	3.58%	61.90%	86.04%
14	超能洗衣粉4kg袋装	117	4.76%	3.38%	66.67%	89.42%
15	威露士无磷洗衣粉2.8kg袋装	80	4.76%	2.31%	71.43%	91.73%
16	威露士无磷洗衣粉3.8kg袋装	76	4.76%	2.20%	76.19%	93.93%
17	立白阳光馨香洗衣液2kg	58	4.76%	1.68%	80.95%	95.61%
18	蓝月亮5kg洗衣粉袋装	54	4.76%	1.56%	85.71%	97.17%
19	威露士超净洗衣液350g瓶装	40	4.76%	1.16%	90.48%	98.32%
20	立白全渍净除菌除螨洗衣液1.5kg	31	4.76%	0.90%	95.24%	99.22%
21	蓝月亮洁雅百合洗衣液3kg袋装	27	4.76%	0.78%	100.00%	100.00%

图 2-1-13 百分比转化

序号	货物名称	出库量（箱）	品种百分比	出库量百分比	累计品种百分比	累计出库量百分比	分类结果
1	威露士洗衣粉3.8kg袋装	455	4.76%	13.15%	4.76%	13.15%	A
2	蓝月亮洗衣液1.55kg袋装	445	4.76%	12.86%	9.52%	26.01%	A
3	立白无磷洗衣粉5kg装	340	4.76%	9.83%	14.29%	35.84%	A
4	威露士洗衣液2kg瓶装	223	4.76%	6.45%	19.05%	42.28%	A
5	威露士洗衣液3kg袋装	217	4.76%	6.27%	23.81%	48.55%	A
6	蓝月亮洗衣液3kg袋装	194	4.76%	5.61%	28.57%	54.16%	A
7	蓝月亮薰衣草洗衣粉4.8kg袋装	189	4.76%	5.46%	33.33%	59.62%	A
8	超能无磷全效洗衣粉4kg袋装	186	4.76%	5.38%	38.10%	65.00%	B
9	立白全渍除菌洗衣液2kg装	174	4.76%	5.03%	42.86%	70.03%	B
10	超能冷水速洁洗衣粉4kg袋装	163	4.76%	4.71%	47.62%	74.74%	B
11	威露士无磷洗衣粉1.8kg袋装	139	4.76%	4.02%	52.38%	78.76%	B
12	蓝月亮洁净薰香洗衣液3kg袋装	128	4.76%	3.70%	57.14%	82.46%	B
13	超能除菌洗衣液3kg瓶装	124	4.76%	3.58%	61.90%	86.04%	B
14	超能洗衣粉4kg袋装	117	4.76%	3.38%	66.67%	89.42%	B
15	威露士无磷洗衣粉2.8kg袋装	80	4.76%	2.31%	71.43%	91.73%	C
16	威露士无磷洗衣粉3.8kg袋装	76	4.76%	2.20%	76.19%	93.93%	C
17	立白阳光馨香洗衣液2kg	58	4.76%	1.68%	80.95%	95.61%	C
18	蓝月亮5kg洗衣粉袋装	54	4.76%	1.56%	85.71%	97.17%	C
19	威露士超净洗衣液350g瓶装	40	4.76%	1.16%	90.48%	98.32%	C
20	立白全渍净除菌除螨洗衣液1.5kg	31	4.76%	0.90%	95.24%	99.22%	C
21	蓝月亮洁雅百合洗衣液3kg袋装	27	4.76%	0.78%	100.00%	100.00%	C

图 2-1-14 ABC 分类结果

任务小结

商品 ABC 分类报表是反映企业生产经营过程中商品流转情况的最直观数据资料，也是企业管理中非常重要的工具，在制作报表过程中 Excel 的公式工具具有多方面的优势。

对于 ABC 分类法划分库存商品，可以采用传统的资金与库存量相结合的标准完成分类，也可以按单一的指标进行划分，在实际工作中具体问题应具体对待。

人工智能小贴士：

在 ChatGPT 人工智能技术的支持下，当你面对制作一张“商品 ABC 分类表”任务毫无头绪时，你可以使用提示词“信息员”“ABC 分类表”“商品 ABC 分类标准”等让它帮助你拟一份“商品 ABC 分类表”初稿，最后你再根据实际使用情况进行完善。

任务评价

本任务为分组任务：每组若干组员，在组长带领下，根据任务内容进行分工，使用学生自评表(表 2-1-4)、学生互评表(表 2-1-5)、教师评价表(表 2-1-6)完成任务评价。

表 2-1-4　学生自评表

班级		学号		姓名	
角色	□组长　□组员		完成时间		
任务内容		完成情况记录			

表 2-1-5　学生互评表

班级		被评人学号		被评人姓名	
评价者角色		评价者学号		评价者姓名	
任务内容		完成情况记录			

表 2-1-6　教师评价表

班级		被评人学号		被评人姓名	
任务内容		完成情况记录			

课证融通

一、单选题

1. 单元格 A1 和 B1 中分别有内容“12”和“34”，在单元格 C1 中输入公式“=A1&B1”，则 C1 中的结果是(　　)。

A. 1234　　B. 12　　C. 34　　D. 46

2. ABC 分类法在库存管理中的主要作用是(　　)。

A. 增加库存总量　　B. 优化资源配置　　C. 提高库存成本　　D. 增加管理复杂度

3. 在 Excel 中，若单元格 C1 中的公式为“=A1+B2”，将其复制到 E5 单元格，则 E5 中的公式是(　　)。

A. =C3+A4　　B. =C5+D6　　C. =C3+D4　　D. =A3+B4

4. 下列(　　)格式可以将数据单位定义为“万元”，且带两位小数。

A. 0.00 万元　　B. 0！.00 万元

C. 0/10 000.00 万元　　D. 0！.00，万元

5. ABC 分类法的基本原理是(　　)。

A. 重要的多数，次要的少数　　B. 重要的少数，次要的多数

C. 所有物品同等重要　　D. 无法确定

二、多选题

1. 关于 ABC 分类法的描述，正确的是(　　)。

A. A 类物品通常占库存总价值的大部分，但数量较少

B. B 类物品通常占库存总价值的中等比例，数量适中

C. C 类物品通常占库存总价值的比例较小，但数量众多

D. A 类物品需要进行重点管理，B 类和 C 类物品可以适当简化管理

2. 在 ABC 分类法中，下列管理策略正确的是(　　)。

A. 对 A 类物品进行严格的需求预测管理

B. 对 B 类物品进行定期盘点，确保库存准确性

C. 对 C 类物品进行订单制管理，避免积压

D. 对 A 类物品进行简化管理，减少库存检查频次

3. ABC 分类法的应用场景包括哪些？(　　)

A. 库存管理　　B. 客户管理　　C. 采购管理　　D. 生产排产

4. 关于 ABC 分类法的分类标准，下列哪些说法是正确的？(　　)

A. A 类物品通常占库存总价值的 60%～80%，品种数目占总库存品种总数的 5%～20%

B. B 类物品通常占库存总价值的 10%～15%，品种数目占总库存品种总数的 20%～30%

C. C 类物品通常占库存总价值的 0%～15%，品种数目占总库存品种总数的 60%～70%

D. A 类物品通常占库存总价值的 70%～80%，品种数目占总库存品种总数的 20%～30%

5. 在 ABC 分类法中，下列哪些管理措施是针对 A 类物品的？(　　)

A. 加强仓库保管，如分隔仓库，安装摄像头

B. 使用专车或整柜集装箱运输，不与其他发货人的货物拼箱

C. 每隔 15 天进行一次盘点

D. 每隔 90 天进行一次盘点

课赛强化

如果快鹿物流中心管理层要求依据出库金额对库存商品进行 ABC 分类，请你根据项目背景信息完成表 2-1-7，占比保留两位小数(例如 12.12%)。分类标准如表 2-1-8 所示。

表 2-1-7　商品 ABC 分类标准

累计出库金额所占比重/%	0<A≤60	60<B≤90	90<C≤100

表 2-1-8　商品 ABC 分类表

货品条码	货品名称	出库量	出库量占比	出库量累计占比	ABC 分类结果

课程思政

智慧电商企业的信息化转型

智慧电商企业，成立于 2010 年，业务涵盖服装、家居、数码等多个品类，年销售额超过 500 亿元。企业在全国拥有 50 个仓储中心，日均处理订单量达 200 万单。随着业务的快速增长，传统的物流管理模式已无法满足企业对效率和成本控制的要求，因此企业决定引入智慧物流信息化系统，以提升整体物流运营水平。

大数据技术在该企业的物流信息化中发挥了关键作用，为企业决策提供了有力支持。

库存优化：收集和分析销售数据、库存数据以及市场趋势等多维度数据，建立了精准的库存预测模型。基于该模型，企业能够提前调整库存水平，库存周转率从 3 次/年提升至 6 次/年，库存成本降低了 20%。

订单处理与调度：通过对历史订单数据的挖掘和分析，优化了订单处理流程，减少了人工干预环节。同时，根据订单的紧急程度、配送地址等因素，智能调度配送任务，订单处理时间缩短至 2 小时以内，配送准时率提升至 90%。

客户洞察与服务改进：利用大数据分析客户购买行为和偏好，为客户提供个性化的推荐和促销活动。此外，通过分析客户反馈和投诉数据，及时发现物流服务中的问题，针对性地改进服务，客户满意度从 85%提升至 95%。

根据案例思考以下问题：

1. 智慧电商企业引入智慧物流信息化系统后，各环节物流数据量会发生什么变化？

2. 想一想大数据技术对于企业决策有哪些作用？

任务二　入库作业分析

任务描述

2025 年 1 月 10 日，快鹿商超集团管理层下发指示，要求物流中心配合春节促销活动，对第 2 天待入库订单商品，按照商品品类、商品 ABC 分类(见表 2-2-1)、商品批号等要求，编制待入库商品的储位，以便第 2 天商品快速入库上架。

仓储主管王进负责具体订单数据的审查与分析工作，需在 2025 年 1 月 10 日下午 4 点前，对待入库商品订单(见表 2-2-2 和表 2-2-3)进行分析，上报“商品入库报表”(见表 2-2-4)。

表 2-2-1　商品品类表

序号	货品名称	品类	ABC 分类结果	物动量排序
1	欧舒丹甜蜜樱花护手霜(30mL)	日用品	A	1
2	三得利乌龙茶(500mL)	饮料		2
3	三得利乌龙茶(350mL)	饮料		3
4	威露士无磷洗衣粉 1.8kg 袋装	日用品		4
5	蓝月亮洁净薰香洗衣液 3kg 袋装	日用品		5
6	依能蓝莓黑水果味饮料(500mL)	饮料		6
7	超能冷水速洁洗衣粉 4kg 袋装	日用品		7
8	卡诗玻尿酸水光洗发水(500mL)	日用品		8
9	康师傅冰红茶(350mL)	饮料	B	9
10	欧舒丹甜扁桃紧致护手霜(30mL)	日用品		10
11	维他柠檬茶(250mL)	饮料		11
12	茉莉蔻玫瑰护手霜(100mL)	日用品		12
13	依云矿泉水(1.25L)	饮料		13
14	超能除菌洗衣液 3kg 瓶装	日用品		14
15	维他灌装柠檬茶(310mL)	饮料		15
16	超能无磷全效洗衣粉 4kg 袋装	日用品		16
17	蓝月亮洁雅百合洗衣液 3kg 袋装	日用品	C	17
18	维他灌装柠檬茶(400mL)	饮料		18
19	蓝月亮薰衣草洗衣粉 4.8kg 袋装	日用品		19
20	立白全渍除菌洗衣液 2kg 装	日用品		20
21	康师傅冰红茶(550mL)	饮料		21
22	立白无磷洗衣粉 5kg 装	日用品		22
23	维他柠檬茶(350mL)	饮料		23
24	威露士超净洗衣液 350g 瓶装	日用品		24

表 2-2-2 待入库商品订单 1

客户指令号	RK0001	客户名称	快鹿商超集团	紧急程度	一般	
库房	A 市物流中心	入库类型	正常入库	是否取货	否	
预计入库时间	2025 年 1 月 11 日					
序号	货品名称	包装规格/mm	总重量	数量/托	批号	备注
1	欧舒丹甜蜜樱花护手霜(30mL)	370×190×270	200kg	1	20240508	
2	康师傅冰红茶(550mL)	370×190×270	200kg	1	20240513	
3	三得利乌龙茶(500mL)	370×190×270	200kg	1	20240509	
4	康师傅冰红茶(350mL)	370×190×270	200kg	1	20240516	
5	超能除菌洗衣液 3kg 瓶装	370×190×270	200kg	1	20240124	
6	威露士无磷洗衣粉 1. 8kg 袋装	370×190×270	200kg	1	20240511	
7	依云矿泉水(1. 25L)	370×190×270	200kg	1	20240721	
8	维他灌装柠檬茶(310mL)	370×190×270	200kg	1	20240928	
9	依能蓝莓黑水果味饮料(500mL)	370×190×270	200kg	1	20240825	
10	蓝月亮洁雅百合洗衣液 3kg 袋装	370×190×270	200kg	1	20240215	
11	茉莉蔻玫瑰护手霜(100mL)	370×190×270	200kg	1	20240530	
12	超能冷水速洁洗衣粉 4kg 袋装	370×190×270	200kg	1	20240322	
13	立白无磷洗衣粉 5kg 装	370×190×270	200kg	1	20240325	

表 2-2-3 待入库商品订单 2

客户指令号	RK0002	客户名称	快鹿商超集团	紧急程度	一般	
库房	A 市物流中心	入库类型	正常入库	是否取货	否	
预计入库时间	2025 年 1 月 11 日					
序号	货品名称	包装规格/mm	总重量	数量/托	批号	备注
1	依云矿泉水(1. 25L)	370×190×270	200kg	1	20240516	
2	依能蓝莓黑水果味饮料(500mL)	370×190×270	200kg	1	20240325	
3	维他柠檬茶(350mL)	370×190×270	200kg	1	20240815	
4	维他柠檬茶(250mL)	370×190×270	200kg	1	20240522	
5	三得利乌龙茶(500mL)	370×190×270	200kg	1	20240710	
6	欧舒丹甜蜜樱花护手霜(30mL)	370×190×270	200kg	1	20240802	
7	欧舒丹甜扁桃紧致护手霜(30mL)	370×190×270	200kg	1	20240130	
8	立白无磷洗衣粉 5kg 装	370×190×270	200kg	1	20240114	
9	立白全渍除菌洗衣液 2kg 装	370×190×270	200kg	1	20240217	
10	康师傅冰红茶(550mL)	370×190×270	200kg	1	20240720	
11	康师傅冰红茶(350mL)	370×190×270	200kg	1	20240622	
12	卡诗玻尿酸水光洗发水(500mL)	370×190×270	200kg	1	20240126	
13	超能冷水速洁洗衣粉 4kg 袋装	370×190×270	200kg	1	20240525	
14	超能除菌洗衣液 3kg 瓶装	370×190×270	200kg	1	20240530	

表 2-2-4 商品入库报表

序号	货物名称	品类	ABC 分类	批号	托数	商品储位

学习目标

【知识目标】

1. 掌握商品储位分配的原则。
2. 理解商品入库报表的应用。

【技能目标】

1. 能够依据储位分配的原则，进行商品储位分配。
2. 熟练使用 Excel 排序功能、VLOOKUP 函数进行商品出入库报表的编制。

【素养目标】

1. 树立严谨认真的工作态度。
2. 培养吃苦耐劳的工作精神。

任务准备

1. 知识准备

(1) 储位编码

储位编码是指在分区、分类和划好储位的基础上，将仓库的库房、货场以及料架等存放货品的具体位置，划分为若干储位，采用统一的编码方式所编列的位置号码。这种方法能够显著提高仓库或储存区域内的物流效能。

(2) 编码方式

储位编码可以采用数字、字母、符号或者特定的图案进行编制。这些编码在物流管理系统中起到关键作用，能够准确、快速地定位所需的物料。整货存储区储位编码采用(区域代码+货架号+货架层数+货架列数)的形式进行编码，以 A00203 为例说明，见表 2-2-5。

表 2-2-5 储位编码示意表

A	0	02	03
A 区	1 号货架	3 层(从下往上第 3 层)	4 列(从左往右第 4 列)

整货存储区分为 2 个区域，每个区域 1 个货架，每个货架 3 层 6 列，3 层的编号从 00 到 02，6 列的编号从 00 到 05。A 区和 B 区各 18 个储位，合计 36 个储位(见表 2-2-6)。

表 2-2-6 整货存储区储位编码表

日用品区(A 区)					
A00200	A00201	A00202	A00203	A00204	A00205
A00100	A00101	A00102	A00103	A00104	A00105
A00000	A00001	A00002	A00003	A00004	A00005
作业通道					
饮料区(B 区)					
B00200	B00201	B00202	B00203	B00204	B00205
B00100	B00101	B00102	B00103	B00104	B00105
B00000	B00001	B00002	B00003	B00004	B00005

(3) 商品储位分配原则

按照商品品类进行分区，日用品类货品放置于货架区的 A 区(储位编码以字母 A 开头)，饮料类货品放置于货架区的 B 区(货位编码以字母 B 开头)。

依照物动量 ABC 分类进行分层，A 类货物放置于货架的第一层，B 类货物放置于货架的第二层，C 类货物放置于货架的第三层。

同一层放置顺序，首先按照物动量大的商品，优先存放于编号小的储位，即货架的左侧；同种商品按照商品批号小的优先存放于编号小的储位。

2. 技能准备

(1) 数据排序

排序是将无序的数据或指定名称序列的数据按照升序或者降序排列，有利于数据和操作。在数据汇总过程中经常需要将数据排序。按住鼠标左键拖动选中数据区域(如图 2-2-1中阴影数据区域)，依次点击“数据”“排序”，跳出“排序”对话框，然后选择“主要关键字”参数(如图 2-2-1 中按照出库量数值参数进行排序)，选择“升序”或者“降序”，最后点击“确定”完成排序。

(2) VLOOKUP 函数使用

在 Excel 2016 中，VLOOKUP 函数是用于在数据表中进行垂直查找的函数。其主要功能是根据用户提供的查找值，在数据表的首列中精确搜索该值，并返回同一行中指定列的内容。

语法规则为：VLOOKUP(lookup_value,table_array,col_index_num,range_lookup)。

语法释义为：VLOOKUP(查找值，查找范围，返回值所在列数，精确 OR 模糊查找)。

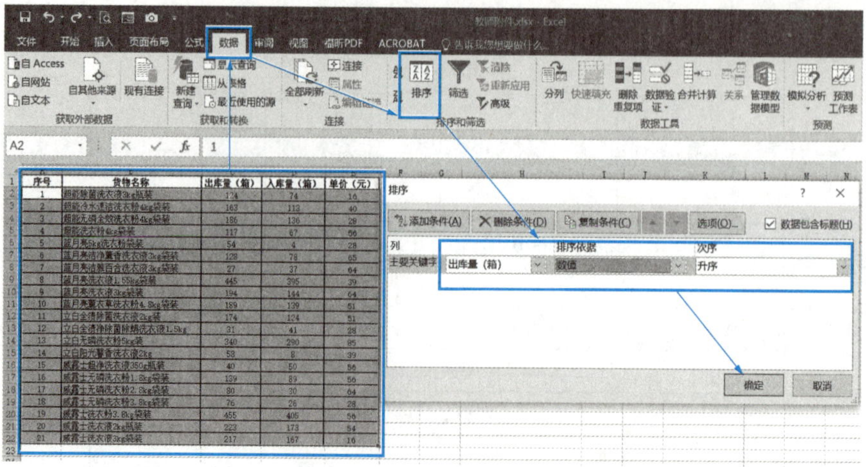

图 2-2-1　数据排序演示图

举例说明：如图 2-2-2，A 列至 D 列为商品品类表，现在需要查找 F2 单元格中货品名称为“威露士无磷洗衣粉 1.8kg 袋装”的品类类型(“日用品”或者“饮料”)。可在 G2 单元格中输入函数“=VLOOKUP(F2,B:D,2,0)”(释义见表 2-2-7)，返回值为“日用品”(如图 2-2-3)。

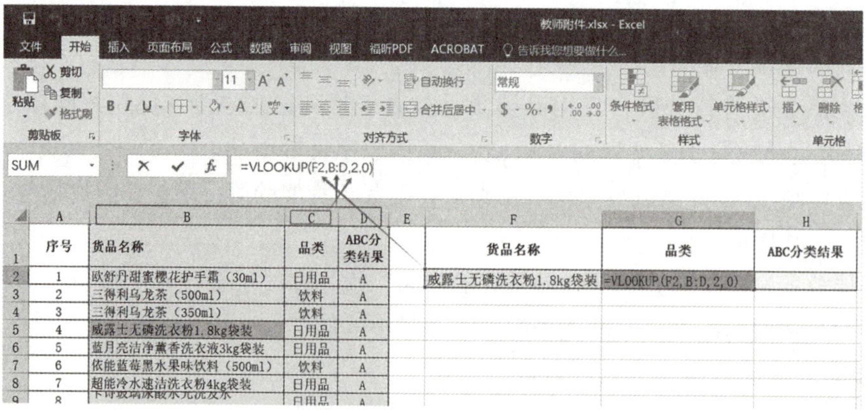

图 2-2-2　VLOOKUP 函数举例参数说明

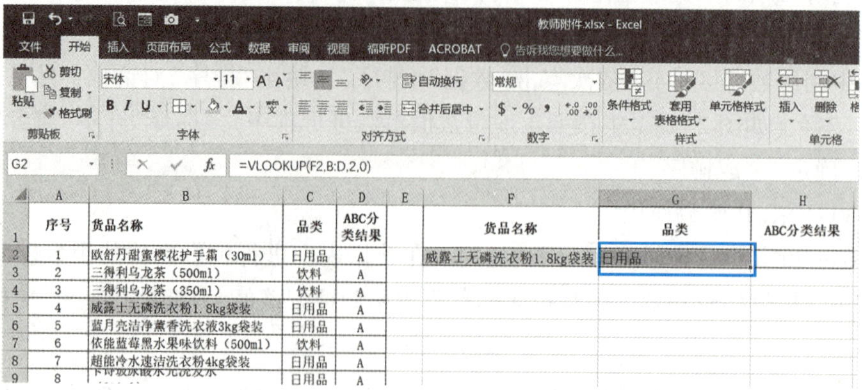

图 2-2-3　VLOOKUP 函数举例返回值

表 2-2-7　函数释义

参数	参数说明	解释
F2	代表第一个参数“查找值”	需要查找的商品“威露士无磷洗衣粉 1.8kg 袋装”来自 F2 单元格
B:D	代表第 2 个参数“查找范围”	查找的“威露士无磷洗衣粉 1.8kg 袋装”的品类类型，来自 B:D 列范围(范围的第 1 列需要从查找值所在列开始，即“威露士无磷洗衣粉 1.8kg 袋装”所在的 B 列)
2	代表第 3 个参数“返回值所在列数”	“品类”类型在 B:D 列中的第 2 列即 C 列
0	代表第 4 个参数“精确 OR 模糊查找”	精确查找

任务实施

1. 整理数据

找到附件“模块 2 任务 2”，打开 Sheet“2. 入库单”，将入库商品信息按照 Sheet“商品入库表”字段格式，复制到 Sheet“商品入库表”中，如图 2-2-4 所示。

序号	货物名称	品类	ABC分类	批号	托数	商品储位
1	欧舒丹甜蜜樱花护手霜（30mL）			20240508	1	
2	康师傅冰红茶（550mL）			20240513	1	
3	三得利乌龙茶（500mL）			20240509	1	
4	康师傅冰红茶（350mL）			20240516	1	
5	超能除菌洗衣液3kg瓶装			20240124	1	
6	威露士无磷洗衣粉1.8kg袋装			20240511	1	
7	依云矿泉水（1.25L）			20240721	1	
8	维他灌装柠檬茶（310mL）			20240928	1	
9	依能蓝莓黑水果味饮料（500mL）			20240825	1	
10	蓝月亮洁雅百合洗衣液3kg袋装			20240215	1	
11	茉莉蔻玫瑰护手霜（100mL）			20240530	1	
12	超能冷水速洁洗衣粉4kg袋装			20240322	1	
13	立白无磷洗衣粉5kg装			20240325	1	
14	依云矿泉水（1.25L）			20240516	1	
15	依能蓝莓黑水果味饮料（500mL）			20240325	1	
16	维他柠檬茶（350mL）			20240815	1	
17	维他柠檬茶（250mL）			20240522	1	
18	三得利乌龙茶（500mL）			20240710	1	
19	欧舒丹甜蜜樱花护手霜（30mL）			20240802	1	
20	欧舒丹甜扁桃紧致护手霜（30mL）			20240130	1	
21	立白无磷洗衣粉5kg装			20240114	1	
22	立白全渍除菌洗衣液2kg装			20240217	1	
23	康师傅冰红茶（550mL）			20240720	1	
24	康师傅冰红茶（350mL）			20240622	1	
25	卡诗玻尿酸水光洗发水（500mL）			20240126	1	
26	超能冷水速洁洗衣粉4kg袋装			20240525	1	
27	超能除菌洗衣液3kg瓶装			20240530	1	

商品入库表　1.商品品类表　2.入库单　教师过程　Sheet2

图 2-2-4　整理数据

2. 匹配商品品类数据

在 Sheet“商品入库表”C2 表格中输入“=VLOOKUP(B2,'1. 商品品类表'! A:D,2,0)”，如图 2-2-5 所示，点击确定，出现如图 2-2-6 所示显示第 1 个单品的品类数据为“日用品”。

SUM =VLOOKUP(B2,'1.商品品类表'!A:D,2,0)

序号	货物名称	品类	ABC分类	批号	托数	商品储位
1	欧舒丹甜蜜樱花护手霜	=VLOOKUP(B2,'1.商品品类表'!A:D,2,0)		20240508	1	
2	康师傅冰红茶（550mL）			20240513	1	
3	三得利乌龙茶（500mL）			20240509	1	
4	康师傅冰红茶（350mL）			20240516	1	
5	超能除菌洗衣液3kg瓶装			20240124	1	
6	威露士无磷洗衣粉1.8kg袋装			20240511	1	
7	依云矿泉水（1.25L）			20240721	1	
8	维他灌装柠檬茶（310mL）			20240928	1	
9	依能蓝莓黑水果味饮料（500mL）			20240825	1	
10	蓝月亮洁雅百合洗衣液3kg袋装			20240215	1	
11	茉莉蔻玫瑰护手霜（100mL）			20240530	1	
12	超能冷水速洁洗衣粉4kg袋装			20240322	1	
13	立白无磷洗衣粉5kg装			20240325	1	
14	依云矿泉水（1.25L）			20240516	1	
15	依能蓝莓黑水果味饮料（500mL）			20240325	1	
16	维他柠檬茶（350mL）			20240815	1	
17	维他柠檬茶（250mL）			20240522	1	
18	三得利乌龙茶（500mL）			20240710	1	
19	欧舒丹甜蜜樱花护手霜（30mL）			20240802	1	
20	欧舒丹甜扁桃紧致护手霜（30mL）			20240130	1	
21	立白无磷洗衣粉5kg装			20240114	1	
22	立白全渍除菌洗衣液2kg装			20240217	1	
23	康师傅冰红茶（550mL）			20240720	1	
24	康师傅冰红茶（350mL）			20240622	1	
25	卡诗玻尿酸水光洗发水（500mL）			20240126	1	
26	超能冷水速洁洗衣粉4kg袋装			20240525	1	
27	超能除菌洗衣液3kg瓶装			20240530	1	

商品入库表 1.商品品类表 2.入库单 教师过程 Sheet2

图 2-2-5 VLOOKUP 输入参数图

序号	货物名称	品类	ABC分类	批号	托数	商品储位
1	欧舒丹甜蜜樱花护手霜（30mL）	日用品		20240508	1	
2	康师傅冰红茶（550mL）			20240513	1	
3	三得利乌龙茶（500mL）			20240509	1	
4	康师傅冰红茶（350mL）			20240516	1	
5	超能除菌洗衣液3kg瓶装			20240124	1	
6	威露士无磷洗衣粉1.8kg袋装			20240511	1	
7	依云矿泉水（1.25L）			20240721	1	
8	维他灌装柠檬茶（310mL）			20240928	1	
9	依能蓝莓黑水果味饮料（500mL）			20240825	1	
10	蓝月亮洁雅百合洗衣液3kg袋装			20240215	1	
11	茉莉蔻玫瑰护手霜（100mL）			20240530	1	
12	超能冷水速洁洗衣粉4kg袋装			20240322	1	
13	立白无磷洗衣粉5kg装			20240325	1	
14	依云矿泉水（1.25L）			20240516	1	
15	依能蓝莓黑水果味饮料（500mL）			20240325	1	
16	维他柠檬茶（350mL）			20240815	1	
17	维他柠檬茶（250mL）			20240522	1	
18	三得利乌龙茶（500mL）			20240710	1	
19	欧舒丹甜蜜樱花护手霜（30mL）			20240802	1	
20	欧舒丹甜扁桃紧致护手霜（30mL）			20240130	1	
21	立白无磷洗衣粉5kg装			20240114	1	
22	立白全渍除菌洗衣液2kg装			20240217	1	
23	康师傅冰红茶（550mL）			20240720	1	
24	康师傅冰红茶（350mL）			20240622	1	
25	卡诗玻尿酸水光洗发水（500mL）			20240126	1	
26	超能冷水速洁洗衣粉4kg袋装			20240525	1	
27	超能除菌洗衣液3kg瓶装			20240530	1	

商品入库表 1.商品品类表 2.入库单 教师过程 Sheet2

图 2-2-6 VLOOKUP 输出结果图

然后单击单元格 C2，鼠标移动至单元格右下角，显示黑色“+”，如图 2-2-7 所示，然后双击鼠标左键，完成下方单元格公式的填充，最终显示结果如图 2-2-8 所示。

序号	货物名称	品类	ABC分类	批号	托数
1	欧舒丹甜蜜樱花护手霜（30mL）	日用品		20240508	1
2	康师傅冰红茶（550mL）			20240513	1
3	三得利乌龙茶（500mL）			20240509	1
4	康师傅冰红茶（350mL）			20240516	1

图 2-2-7 填充序列图

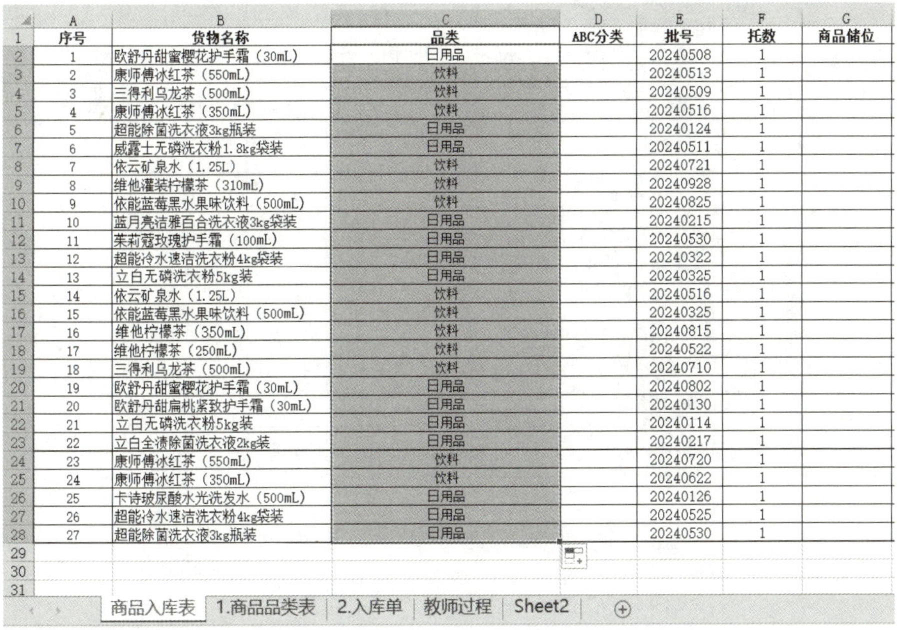

序号	货物名称	品类	ABC分类	批号	托数	商品储位
1	欧舒丹甜蜜樱花护手霜（30mL）	日用品		20240508	1	
2	康师傅冰红茶（550mL）	饮料		20240513	1	
3	三得利乌龙茶（500mL）	饮料		20240509	1	
4	康师傅冰红茶（350mL）	饮料		20240516	1	
5	超能除菌洗衣液3kg瓶装	日用品		20240124	1	
6	威露士无磷洗衣粉1.8kg袋装	日用品		20240511	1	
7	依云矿泉水（1.25L）	饮料		20240721	1	
8	维他灌装柠檬茶（310mL）	饮料		20240928	1	
9	依能蓝莓黑水果味饮料（500mL）	饮料		20240825	1	
10	蓝月亮洁雅百合洗衣液3kg袋装	日用品		20240215	1	
11	茉莉蔻玫瑰护手霜（100mL）	日用品		20240530	1	
12	超能冷水速洁洗衣粉4kg袋装	日用品		20240322	1	
13	立白无磷洗衣粉5kg装	日用品		20240325	1	
14	依云矿泉水（1.25L）	饮料		20240516	1	
15	依能蓝莓黑水果味饮料（500mL）	饮料		20240325	1	
16	维他柠檬茶（350mL）	饮料		20240815	1	
17	维他柠檬茶（250mL）	饮料		20240522	1	
18	三得利乌龙茶（500mL）	饮料		20240710	1	
19	欧舒丹甜蜜樱花护手霜（30mL）	日用品		20240802	1	
20	欧舒丹甜扁桃紧致护手霜（30mL）	日用品		20240130	1	
21	立白无磷洗衣粉5kg装	日用品		20240114	1	
22	立白全渍除菌洗衣液2kg装	日用品		20240217	1	
23	康师傅冰红茶（550mL）	饮料		20240720	1	
24	康师傅冰红茶（350mL）	饮料		20240622	1	
25	卡诗玻尿酸水光洗发水（500mL）	日用品		20240126	1	
26	超能冷水速洁洗衣粉4kg袋装	日用品		20240525	1	
27	超能除菌洗衣液3kg瓶装	日用品		20240530	1	

图 2-2-8　填充序列效果图

3. 匹配 ABC 分类数据

在 Sheet“商品入库表”D2 表格中输入“=VLOOKUP(B2,'1. 商品品类表'! A:D,3,0)”，如图 2-2-9 所示，点击确定，出现如图 2-2-10 所示，第 1 个单品的 ABC 分类数据为“A”。

序号	货物名称	品类	ABC分类	批号	托数	商品储位
1	欧舒丹甜蜜樱花护手霜（30mL）	日用品	=VLOOKUP(B2,'1.商品品类表'!A:D,3,0)	20240508	1	
2	康师傅冰红茶（550mL）	饮料		20240513	1	
3	三得利乌龙茶（500mL）	饮料		20240509	1	
4	康师傅冰红茶（350mL）	饮料		20240516	1	
5	超能除菌洗衣液3kg瓶装	日用品		20240124	1	
6	威露士无磷洗衣粉1.8kg袋装	日用品		20240511	1	
7	依云矿泉水（1.25L）	饮料		20240721	1	
8	维他灌装柠檬茶（310mL）	饮料		20240928	1	
9	依能蓝莓黑水果味饮料（500mL）	饮料		20240825	1	
10	蓝月亮洁雅百合洗衣液3kg袋装	日用品		20240215	1	
11	茉莉蔻玫瑰护手霜（100mL）	日用品		20240530	1	
12	超能冷水速洁洗衣粉4kg袋装	日用品		20240322	1	
13	立白无磷洗衣粉5kg装	日用品		20240325	1	
14	依云矿泉水（1.25L）	饮料		20240516	1	
15	依能蓝莓黑水果味饮料（500mL）	饮料		20240325	1	
16	维他柠檬茶（350mL）	饮料		20240815	1	
17	维他柠檬茶（250mL）	饮料		20240522	1	
18	三得利乌龙茶（500mL）	饮料		20240710	1	
19	欧舒丹甜蜜樱花护手霜（30mL）	日用品		20240802	1	
20	欧舒丹甜扁桃紧致护手霜（30mL）	日用品		20240130	1	
21	立白无磷洗衣粉5kg装	日用品		20240114	1	
22	立白全渍除菌洗衣液2kg装	日用品		20240217	1	
23	康师傅冰红茶（550mL）	饮料		20240720	1	
24	康师傅冰红茶（350mL）	饮料		20240622	1	
25	卡诗玻尿酸水光洗发水（500mL）	日用品		20240126	1	
26	超能冷水速洁洗衣粉4kg袋装	日用品		20240525	1	
27	超能除菌洗衣液3kg瓶装	日用品		20240530	1	

图 2-2-9　VLOOKUP 参数设置

序号	货物名称	品类	ABC分类	批号	托数	商品储位
1	欧舒丹甜蜜樱花护手霜（30mL）	日用品	A	20240508	1	
2	康师傅冰红茶（550mL）	饮料		20240513	1	
3	三得利乌龙茶（500mL）	饮料		20240509	1	
4	康师傅冰红茶（350mL）	饮料		20240516	1	
5	超能除菌洗衣液3kg瓶装	日用品		20240124	1	
6	威露士无磷洗衣粉1.8kg袋装	日用品		20240511	1	
7	依云矿泉水（1.25L）	饮料		20240721	1	
8	维他灌装柠檬茶（310mL）	饮料		20240928	1	
9	依能蓝莓黑水果味饮料（500mL）	饮料		20240825	1	
10	蓝月亮洁雅百合洗衣液3kg袋装	日用品		20240215	1	
11	茉莉蔻玫瑰护手霜（100mL）	日用品		20240530	1	
12	超能冷水速洁洗衣粉4kg袋装	日用品		20240322	1	
13	立白无磷洗衣粉5kg装	日用品		20240325	1	
14	依云矿泉水（1.25L）	饮料		20240516	1	
15	依能蓝莓黑水果味饮料（500mL）	饮料		20240325	1	
16	维他柠檬茶（350mL）	饮料		20240815	1	
17	维他柠檬茶（250mL）	饮料		20240522	1	
18	三得利乌龙茶（500mL）	饮料		20240710	1	
19	欧舒丹甜蜜樱花护手霜（30mL）	日用品		20240802	1	
20	欧舒丹甜扁桃紧致护手霜（30mL）	日用品		20240130	1	
21	立白无磷洗衣粉5kg装	日用品		20240114	1	
22	立白全渍除菌洗衣液2kg装	日用品		20240217	1	
23	康师傅冰红茶（550mL）	饮料		20240720	1	
24	康师傅冰红茶（350mL）	饮料		20240622	1	
25	卡诗玻尿酸水光洗发水（500mL）	日用品		20240126	1	
26	超能冷水速洁洗衣粉4kg袋装	日用品		20240525	1	
27	超能除菌洗衣液3kg瓶装	日用品		20240530	1	

商品入库表 | 1.商品品类表 | 2.入库单 | 教师过程 | Sheet2

图 2-2-10　VLOOKUP 结果输出图

然后单击单元格 D2，鼠标移动至单元格右下角，显示黑色“+”，如图 2-2-11，然后双击鼠标左键，完成下方单元格公式的填充，最终显示结果如图 2-2-12。

序号	货物名称	品类	ABC分类	批号	托数
1	欧舒丹甜蜜樱花护手霜（30mL）	日用品	A	20240508	1
2	康师傅冰红茶（550mL）	饮料		20240513	1
3	三得利乌龙茶（500mL）	饮料		20240509	1
4	康师傅冰红茶（350mL）	饮料		20240516	1

图 2-2-11　D 列填充序列图

序号	货物名称	品类	ABC分类	批号	托数	商品储位
1	欧舒丹甜蜜樱花护手霜（30mL）	日用品	A	20240508	1	
2	康师傅冰红茶（550mL）	饮料	C	20240513	1	
3	三得利乌龙茶（500mL）	饮料	A	20240509	1	
4	康师傅冰红茶（350mL）	饮料	B	20240516	1	
5	超能除菌洗衣液3kg瓶装	日用品	B	20240124	1	
6	威露士无磷洗衣粉1.8kg袋装	日用品	A	20240511	1	
7	依云矿泉水（1.25L）	饮料	B	20240721	1	
8	维他灌装柠檬茶（310mL）	饮料	B	20240928	1	
9	依能蓝莓黑水果味饮料（500mL）	饮料	A	20240825	1	
10	蓝月亮洁雅百合洗衣液3kg袋装	日用品	C	20240215	1	
11	茉莉蔻玫瑰护手霜（100ml）	日用品	B	20240530	1	
12	超能冷水速洁洗衣粉4kg袋装	日用品	A	20240322	1	
13	立白无磷洗衣粉5kg装	日用品	C	20240325	1	
14	依云矿泉水（1.25L）	饮料	B	20240516	1	
15	依能蓝莓黑水果味饮料（500mL）	饮料	A	20240325	1	
16	维他柠檬茶（350mL）	饮料	C	20240815	1	
17	维他柠檬茶（250mL）	饮料	B	20240522	1	
18	三得利乌龙茶（500mL）	饮料	A	20240710	1	
19	欧舒丹甜蜜樱花护手霜（30mL）	日用品	A	20240802	1	
20	欧舒丹甜扁桃紧致护手霜（30mL）	日用品	B	20240130	1	
21	立白无磷洗衣粉5kg装	日用品	C	20240114	1	
22	立白全渍除菌洗衣液2kg装	日用品	C	20240217	1	
23	康师傅冰红茶（550mL）	饮料	C	20240720	1	
24	康师傅冰红茶（350mL）	饮料	B	20240622	1	
25	卡诗玻尿酸水光洗发水（500mL）	日用品	A	20240126	1	
26	超能冷水速洁洗衣粉4kg袋装	日用品	A	20240525	1	
27	超能除菌洗衣液3kg瓶装	日用品	B	20240530	1	

商品入库表 | 1.商品品类表 | 2.入库单 | 教师过程 | Sheet2

图 2-2-12　D 列填充序列效果图

4. 匹配物动量数据

在 Sheet“商品入库表”中新建 1 列物动量，在 H2 表格中输入“ = VLOOKUP (B2 ,'1. 商品品类表'! A:D,4,0)”，如图 2-2-13 所示，点击确定。

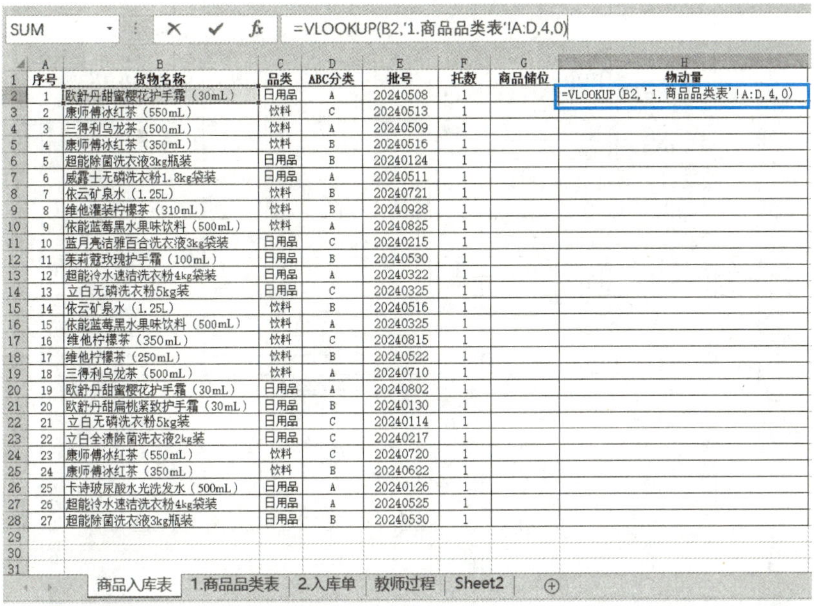

SUM　=VLOOKUP(B2,'1.商品品类表'!A:D,4,0)

	A	B	C	D	E	F	G	H
1	序号	货物名称	品类	ABC分类	批号	托数	商品储位	物动量
2	1	欧舒丹甜蜜樱花护手霜（30mL）	日用品	A	20240508	1		=VLOOKUP(B2,'1.商品品类表'!A:D,4,0)
3	2	康师傅冰红茶（550mL）	饮料	C	20240513	1		
4	3	三得利乌龙茶（500mL）	饮料	A	20240509	1		
5	4	康师傅冰红茶（350mL）	饮料	B	20240516	1		
6	5	超能除菌洗衣液3kg瓶装	日用品	B	20240124	1		
7	6	威露士无磷洗衣粉1.8kg袋装	日用品	A	20240511	1		
8	7	依云矿泉水（1.25L）	饮料	B	20240721	1		
9	8	维他灌装柠檬茶（310mL）	饮料	B	20240928	1		
10	9	依能蓝莓黑水果味饮料（500mL）	饮料	A	20240825	1		
11	10	蓝月亮洁雅百合洗衣液3kg袋装	日用品	C	20240215	1		
12	11	茉莉蔻玫瑰护手霜（100mL）	日用品	B	20240530	1		
13	12	超能冷水速洁洗衣粉4kg袋装	日用品	A	20240322	1		
14	13	立白无磷洗衣粉5kg装	日用品	C	20240325	1		
15	14	依云矿泉水（1.25L）	饮料	B	20240516	1		
16	15	依能蓝莓黑水果味饮料（500mL）	饮料	A	20240325	1		
17	16	维他柠檬茶（350mL）	饮料	C	20240815	1		
18	17	维他柠檬茶（250mL）	饮料	B	20240522	1		
19	18	三得利乌龙茶（500mL）	饮料	A	20240710	1		
20	19	欧舒丹甜蜜樱花护手霜（30mL）	日用品	A	20240802	1		
21	20	欧舒丹甜扁桃紧致护手霜（30mL）	日用品	B	20240130	1		
22	21	立白无磷洗衣粉5kg装	日用品	C	20240114	1		
23	22	立白全渍除菌洗衣液2kg装	日用品	C	20240217	1		
24	23	康师傅冰红茶（550mL）	饮料	C	20240720	1		
25	24	康师傅冰红茶（350mL）	饮料	B	20240622	1		
26	25	卡诗玻尿酸水光洗发水（500mL）	日用品	A	20240126	1		
27	26	超能冷水速洁洗衣粉4kg袋装	日用品	A	20240525	1		
28	27	超能除菌洗衣液3kg瓶装	日用品	B	20240530	1		
29								
30								
31								

商品入库表　1.商品品类表　2.入库单　教师过程　Sheet2

图 2-2-13　VLOOKUP 参数输入图

如图 2-2-14 所示，第 1 个单品的物动量数据为“1”。

	A	B	C	D	E	F	G	H
1	序号	货物名称	品类	ABC分类	批号	托数	商品储位	物动量
2	1	欧舒丹甜蜜樱花护手霜（30ml）	日用品	A	20240508	1		1
3	2	康师傅冰红茶（550mL）	饮料	C	20240513	1		
4	3	三得利乌龙茶（500mL）	饮料	A	20240509	1		
5	4	康师傅冰红茶（350mL）	饮料	B	20240516	1		
6	5	超能除菌洗衣液3kg瓶装	日用品	B	20240124	1		
7	6	威露士无磷洗衣粉1.8kg袋装	日用品	A	20240511	1		
8	7	依云矿泉水（1.25L）	饮料	B	20240721	1		
9	8	维他灌装柠檬茶（310mL）	饮料	B	20240928	1		
10	9	依能蓝莓黑水果味饮料（500mL）	饮料	A	20240825	1		
11	10	蓝月亮洁雅百合洗衣液3kg袋装	日用品	C	20240215	1		
12	11	茉莉蔻玫瑰护手霜（100mL）	日用品	B	20240530	1		
13	12	超能冷水速洁洗衣粉4kg袋装	日用品	A	20240322	1		
14	13	立白无磷洗衣粉5kg装	日用品	C	20240325	1		
15	14	依云矿泉水（1.25L）	饮料	B	20240516	1		
16	15	依能蓝莓黑水果味饮料（500mL）	饮料	A	20240325	1		
17	16	维他柠檬茶（350mL）	饮料	C	20240815	1		
18	17	维他柠檬茶（250mL）	饮料	B	20240522	1		
19	18	三得利乌龙茶（500mL）	饮料	A	20240710	1		
20	19	欧舒丹甜蜜樱花护手霜（30mL）	日用品	A	20240802	1		
21	20	欧舒丹甜扁桃紧致护手霜（30mL）	日用品	B	20240130	1		
22	21	立白无磷洗衣粉5kg装	日用品	C	20240114	1		
23	22	立白全渍除菌洗衣液2kg装	日用品	C	20240217	1		
24	23	康师傅冰红茶（550mL）	饮料	C	20240720	1		
25	24	康师傅冰红茶（350mL）	饮料	B	20240622	1		
26	25	卡诗玻尿酸水光洗发水（500mL）	日用品	A	20240126	1		
27	26	超能冷水速洁洗衣粉4kg袋装	日用品	A	20240525	1		
28	27	超能除菌洗衣液3kg瓶装	日用品	B	20240530	1		
29								
30								
31								

商品入库表　1.商品品类表　2.入库单　教师过程　Sheet2

图 2-2-14　VLOOKUP 结果输出图

然后单击单元格 H2，鼠标移动至单元格右下角，显示黑色“+”，如图 2-2-15，然后双击鼠标左键，完成下方单元格公式的填充，最终显示结果如图 2-2-16。

序号	货物名称	品类	ABC分类	批号	托数	商品储位	物动量
1	欧舒丹甜蜜樱花护手霜（30mL）	日用品	A	20240508	1		1
2	康师傅冰红茶（550mL）	饮料	C	20240513	1		
3	三得利乌龙茶（500mL）	饮料	A	20240509	1		
4	康师傅冰红茶（350mL）	饮料	B	20240516	1		

图 2-2-15　填充序列图

序号	货物名称	品类	ABC分类	批号	托数	商品储位	物动量
1	欧舒丹甜蜜樱花护手霜（30mL）	日用品	A	20240508	1		1
2	康师傅冰红茶（550mL）	饮料	C	20240513	1		21
3	三得利乌龙茶（500mL）	饮料	A	20240509	1		2
4	康师傅冰红茶（350mL）	饮料	B	20240516	1		9
5	超能除菌洗衣液3kg瓶装	日用品	B	20240124	1		14
6	威露士无磷洗衣粉1.8kg袋装	日用品	A	20240511	1		4
7	依云矿泉水（1.25L）	饮料	B	20240721	1		13
8	维他灌装柠檬茶（310mL）	饮料	B	20240928	1		15
9	依能蓝莓黑水果味饮料（500mL）	饮料	A	20240825	1		6
10	蓝月亮洁雅百合洗衣液3kg袋装	日用品	C	20240215	1		17
11	茉莉蔻玫瑰护手霜（100mL）	日用品	B	20240530	1		12
12	超能冷水速洁洗衣粉4kg袋装	日用品	A	20240322	1		7
13	立白无磷洗衣粉5kg装	日用品	C	20240325	1		22
14	依云矿泉水（1.25L）	饮料	B	20240516	1		13
15	依能蓝莓黑水果味饮料（500mL）	饮料	A	20240325	1		6
16	维他柠檬茶（350mL）	饮料	C	20240815	1		23
17	维他柠檬茶（250mL）	饮料	B	20240522	1		11
18	三得利乌龙茶（500mL）	饮料	A	20240710	1		2
19	欧舒丹甜蜜樱花护手霜（30mL）	日用品	A	20240802	1		1
20	欧舒丹甜扁桃紧致护手霜（30mL）	日用品	B	20240130	1		10
21	立白无磷洗衣粉5kg装	日用品	C	20240114	1		22
22	立白全渍除菌洗衣液2kg装	日用品	C	20240217	1		20
23	康师傅冰红茶（550mL）	饮料	C	20240720	1		21
24	康师傅冰红茶（350mL）	饮料	B	20240622	1		9
25	卡诗玻尿酸水光洗发水（500mL）	日用品	A	20240126	1		8
26	超能冷水速洁洗衣粉4kg袋装	日用品	A	20240525	1		7
27	超能除菌洗衣液3kg瓶装	日用品	B	20240530	1		14

图 2-2-16　填充序列效果图

5. 数据排序

用鼠标选中数据区域(如图 2-2-17 中阴影数据区域)，依次点击“数据”“排序”，跳出“排序”对话框，然后选择“主要关键字”参数(如图 2-2-17 中按照品类数值参数进行排序)，选择“升序”或者“降序”，最后点击“确定”完成排序，结果如图 2-2-18 所示。

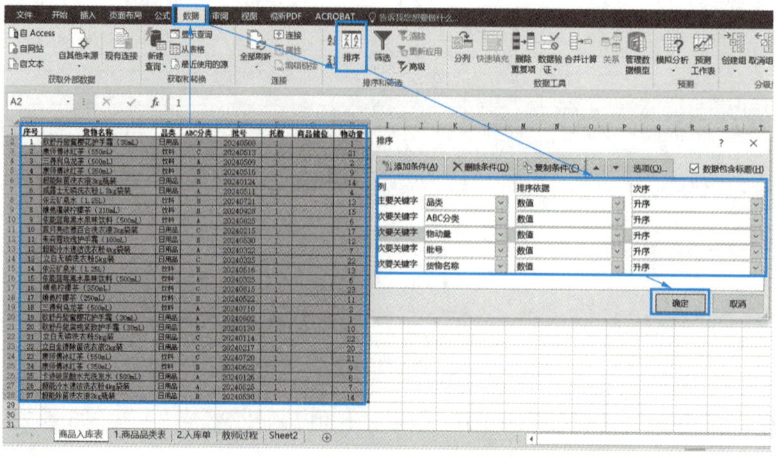

图 2-2-17　按照主要关键字排序

序号	货物名称	品类	ABC分类	批号	托数	商品储位	物动量
1	欧舒丹甜蜜樱花护手霜（30mL）	日用品	A	20240508	1		1
19	欧舒丹甜蜜樱花护手霜（30mL）	日用品	A	20240802	1		1
6	威露士无磷洗衣粉1.8kg袋装	日用品	A	20240511	1		4
12	超能冷水速洁洗衣粉4kg袋装	日用品	A	20240322	1		7
26	超能冷水速洁洗衣粉4kg袋装	日用品	A	20240525	1		7
25	卡诗玻尿酸水光洗发水（500mL）	日用品	A	20240126	1		8
20	欧舒丹甜扁桃紧致护手霜（30mL）	日用品	B	20240130	1		10
11	茱莉蔻玫瑰护手霜（100mL）	日用品	B	20240530	1		12
5	超能除菌洗衣液3kg瓶装	日用品	B	20240124	1		14
27	超能除菌洗衣液3kg瓶装	日用品	B	20240530	1		14
10	蓝月亮洁雅百合洗衣液3kg袋装	日用品	C	20240215	1		17
22	立白全渍除菌洗衣液2kg装	日用品	C	20240217	1		20
21	立白无磷洗衣粉5kg装	日用品	C	20240114	1		22
13	立白无磷洗衣粉5kg装	日用品	C	20240325	1		22
3	三得利乌龙茶（500mL）	饮料	A	20240509	1		2
18	三得利乌龙茶（500mL）	饮料	A	20240710	1		2
15	依能蓝莓黑水果味饮料（500mL）	饮料	A	20240325	1		6
9	依能蓝莓黑水果味饮料（500mL）	饮料	A	20240825	1		6
4	康师傅冰红茶（350mL）	饮料	B	20240516	1		9
24	康师傅冰红茶（350mL）	饮料	B	20240622	1		9
17	维他柠檬茶（250mL）	饮料	B	20240522	1		11
14	依云矿泉水（1.25L）	饮料	B	20240516	1		13
7	依云矿泉水（1.25L）	饮料	B	20240721	1		13
8	维他灌装柠檬茶（310mL）	饮料	B	20240928	1		15
2	康师傅冰红茶（550mL）	饮料	C	20240513	1		21
23	康师傅冰红茶（550mL）	饮料	C	20240720	1		21
16	维他柠檬茶（350mL）	饮料	C	20240815	1		23

商品入库表 1.商品品类表 2.入库单 教师过程 Sheet2

图 2-2-18 排序效果图

6. 匹配商品储位

已知货架目前是空置状态，每个储位都可以放入新进商品，储位信息见图 2-2-19。查看目前的商品入库表日用品新进 A 类商品 6 托，如图 2-2-20，故此将储位信息表中日用品区第一层 6 个储位 A00000～A00005 按照由小到大顺序进行匹配，依次复制进入单元格 G2 至 G7，如图 2-2-21。

层数	日用品区	饮料区
一层	A00000	B00000
	A00001	B00001
	A00002	B00002
	A00003	B00003
	A00004	B00004
	A00005	B00005
二层	A00100	B00100
	A00101	B00101
	A00102	B00102
	A00103	B00103
	A00104	B00104
	A00105	B00105
三层	A00200	B00200
	A00201	B00201
	A00202	B00202
	A00203	B00203
	A00204	B00204
	A00205	B00205

商品入库表 1.商品品类表 2.入库单 3.储位信息表

图 2-2-19 储位信息图

序号	货物名称	品类	ABC分类	批号	托数	商品储位	物动量
1	欧舒丹甜蜜樱花护手霜（30mL）	日用品	A	20240508	1		1
19	欧舒丹甜蜜樱花护手霜（30mL）	日用品	A	20240802	1		1
6	威露士无磷洗衣粉1.8kg袋装	日用品	A	20240511	1		4
12	超能冷水速洁洗衣粉4kg袋装	日用品	A	20240322	1		7
26	超能冷水速洁洗衣粉4kg袋装	日用品	A	20240525	1		7
25	卡诗玻尿酸水光洗发水（500mL）	日用品	A	20240126	1		8
20	欧舒丹甜扁桃紧致护手霜（30mL）	日用品	B	20240130	1		10
11	茉莉蔻玫瑰护手霜（100mL）	日用品	B	20240530	1		12
5	超能除菌洗衣液3kg瓶装	日用品	B	20240124	1		14
27	超能除菌洗衣液3kg瓶装	日用品	B	20240530	1		14
10	蓝月亮洁雅百合洗衣液3kg袋装	日用品	C	20240215	1		17
22	立白全渍除菌洗衣液2kg装	日用品	C	20240217	1		20
21	立白无磷洗衣粉5kg装	日用品	C	20240114	1		22
13	立白无磷洗衣粉5kg装	日用品	C	20240325	1		22
3	三得利乌龙茶（500mL）	饮料	A	20240509	1		2
18	三得利乌龙茶（500mL）	饮料	A	20240710	1		2
15	依能蓝莓黑水果味饮料（500mL）	饮料	A	20240325	1		6
9	依能蓝莓黑水果味饮料（500mL）	饮料	A	20240825	1		6
4	康师傅冰红茶（350mL）	饮料	B	20240516	1		9
24	康师傅冰红茶（350mL）	饮料	B	20240622	1		9
17	维他柠檬茶（250mL）	饮料	B	20240522	1		11
14	依云矿泉水（1.25L）	饮料	B	20240516	1		13
7	依云矿泉水（1.25L）	饮料	B	20240721	1		13
8	维他灌装柠檬茶（310mL）	饮料	B	20240928	1		15
2	康师傅冰红茶（550mL）	饮料	C	20240513	1		21
23	康师傅冰红茶（550mL）	饮料	C	20240720	1		21
16	维他柠檬茶（350mL）	饮料	C	20240815	1		23

商品入库表 | 1.商品品类表 | 2.入库单 | 3.储位信息表 | 教师过程 | Sheet2

图 2-2-20 A 类商品信息

序号	货物名称	品类	ABC分类	批号	托数	商品储位	物动量
1	欧舒丹甜蜜樱花护手霜（30mL）	日用品	A	20240508	1	A00000	1
19	欧舒丹甜蜜樱花护手霜（30mL）	日用品	A	20240802	1	A00001	1
6	威露士无磷洗衣粉1.8kg袋装	日用品	A	20240511	1	A00002	4
12	超能冷水速洁洗衣粉4kg袋装	日用品	A	20240322	1	A00003	7
26	超能冷水速洁洗衣粉4kg袋装	日用品	A	20240525	1	A00004	7
25	卡诗玻尿酸水光洗发水（500mL）	日用品	A	20240126	1	A00005	8
20	欧舒丹甜扁桃紧致护手霜（30mL）	日用品	B	20240130	1		10
11	茉莉蔻玫瑰护手霜（100mL）	日用品	B	20240530	1		12
5	超能除菌洗衣液3kg瓶装	日用品	B	20240124	1		14
27	超能除菌洗衣液3kg瓶装	日用品	B	20240530	1		14
10	蓝月亮洁雅百合洗衣液3kg袋装	日用品	C	20240215	1		17
22	立白全渍除菌洗衣液2kg装	日用品	C	20240217	1		20
21	立白无磷洗衣粉5kg装	日用品	C	20240114	1		22
13	立白无磷洗衣粉5kg装	日用品	C	20240325	1		22
3	三得利乌龙茶（500mL）	饮料	A	20240509	1		2
18	三得利乌龙茶（500mL）	饮料	A	20240710	1		2
15	依能蓝莓黑水果味饮料（500mL）	饮料	A	20240325	1		6
9	依能蓝莓黑水果味饮料（500mL）	饮料	A	20240825	1		6
4	康师傅冰红茶（350mL）	饮料	B	20240516	1		9
24	康师傅冰红茶（350mL）	饮料	B	20240622	1		9
17	维他柠檬茶（250mL）	饮料	B	20240522	1		11
14	依云矿泉水（1.25L）	饮料	B	20240516	1		13
7	依云矿泉水（1.25L）	饮料	B	20240721	1		13
8	维他灌装柠檬茶（310mL）	饮料	B	20240928	1		15
2	康师傅冰红茶（550mL）	饮料	C	20240513	1		21
23	康师傅冰红茶（550mL）	饮料	C	20240720	1		21
16	维他柠檬茶（350mL）	饮料	C	20240815	1		23

商品入库表 | 1.商品品类表 | 2.入库单 | 3.储位信息表 | 教师过程 | Sheet2

图 2-2-21 A 类商品储位排序结果图

按照以上方式，依次完成后续商品储位信息匹配，最终显示结果如图 2-2-22。

	A	B	C	D	E	F	G
1	序号	货物名称	品类	ABC分类	批号	托数	商品储位
2	1	欧舒丹甜蜜樱花护手霜（30mL）	日用品	A	20240508	1	A00000
3	19	欧舒丹甜蜜樱花护手霜（30mL）	日用品	A	20240802	1	A00001
4	6	威露士无磷洗衣粉1.8kg袋装	日用品	A	20240511	1	A00002
5	12	超能冷水速洁洗衣粉4kg袋装	日用品	A	20240322	1	A00003
6	26	超能冷水速洁洗衣粉4kg袋装	日用品	A	20240525	1	A00004
7	25	卡诗玻尿酸水光洗发水（500mL）	日用品	A	20240126	1	A00005
8	20	欧舒丹甜扁桃紧致护手霜（30mL）	日用品	B	20240130	1	A00100
9	11	茉莉蔻玫瑰护手霜（100mL）	日用品	B	20240530	1	A00101
10	5	超能除菌洗衣液3kg瓶装	日用品	B	20240124	1	A00102
11	27	超能除菌洗衣液3kg瓶装	日用品	B	20240530	1	A00103
12	10	蓝月亮洁雅百合洗衣液3kg袋装	日用品	C	20240215	1	A00200
13	22	立白全渍除菌洗衣液2kg装	日用品	C	20240217	1	A00201
14	21	立白无磷洗衣粉5kg装	日用品	C	20240114	1	A00202
15	13	立白无磷洗衣粉5kg装	日用品	C	20240325	1	A00203
16	3	三得利乌龙茶（500mL）	饮料	A	20240509	1	B00000
17	18	三得利乌龙茶（500mL）	饮料	A	20240710	1	B00001
18	15	依能蓝莓黑水果味饮料（500mL）	饮料	A	20240325	1	B00002
19	9	依能蓝莓黑水果味饮料（500mL）	饮料	A	20240825	1	B00003
20	4	康师傅冰红茶（350mL）	饮料	B	20240516	1	B00100
21	24	康师傅冰红茶（350mL）	饮料	B	20240622	1	B00101
22	17	维他柠檬茶（250mL）	饮料	B	20240522	1	B00102
23	14	依云矿泉水（1.25L）	饮料	B	20240516	1	B00103
24	7	依云矿泉水（1.25L）	饮料	B	20240721	1	B00104
25	8	维他灌装柠檬茶（310mL）	饮料	B	20240928	1	B00105
26	2	康师傅冰红茶（550mL）	饮料	C	20240513	1	B00200
27	23	康师傅冰红茶（550mL）	饮料	C	20240720	1	B00201
28	16	维他柠檬茶（350mL）	饮料	C	20240815	1	B00202
29							
30							
31							

商品入库表 | 1.商品品类表 | 2.入库单 | 3.储位信息表 | 教师过程

图 2-2-22 商品储位匹配结果图

任务小结

入库作业分析是反映企业生产经营过程中，商品每日入库量和上架信息最直观的数据资料，也是一天人员调度、设备安排的重要信息，在制作报表时，Excel 工具中的函数能够帮助我们快速完成数据整理和分析。

对于储位编码方式和储位分配规则有多种方式，在实际工作中需要结合季节变化、商品存放环境条件要求、相关性商品存放规则等具体问题，来调节储位分配规则或者储位编码方式。

人工智能小贴士：

在 ChatGPT 人工智能技术的支持下，当你面对制作一张“商品入库分析表”任务毫无头绪时，可以使用提示词“信息员”“入库信息表”“数据分析”等让它帮助你拟一份“商品入库分析表”初稿，然后再根据实际使用情况进行完善。

任务评价

本任务为分组任务：每组若干组员，在组长带领下，根据任务内容进行分工，使用学生自评表(表 2-2-8)、学生互评表(表 2-2-9)、教师评价表(表 2-2-10)完成任务评价。

表 2-2-8　学生自评表

班级		学号		姓名	
角色	□组长　□组员		完成时间		
任务内容		完成情况记录			

表 2-2-9　学生互评表

班级		被评人学号		被评人姓名	
评价者角色		评价者学号		评价者姓名	
任务内容		完成情况记录			

表 2-2-10　教师评价表

班级		被评人学号		被评人姓名	
任务内容		完成情况记录			

课证融通

一、单选题

1. 储位编码“A00203”中的“02”表示(　　)。

A. 货架号　　B. 货架层数(从下往上第 3 层)

C. 货架列数(从左往右第 4 列)　　D. 区域代码

2. 根据物动量 ABC 分类原则，B 类商品应放置在货架的哪一层？(　　)

A. 第一层　　B. 第二层　　C. 第三层　　D. 任意层

3. 使用 VLOOKUP 函数时，若要在 B:D 列范围内返回第 3 列的数据，第三个参数应设置为：(　　)。

A. 1　　B. 2　　C. 3　　D. 4

4. 在数据排序操作中，若要对“出库量”进行降序排列，应在“排序”对话框中选择：(　　)。

A. 主要关键字为“出库量”，排序依据为“数值”，次序为“升序”

B. 主要关键字为“出库量”，排序依据为“数值”，次序为“降序”

C. 主要关键字为“品类”，排序依据为“数值”，次序为“降序”

D. 主要关键字为“储位编号”，排序依据为“数值”，次序为“升序”

5. 若某商品为日用品品类且属于 A 类物动量，其储位编号应以下列哪个字母开头？(　　)。

A. B　　B. C　　C. A　　D. D

二、多选题

1. 储位编码的组成部分包括哪些？(　　)

A. 区域代码　　B. 货架号　　C. 货架层数　　D. 货架列数

2. 下列哪些是商品储位分配原则？(　　)

A. 按商品品类分区存放

B. 按商品颜色分类存放

C. 物动量大的商品优先存放于编号小的储位

D. 同种商品批号小的优先存放于编号小的储位

3. 关于 VLOOKUP 函数的使用，以下描述正确的有？(　　)

A. 查找范围必须包含查找值所在的列

B. 第四个参数为“0”表示模糊查找

C. 返回值所在列数是相对于整个工作表的列数

D. 查找值可以是单元格引用或具体数值

4. 整货存储区 A 区的储位编号可能包括(　　)。

A. A00104　　B. B00002　　C. A00205　　D. B00103

5. 在匹配储位时，需要同时满足以下哪些条件？(　　)

A. 商品品类对应的区域

B. 物动量 ABC 分类对应的货架层数

C. 重量大的商品优先存放于右侧储位

D. 物动量大的商品优先占用编号小的储位

课赛强化

2025 年 2 月 10 日，快鹿商超集团管理层下发指示要求物流中心配合春节促销活动，对第 2 天待入库订单商品，按照商品品类、商品 ABC 分类(见表 2-2-1)、商品批号等要求，编制待入库商品的储位，以便第 2 天商品快速入库上架。

仓储主管王进负责具体订单数据的审查与分析工作，需在 2025 年 2 月 10 日下午 4 点前，对待入库商品订单(见表 2-2-11)进行分析，上报“商品入库报表”(见表 2-2-4)。

表 2-2-11 待入库商品订单 3

客户指令号	RK0003	客户名称	快鹿商超集团	紧急程度	一般
库房	A 市物流中心	入库类型	正常入库	是否取货	否
预计入库时间	2025 年 2 月 11 日				

序号	货品名称	包装规格/mm	总重量	数量/托	批号	备注
1	欧舒丹甜蜜樱花护手霜(30mL)	370×190×270	200kg	1	20240508	
2	康师傅冰红茶(550mL)	370×190×270	200kg	1	20240513	
3	三得利乌龙茶(500mL)	370×190×270	200kg	1	20240509	
4	康师傅冰红茶(350mL)	370×190×270	200kg	1	20240516	
5	超能除菌洗衣液 3kg 瓶装	370×190×270	200kg	1	20240124	
6	威露士无磷洗衣粉 1.8kg 袋装	370×190×270	200kg	1	20240511	
7	依云矿泉水(1.25L)	370×190×270	200kg	1	20240721	
8	维他灌装柠檬茶(310mL)	370×190×270	200kg	1	20240928	
9	依能蓝莓黑水果味饮料(500mL)	370×190×270	200kg	1	20240825	
10	蓝月亮洁雅百合洗衣液 3kg 袋装	370×190×270	200kg	1	20240215	
11	茉莉蔻玫瑰护手霜(100mL)	370×190×270	200kg	1	20240530	
12	超能冷水速洁洗衣粉 4kg 袋装	370×190×270	200kg	1	20240322	
13	立白无磷洗衣粉 5kg 装	370×190×270	200kg	1	20240325	
14	维他柠檬茶(350mL)	370×190×270	200kg	1	20240815	
15	维他柠檬茶(250mL)	370×190×270	200kg	1	20240522	
16	欧舒丹甜扁桃紧致护手霜(30mL)	370×190×270	200kg	1	20240130	
17	立白全渍除菌洗衣液 2kg 装	370×190×270	200kg	1	20240217	
18	卡诗玻尿酸水光洗发水(500mL)	370×190×270	200kg	1	20240126	

课程思政

编码中的温度——智慧仓储助力乡村振兴

陕西洛川果农王建国，世代种植苹果，2022 年因合作社仓储编码混乱，导致 2000 箱苹果与农药误存于同一区域，检测出微量残留被退货。

原本可通过电商卖出 8 元/斤的精品果，最终以 1.5 元/斤贱卖给果汁厂，直接损失 12 万元，相当于儿子大学四年的学费。

王建国深夜在仓库翻找合格苹果："要是编码清楚些，娃的学费就有指望了……"

技术变革对比：

传统模式：手写标签易脱落，依赖老保管员记忆("红富士在第三排木架第二层")。

现代方案：引入"北斗+编码"系统，每个储位生成唯一二维码，扫码可追溯(种植农户信息、采摘时间与质检报告)。

请同学们讨论讨论两个问题：

1. 某贫困县香菇因尺寸不达标无法获得标准编码，是否应为其特设“乡村振兴专属储位”？

2. 为满足“24 小时发货”承诺，是否可简化编码流程优先处理大客户订单？

任务三　拣选作业分析

任务描述

2025 年 1 月 10 日，快鹿商超集团管理层下发指示，要求 A 市物流中心配合春节促销活动，对 11 日待出库订单进行分析，制作“货物拣选单”和“分货单”，以便 11 日快速完成拣选作业。

仓储主管王进负责具体订单数据的审查与分析工作，需在 2025 年 1 月 10 日下午 4 点前，对待出库商品订单(见表 2-3-1～表 2-3-4)进行分析，上报“拣选单”和“分货单”(见表 2-3-5、表 2-3-6)。

表 2-3-1　待出库商品订单 1

订单编号	CK00001	客户名称	宝山路店	紧急程度	一般
库房	A 市物流中心	出库类型	正常出库	是否送货	否
出库时间	2025 年 1 月 11 日				
货品编码	货品名称	单位	批号	数量	包装规格/mm
6970399920156	欧舒丹甜蜜樱花护手霜(30mL)	箱	20240508	7	370×190×270
6901586105032	超能冷水速洁洗衣粉 4kg 袋装	箱	20240322	8	370×190×270
6901586105032	超能冷水速洁洗衣粉 4kg 袋装	箱	20240525	5	370×190×270
6970399920033	卡诗玻尿酸水光洗发水(500mL)	箱	20240126	5	370×190×270
6910019405007	依云矿泉水(1.25L)	箱	20240516	6	370×190×270

表 2-3-2　待出库商品订单 2

订单编号	CK00002	客户名称	南京路店	紧急程度	一般
库房	A 市物流中心	出库类型	正常出库	是否送货	否
出库时间	2025 年 1 月 11 日				
货品编码	货品名称	单位	批号	数量	包装规格/mm
6910019405007	依云矿泉水(1.25L)	箱	20240516	6	370×190×270
6901586105032	超能冷水速洁洗衣粉 4kg 袋装	箱	20240322	8	370×190×270
6910019013509	三得利乌龙茶(500mL)	箱	20240509	5	370×190×270
6970399920033	卡诗玻尿酸水光洗发水(500mL)	箱	20240126	5	370×190×270
6970399920019	康师傅冰红茶(550mL)	箱	20240513	7	370×190×270

表 2-3-3　待出库商品订单 3

订单编号	CK00003	客户名称	河南路店	紧急程度	一般
库房	A 市物流中心	出库类型	正常出库	是否送货	否
出库时间	2025 年 1 月 11 日				
货品编码	货品名称	单位	批号	数量	包装规格/mm
6970399920156	欧舒丹甜蜜樱花护手霜(30mL)	箱	20240508	7	370×190×270
6970399920033	卡诗玻尿酸水光洗发水(500mL)	箱	20240126	10	370×190×270
6901586105032	超能冷水速洁洗衣粉 4kg 袋装	箱	20240525	6	370×190×270
6910019013509	三得利乌龙茶(500mL)	箱	20240509	8	370×190×270
6970399920019	康师傅冰红茶(550mL)	箱	20240513	7	370×190×270

表 2-3-4　待出库商品订单 4

订单编号	CK00004	客户名称	西藏南路店	紧急程度	一般
库房	A 市物流中心	出库类型	正常出库	是否送货	否
出库时间	2025 年 1 月 11 日				
货品编码	货品名称	单位	批号	数量	包装规格/mm
6901586105032	超能冷水速洁洗衣粉 4kg 袋装	袋	20240322	8	—
6910019001841	立白无磷洗衣粉 5kg 装	袋	20240325	7	—
6910019013509	三得利乌龙茶(500mL)	瓶	20240509	9	—
6910019405007	依云矿泉水(1. 25L)	瓶	20240721	7	—

表 2-3-5　拣选单 JX0001

编号：JX0001　　　　时间：2025 年____月____日

序号	商品编码	商品名称	单位	批号	数量	储位号
1						
2						
3						
4						

拣选员：

表 2-3-6　分货单 JX0002

编号：FH0001　　　　时间：2025 年____月____日

序号	商品编码	商品名称	单位	批号	分货门店			
					门店 1	门店 2	门店 3	门店 4
1								
2								
3								
4								

分货员：

学习目标

【知识目标】

1. 掌握出库订单拣选模式的划分和概念。
2. 理解拣选单和分货单的制作方法。

【技能目标】

1. 能够对出库订单进行分析，选择合适的拣选模式。
2. 熟练使用 Excel 数据汇总、VLOOKUP 函数、数据透视表完成表单制作。

【素养目标】

1. 树立严谨认真的工作态度。
2. 培养吃苦耐劳的工作精神。

任务准备

1. 知识准备

拣选是指按照订单或者出库单的要求，从储存场所拣出物品，并码放至指定场所的作业。常见的拣选模式主要分为三种：摘果式拣选、播种式拣选、复合式拣选，见表 2-3-7。

表 2-3-7　常见拣选模式对比

拣选模式	定义	适用范围	特点
摘果式拣选	是针对每一份订单(即每个客户)进行拣选，拣货人员或设备巡回于各个货物储位，将所需的商品依次取出，形似摘果	适用于多品种、少量订单，对于订单分散的情况更为适合	1. 每人每次只处理一份订单或一个客户；2. 简单易操作；3. 机动灵活，满足客户紧急需求
播种式拣选	是把多份订单(多个客户的订货需求)集合成一批，按照商品名称汇总成一张拣选单，进行拣选，然后逐个对总拣完毕的单品按照客户订单量进行分货，形似播种	适用于大规模订单，对于订单集中的情况更为适合	1. 每次处理多份订单或多个客户，提高拣货效率；2. 操作复杂，难度系数大；3. 计划性较强，规划难度大
复合式拣选	是指克服摘果式拣选和播种式拣选的不足，采用两种拣选方式组合的方式	适用于两种拣选模式均存在的情况	可以根据具体商品品类、订单商品重复率、出库数量，确定合适的拣选模式

2. 技能准备

（1）VLOOKUP 函数

在 Excel 2016 中，VLOOKUP 函数是用于在数据表中进行垂直查找的函数。其主要功能是根据用户提供的查找值，在数据表的首列中精确搜索该值，并返回同一行中指定列的内容，详见模块二任务二“入库作业分析”技能准备中 VLOOKUP 知识点。

语法规则为：VLOOKUP(lookup_value,table_array,col_index_num,range_lookup)。

语法释义为：VLOOKUP(查找值，查找范围，返回值所在列数，精确 OR 模糊查找)。

(2) 数据透视表

“数据透视”功能能够将筛选、排序和分类汇总等操作依次完成，并生成汇总表格，是 Excel 2016 强大数据处理能力的具体体现。使用数据透视表可以深入分析数值数据。

举例说明：如图 2-3-1，A 列至 G 列为 3 张订单按照订单编号所进行的商品明细汇总。我们需要将数据处理后按照单品进行汇总，如图 2-3-2 所示。

	A	B	C	D	E	F	G
1	订单编号	需求门店	商品编码	商品名称	单位	批号	数量
2	1	宝山路店	6970399920156	欧舒丹甜蜜樱花护手霜(30mL)	箱	20240508	7
3	1	宝山路店	6901586105032	超能冷水速洁洗衣粉4kg袋装	箱	20240322	8
4	2	南京路店	6901586105032	超能冷水速洁洗衣粉4kg袋装	箱	20240322	8
5	2	南京路店	6910019405007	依云矿泉水(1.25L)	箱	20240516	5
6	3	河南路店	6970399920156	欧舒丹甜蜜樱花护手霜(30mL)	箱	20240508	7
7	3	河南路店	6910019405007	依云矿泉水(1.25L)	箱	20240516	6
8	合计						41

图 2-3-1　订单商品汇总(按订单号汇总)

	I	J	K	L	M
1	商品编码	商品名称	单位	批号	数量
2	6901586105032	超能冷水速洁洗衣粉 4kg 袋装	箱	20240322	16
3	6910019405007	依云矿泉水(1.25L)	箱	20240516	11
4	6970399920156	欧舒丹甜蜜樱花护手霜(30mL)	箱	20240508	14
5	合计				41

图 2-3-2　订单商品汇总(按商品编码汇总)

首先，鼠标左键选中数据区域(如图 2-3-3 中阴影数据区域)，依次点击“插入”“数据透视表”，显示“创建数据透视表”对话框，点击确定。

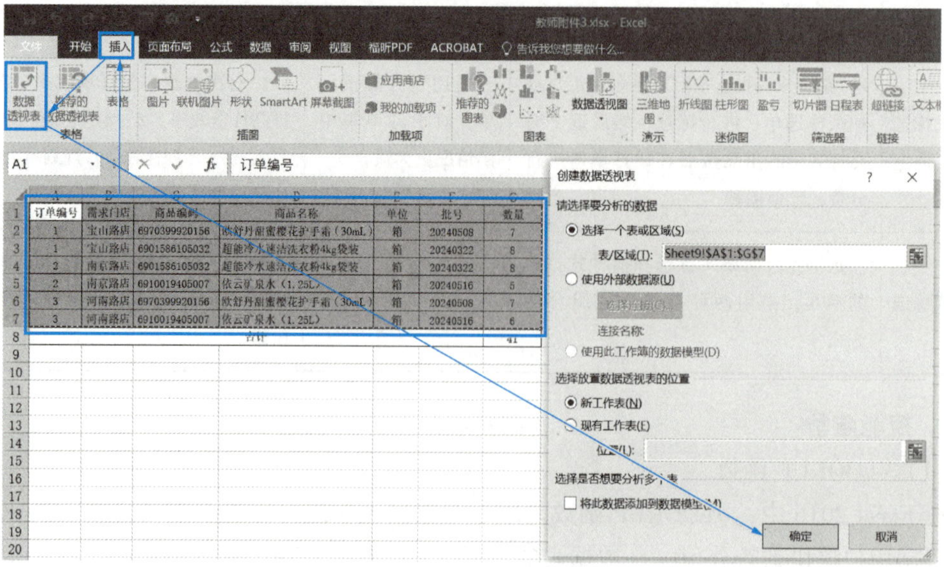

图 2-3-3　数据透视表 1

进入新工作表如图 2-3-4，鼠标单击左侧数据所在区域，显示“数据透视表字段”对话框，依次勾选“商品编码”“商品名称”“单位”“批号”并在“行”中显示，同时勾选“数量”且在“值”中显示“求和项数量”。

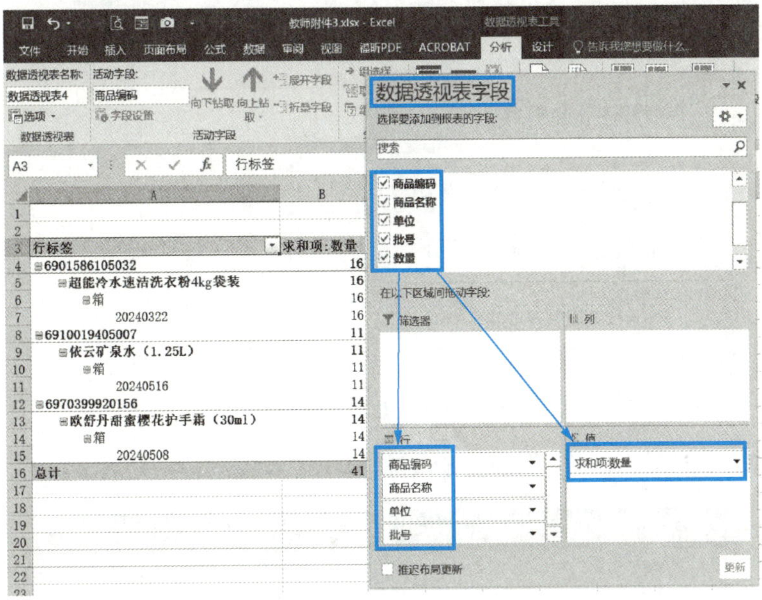

图 2-3-4　数据透视表 2

鼠标单击左侧数据所在区域，如图 2-3-5，依次点击“设计”“报表布局”“以表格形式显示”“重复所有项目标签”，然后如图 2-3-6 再点击“分类汇总”“不显示分类汇总”。

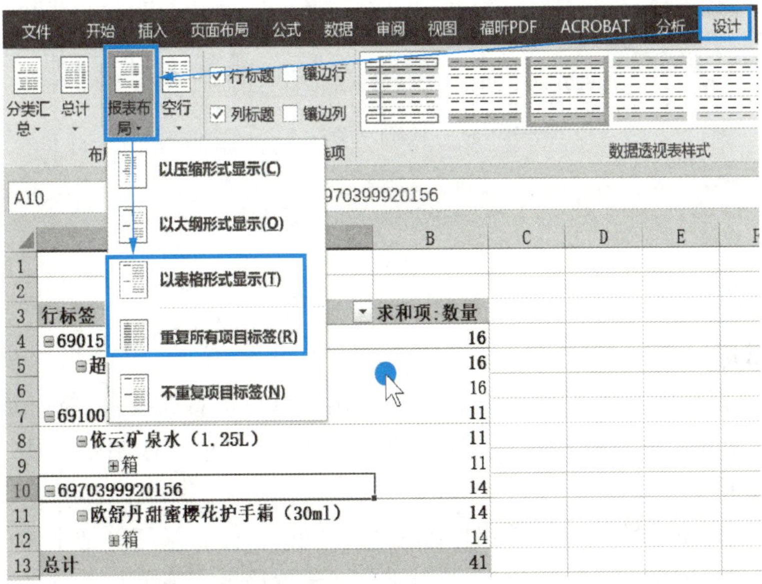

图 2-3-5　数据透视表 3

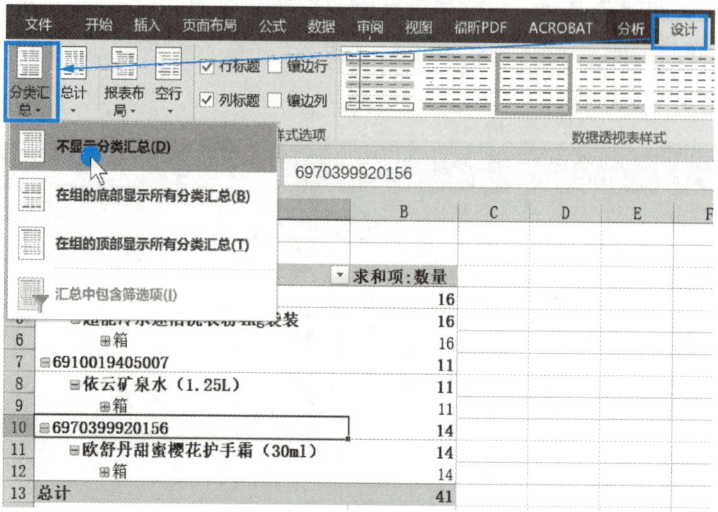

图 2-3-6　数据透视表 4

最终显示结果如图 2-3-7，完成数据汇总。

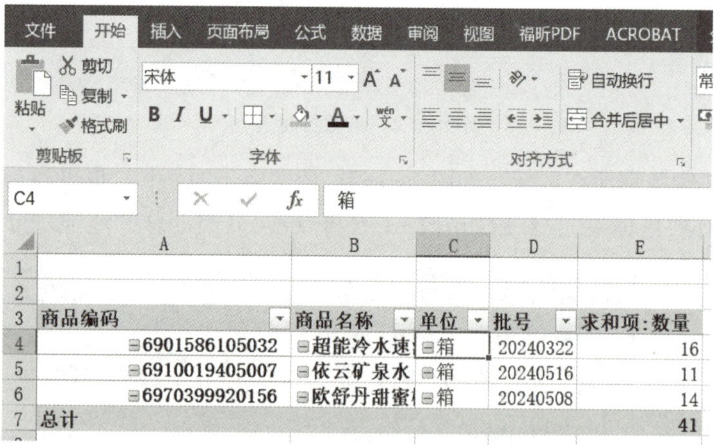

图 2-3-7　数据透视表 5

任务实施

1. 整理数据

找到附件“模块 2 任务 3”，打开 Sheet“2. 出库订单信息”，将订单商品信息，按照 Sheet“3. 出库订单汇总”字段格式，复制到 Sheet“3. 出库订单汇总”中，如图 2-3-8 所示。

2. 拣选单制作

对数据分析后发现前 3 张订单出库单位都是“箱”，第 4 张订单是小件(如袋、瓶)，所以前 3 张订单采取播种式拣选方式，第 4 张订单采取摘果式拣选方式。

(1) 播种式拣选单制作

首先在 Sheet“3. 出库订单汇总”中，按住鼠标左键并拖动，选中数据所在区域(如

图 2-3-9中阴影数据区域)，依次点击“插入”“数据透视表”，显示“创建数据透视表”对话框，点击确定，操作如图 2-3-9 所示。

订单编号	需求门店	商品编码	商品名称	单位	批号	数量
1	宝山路店	6970399920156	欧舒丹甜蜜樱花护手霜（30mL）	箱	20240508	7
1	宝山路店	6901586105032	超能冷水速洁洗衣粉4kg袋装	箱	20240322	8
1	宝山路店	6901586105032	超能冷水速洁洗衣粉4kg袋装	箱	20240525	5
1	宝山路店	6970399920033	卡诗玻璃尿酸水光洗发水（500mL）	箱	20240126	5
1	宝山路店	6910019405007	依云矿泉水（1.25L）	箱	20240516	6
2	南京路店	6910019405007	依云矿泉水（1.25L）	箱	20240516	6
2	南京路店	6901586105032	超能冷水速洁洗衣粉4kg袋装	箱	20240322	8
2	南京路店	6910019013509	三得利乌龙茶（500mL）	箱	20240509	5
2	南京路店	6970399920033	卡诗玻尿酸水光洗发水（500mL）	箱	20240126	5
2	南京路店	6970399920019	康师傅冰红茶（550mL）	箱	20240513	7
3	河南路店	6970399920156	欧舒丹甜蜜樱花护手霜（30mL）	箱	20240508	7
3	河南路店	6970399920033	卡诗玻尿酸水光洗发水（500mL）	箱	20240126	10
3	河南路店	6901586105032	超能冷水速洁洗衣粉4kg袋装	箱	20240525	6
3	河南路店	6910019013509	三得利乌龙茶（500mL）	箱	20240509	8
3	河南路店	6970399920019	康师傅冰红茶（550mL）	箱	20240513	7
4	西藏南路店	6901586105032	超能冷水速洁洗衣粉4kg袋装	袋	20240322	8
4	西藏南路店	6910019001841	立白无磷洗衣粉5kg装	袋	20240325	7
4	西藏南路店	6910019013509	三得利乌龙茶（500mL）	瓶	20240509	9
4	西藏南路店	6910019405007	依云矿泉水（1.25L）	瓶	20240721	7

1.库存信息表 | 2.出库订单信息 | 3.出库订单汇总 | 4.商品拣选单 | 5.商品分货单

图 2-3-8　整理数据

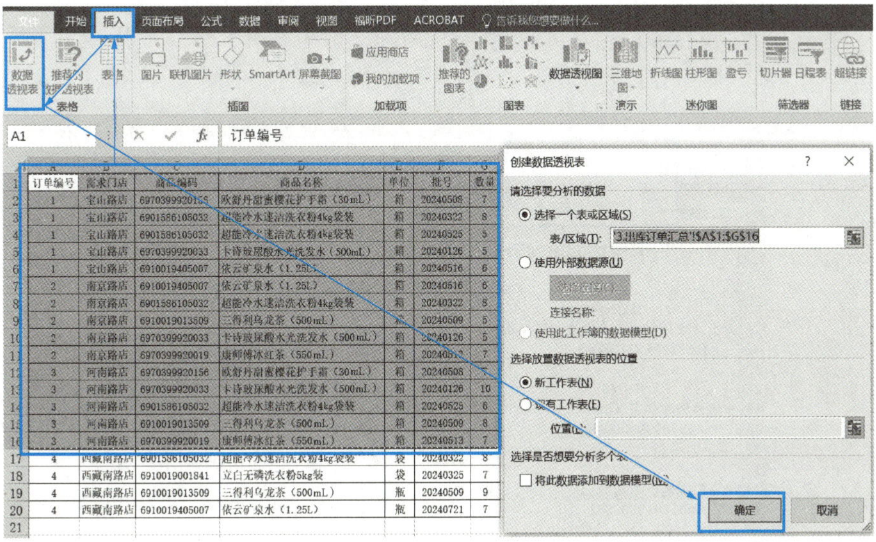

图 2-3-9　创建数据透视表 1

然后，鼠标单击左侧数据所在区域，如图 2-3-10，显示“数据透视表字段”对话框，依次勾选“商品编码”“商品名称”“单位”“批号”并在“行”中显示，同时勾选“数量”且在“值”中显示“求和项数量”。

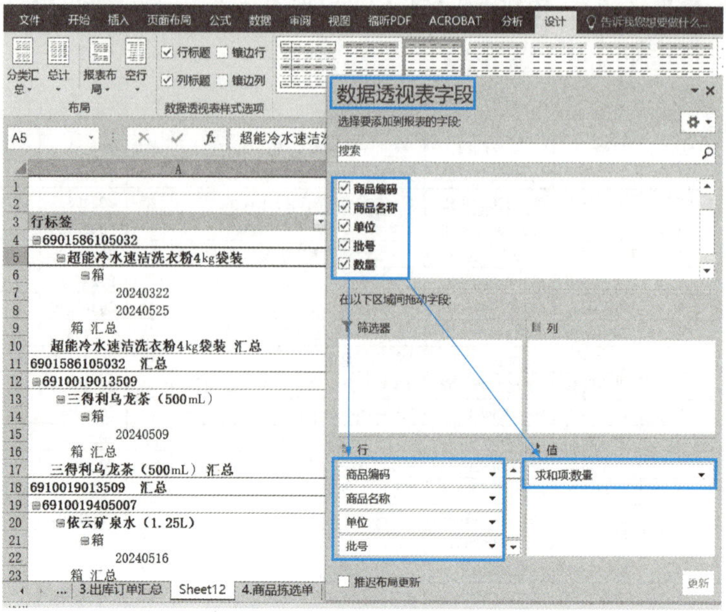

图 2-3-10　数据透视表 2

鼠标单击左侧数据所在区域，如图 2-3-11，依次点击“设计”“报表布局”“以表格形式显示”“重复所有项目标签”，然后如图 2-3-12 再点击“分类汇总”“不显示分类汇总”。

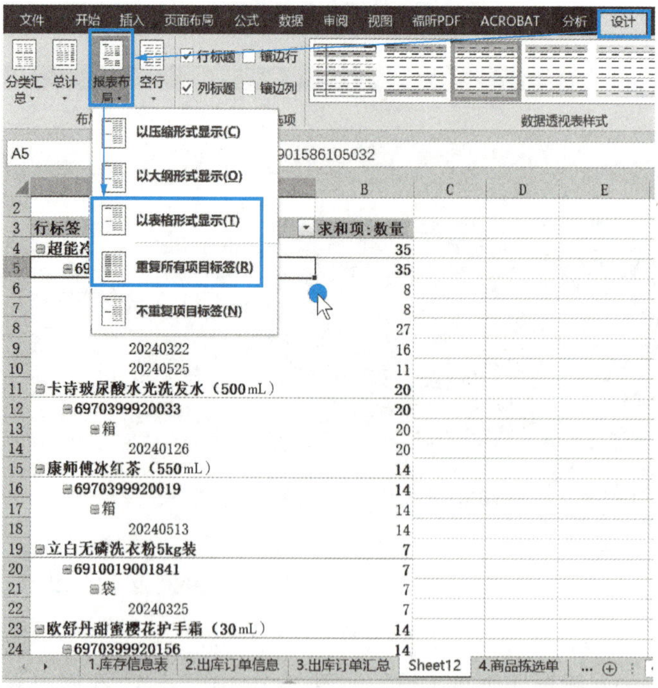

图 2-3-11　数据透视表 3

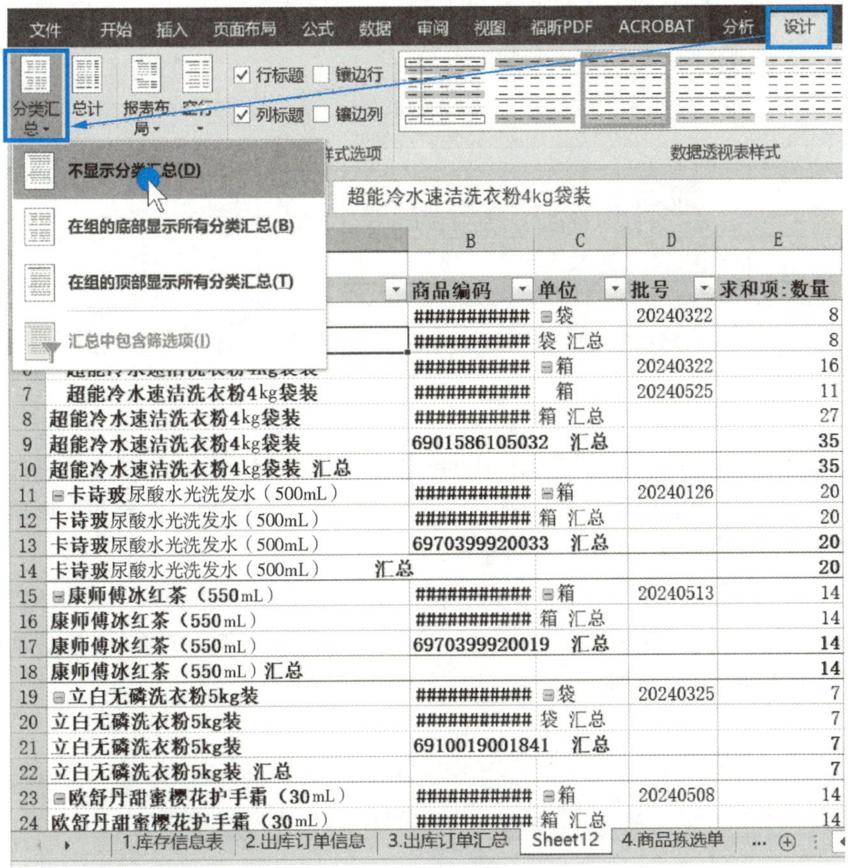

图 2-3-12 数据透视表 4

最终显示结果如图 2-3-13。

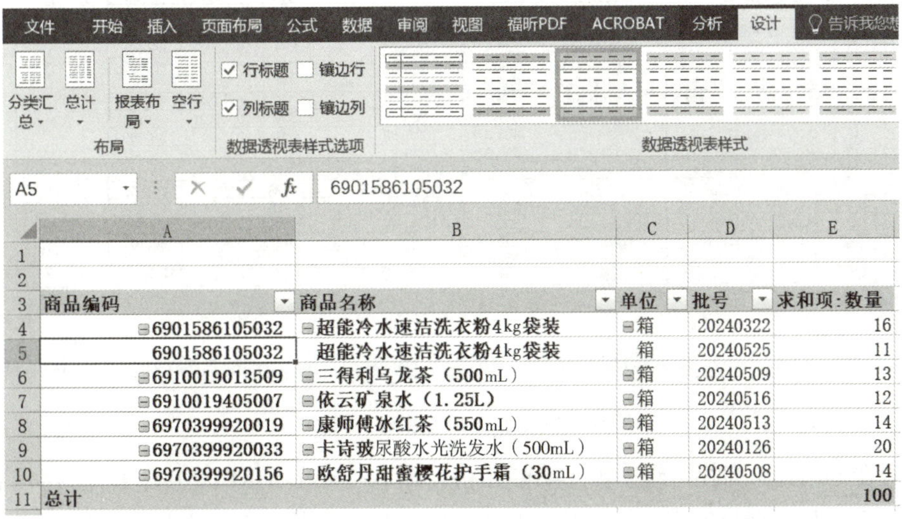

图 2-3-13 数据透视表 5

将数据透视后，按照 Sheet“4. 商品拣选单”字段格式，复制到 Sheet“4. 商品拣选单”中，如图 2-3-14 所示。

	A	B	C	D	E	F	G
1	拣选单 JX0001						
2	编号：JX0001					时间：	2025年1月11日
3	序号	商品编码	商品名称	单位	批号	数量	储位号
4	1	6901586105032	超能冷水速洁洗衣粉4kg袋装	箱	20240322	16	
5	2	6901586105032	超能冷水速洁洗衣粉4kg袋装	箱	20240525	11	
6	3	6910019013509	三得利乌龙茶（500mL）	箱	20240509	13	
7	4	6910019405007	依云矿泉水（1.25L）	箱	20240516	12	
8	5	6970399920019	康师傅冰红茶（550mL）	箱	20240513	14	
9	6	6970399920033	卡诗玻尿酸水光洗发水（500mL）	箱	20240126	20	
10	7	6970399920156	欧舒丹甜蜜樱花护手霜（30mL）	箱	20240508	14	
11	拣选人：						

图 2-3-14　播种式拣选单

然后，依据 Sheet“1. 库存信息表”为 Sheet“4. 商品拣选单”匹配储位信息，因为出库商品有批号要求，因此需要建立辅助列，将商品编码和批号进行数据合并，形成一个新的编号，然后再依据 VLOOKUP 函数进行精准匹配。

在 Sheet“1. 库存信息表”整货存储区，插入 B 列，B2 单元格输入“=C2&F2”回车，然后对公式下拉填充，完成整列数据的新建；同样对 Sheet“4. 商品拣选单”建立辅助列。操作如图 2-3-15、图 2-3-16 所示。

SUM　　=C2&F2

	A	B	C	D	E	F	G	H
1	序	辅助列	货品编码	货物名称	品类	批号	商品储位	区域
2	1	=C2&F2	6970399920156	欧舒丹甜蜜樱花护手霜（30mL）	日用品	20240508	A00000	
3	2	697039992015620240802	6970399920156	欧舒丹甜蜜樱花护手霜（30mL）	日用品	20240802	A00001	
4	3	695506743562820240511	6955067435628	威露士无磷洗衣粉1.8kg袋装	日用品	20240511	A00002	
5	4	690158610503220240322	6901586105032	超能冷水速洁洗衣粉4kg袋装	日用品	20240322	A00003	
6	5	690158610503220240525	6901586105032	超能冷水速洁洗衣粉4kg袋装	日用品	20240525	A00004	
7	6	697039992003320240126	6970399920033	卡诗玻尿酸水光洗发水（500mL）	日用品	20240126	A00005	整货存储区
8	7	692045995867420240130	6920459958674	欧舒丹甜扁桃紧致护手霜（30mL）	日用品	20240130	A00100	
9	8	691001900853620240530	6910019008536	茉莉蔻玫瑰护手霜（100mL）	日用品	20240530	A00101	
10	9	690158610386120240217	6901586103861	立白全渍除菌洗衣液2kg装	日用品	20240217	A00201	
11	10	691001900184120240114	6910019001841	立白无磷洗衣粉5kg装	日用品	20240114	A00202	
12	11	691001900184120240325	6910019001841	立白无磷洗衣粉5kg装	日用品	20240325	A00203	
13	12	691001901350920240509	6910019013509	三得利乌龙茶（500mL）	饮料	20240509	B00000	
14	13	691001901350920240710	6910019013509	三得利乌龙茶（500mL）	饮料	20240710	B00001	
15	14	691001901115420240325	6910019011154	依能蓝莓黑水果味饮料（500mL）	饮料	20240325	B00002	
16	15	691001901115420240825	6910019011154	依能蓝莓黑水果味饮料（500mL）	饮料	20240825	B00003	
17	16	691001940500720240516	6910019405007	依云矿泉水（1.25L）	饮料	20240516	B00103	整货存储区
18	17	691001940500720240721	6910019405007	依云矿泉水（1.25L）	饮料	20240721	B00104	
19	18	697039992001920240513	6970399920019	康师傅冰红茶（550mL）	饮料	20240513	B00200	
20	19	697039992001920240720	6970399920019	康师傅冰红茶（550mL）	饮料	20240720	B00201	
21	20	697039992015620240802	6970399920156	欧舒丹甜蜜樱花护手霜（30mL）	日用品	20240802	C00001	
22	21	695506743562820240511	6955067435628	威露士无磷洗衣粉1.8kg袋装	日用品	20240511	C00002	
23	22	690158610503220240322	6901586105032	超能冷水速洁洗衣粉4kg袋装	日用品	20240322	C00003	
24	23	691001900184120240325	6910019001841	立白无磷洗衣粉5kg装	日用品	20240325	C00100	零货存储区
25	24	691001901350920240509	6910019013509	三得利乌龙茶（500mL）	饮料	20240509	C00101	
26	25	691001940500720240721	6910019405007	依云矿泉水（1.25L）	饮料	20240721	C00201	
27	26	697039992001920240513	6970399920019	康师傅冰红茶（550mL）	饮料	20240513	C00202	
28								
29								
30								
31								

1.库存信息表　2.出库订单信息　3.出库订单汇总　Sheet12　4.商品拣选单　5.商品分货单　Sheet9　Sh

图 2-3-15　播种式拣选单制作 1

然后在 Sheet“4. 商品拣选单”G4 单元格，输入“=VLOOKUP(H4,'1. 库存信息表'!B:G,6,0)”，其中查找值来自辅助列 H4 单元格，查找范围来自“1. 库存信息表”B 列至 G 列，返回值所在列为 6，精确查找。最终返回库位号“A00003”，操作如图 2-3-17。

SUM　=B4&E4

	A	B	C	D	E	F	G	H
1	拣选单 JX0001							
2	编号：	JX0001				时间：	2025年1月11日	
3	序号	商品编码	商品名称	单位	批号	数量	储位号	辅助列
4	1	6901586105032	超能冷水速洁洗衣粉4kg袋装	箱	20240322	16		=B4&E4
5	2	6901586105032	超能冷水速洁洗衣粉4kg袋装	箱	20240525	11		690158610503220240525
6	3	6910019013509	三得利乌龙茶（500mL）	箱	20240509	13		691001901350920240509
7	4	6910019405007	依云矿泉水（1.25L）	箱	20240516	12		691001940500720240516
8	5	6970399920019	康师傅冰红茶（550mL）	箱	20240513	14		697039992001920240513
9	6	6970399920033	卡诗玻尿酸水光洗发水（500mL）	箱	20240126	20		697039992003320240126
10	7	6970399920156	欧舒丹甜蜜樱花护手霜（30mL）	箱	20240508	14		697039992015620240508
11	拣选人：							
12								
13								
14	拣选单 JX0002							
15	编号：	JX0002				时间：	2025年1月11日	
16	序号	商品编码	商品名称	单位	批号	数量	储位号	
17								
18								
19								
20								
21	拣选人：							
22								
23								

1.库存信息表　2.出库订单信息　3.出库订单汇总　Sheet12　4.商品拣选单　5.商品分货单　Sheet9　Sheet10　Sheet11

图 2-3-16　播种式拣选单制作 2

G4　=VLOOKUP(H4,'1.库存信息表'!B:G,6,0)

	A	B	C	D	E	F	G	H
1	拣选单 JX0001							
2	编号：	JX0001				时间：	2025年1月11日	
3	序号	商品编码	商品名称	单位	批号	数量	储位号	辅助列
4	1	6901586105032	超能冷水速洁洗衣粉4kg袋装	箱	20240322	16	A00003	690158610503220240322
5	2	6901586105032	超能冷水速洁洗衣粉4kg袋装	箱	20240525	11		690158610503220240525
6	3	6910019013509	三得利乌龙茶（500mL）	箱	20240509	13		691001901350920240509
7	4	6910019405007	依云矿泉水（1.25L）	箱	20240516	12		691001940500720240516
8	5	6970399920019	康师傅冰红茶（550mL）	箱	20240513	14		697039992001920240513
9	6	6970399920033	卡诗玻尿酸水光洗发水（500mL）	箱	20240126	20		697039992003320240126
10	7	6970399920156	欧舒丹甜蜜樱花护手霜（30mL）	箱	20240508	14		697039992015620240508
11	拣选人：							
12								
13								
14	拣选单 JX0002							
15	编号：	JX0002				时间：	2025年1月11日	
16	序号	商品编码	商品名称	单位	批号	数量	储位号	
17								
18								
19								
20								
21	拣选人：							
22								
23								

1.库存信息表　2.出库订单信息　3.出库订单汇总　Sheet12　4.商品拣选单　5.商品分货单　Sheet9　Sheet10　Sheet11

图 2-3-17　播种式拣选单制作 3

将 G4 单元格公式下拉填充，得到 7 个单品的储位号，形成最终拣选单，如图 2-3-18。

	A	B	C	D	E	F	G	H
1	拣选单 JX0001							
2	编号：	JX0001				时间：	2025年1月11日	
3	序号	商品编码	商品名称	单位	批号	数量	储位号	辅助列
4	1	6901586105032	超能冷水速洁洗衣粉4kg袋装	箱	20240322	16	A00003	690158610503220240322
5	2	6901586105032	超能冷水速洁洗衣粉4kg袋装	箱	20240525	11	A00004	690158610503220240525
6	3	6910019013509	三得利乌龙茶（500mL）	箱	20240509	13	B00000	691001901350920240509
7	4	6910019405007	依云矿泉水（1.25L）	箱	20240516	12	B00103	691001940500720240516
8	5	6970399920019	康师傅冰红茶（550mL）	箱	20240513	14	B00200	697039992001920240513
9	6	6970399920033	卡诗玻尿酸水光洗发水（500mL）	箱	20240126	20	A00005	697039992003320240126
10	7	6970399920156	欧舒丹甜蜜樱花护手霜（30mL）	箱	20240508	14	A00000	697039992015620240508
11	拣选人：							

图 2-3-18　播种式拣选单

（2）摘果式拣选单制作

第 4 张订单采取摘果式拣选方式，将 Sheet“3. 出库订单汇总”中第 4 个订单数据，按照 Sheet“4. 商品拣选单”字段格式，复制到 Sheet“4. 商品拣选单”中，如图 2-3-19 所示。

拣选单 JX0002						
编号：	JX0002				时间：	2025年1月11日
序号	商品编码	商品名称	单位	批号	数量	储位号
	6901586105032	超能冷水速洁洗衣粉4kg袋装	袋	20240322	8	
	6910019001841	立白无磷洗衣粉5kg装	袋	20240325	7	
	6910019013509	三得利乌龙茶（500ml）	瓶	20240509	9	
	6910019405007	依云矿泉水（1.25L）	瓶	20240721	7	
拣选人：						

图 2-3-19　摘果式拣选单

然后参照播种式拣选单制作模式，在 Sheet“1. 库存信息表”零货存储区和 Sheet“4. 商品拣选单”建立辅助列，如图 2-3-20、图 2-3-21。

序号	辅助列	货品编码	货物名称	品类	批号	商品储位	区域
1	697039992015620240802	6970399920156	欧舒丹甜蜜樱花护手霜（30mL）	日用品	20240802	C00001	零货存储区
2	695506743562820240511	6955067435628	威露士无磷洗衣粉1.8kg袋装	日用品	20240511	C00002	
3	690158610503220240322	6901586105032	超能冷水速洁洗衣粉4kg袋装	日用品	20240322	C00003	
4	691001900184120240325	6910019001841	立白无磷洗衣粉5kg装	日用品	20240325	C00100	
5	691001901350920240509	6910019013509	三得利乌龙茶（500mL）	饮料	20240509	C00101	
6	691001940500720240721	6910019405007	依云矿泉水（1.25L）	饮料	20240721	C00201	
7	697039992001920240513	6970399920019	康师傅冰红茶（550mL）	饮料	20240513	C00202	

1.库存信息表　2.出库订单信息　3.出库订单汇总　Sheet12　4.商品拣选单　5.商品分货单　Sheet9　Sheet10

图 2-3-20　摘果式拣选单制作 1

拣选单 JX0002							
编号：	JX0002				时间：	2025年1月11日	
序号	商品编码	商品名称	单位	批号	数量	储位号	辅助列
	6901586105032	超能冷水速洁洗衣粉4kg袋装	袋	20240322	8		690158610503220240322
	6910019001841	立白无磷洗衣粉5kg装	袋	20240325	7		691001900184120240325
	6910019013509	三得利乌龙茶（500mL）	瓶	20240509	9		691001901350920240509
	6910019405007	依云矿泉水（1.25L）	瓶	20240721	7		691001940500720240721
拣选人：							

1.库存信息表　2.出库订单信息　3.出库订单汇总　Sheet12　4.商品拣选单　5.商品分货单　Sheet9　Sheet10　Sheet11

图 2-3-21　摘果式拣选单制作 2

然后使用 VLOOKUP 函数匹配储位信息，如图 2-3-22。

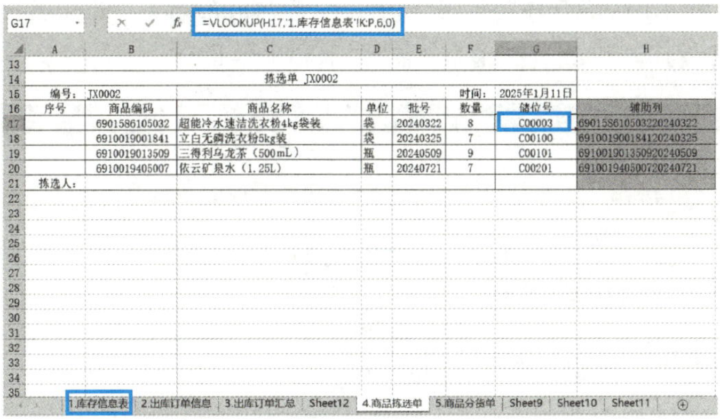

图 2-3-22　摘果式拣选单制作 3

形成最终拣选单，如图 2-3-23 所示。

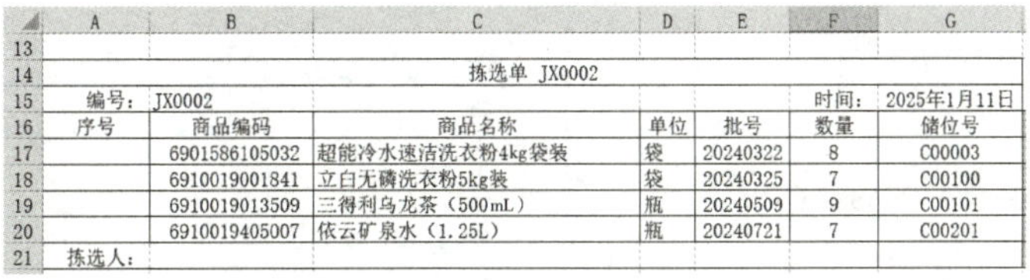

拣选单 JX0002						
编号：JX0002					时间：	2025年1月11日
序号	商品编码	商品名称	单位	批号	数量	储位号
	6901586105032	超能冷水速洁洗衣粉4kg袋装	袋	20240322	8	C00003
	6910019001841	立白无磷洗衣粉5kg装	袋	20240325	7	C00100
	6910019013509	三得利乌龙茶（500mL）	瓶	20240509	9	C00101
	6910019405007	依云矿泉水（1.25L）	瓶	20240721	7	C00201
拣选人：						

图 2-3-23　摘果式拣选单

3. 分货单制作

对订单数据分析，前 3 张订单采取播种式拣选方式，第 4 张订单采取摘果式拣选方式。所以前 3 张订单制作采用数据透视表功能进行制作，第 4 张进行数据整理即可。

（1）播种式分货单制作

按住鼠标左键拖动，选中数据区域(如图 2-3-24 中阴影数据区域)，依次点击“插入”“数据透视表”，显示“创建数据透视表”对话框，点击确定。

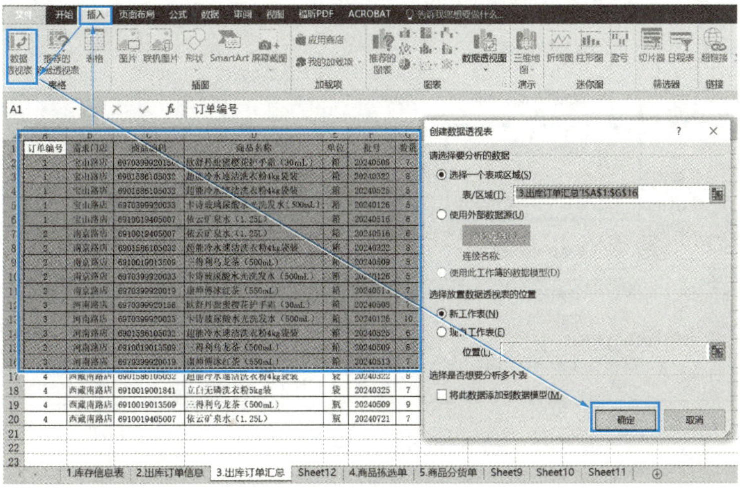

图 2-3-24　数据透视表 1

进入新工作表如图 2-3-25，鼠标单击左侧数据所在区域，显示“数据透视表字段”对话框，依次勾选“需求门店”并在“列”中显示；勾选“商品编码”“商品名称”“单位”“批号”并在“行”中显示；勾选“数量”在“值”中显示“求和项数量”。

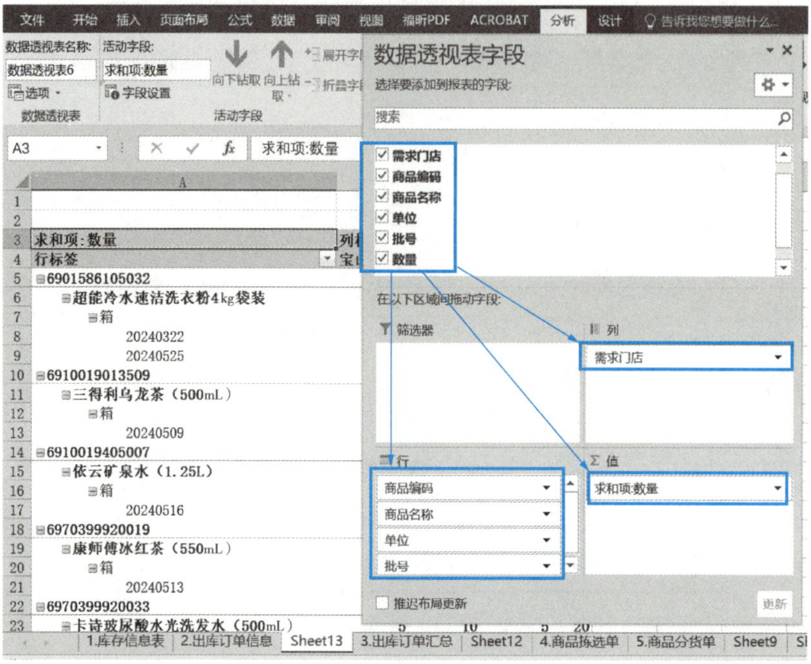

图 2-3-25　数据透视表 2

鼠标单击左侧数据所在区域，如图 2-3-26，依次点击“设计”“报表布局”“以表格形式显示”“重复所有项目标签”，然后如图 2-3-27 再点击“分类汇总”“不显示分类汇总”。

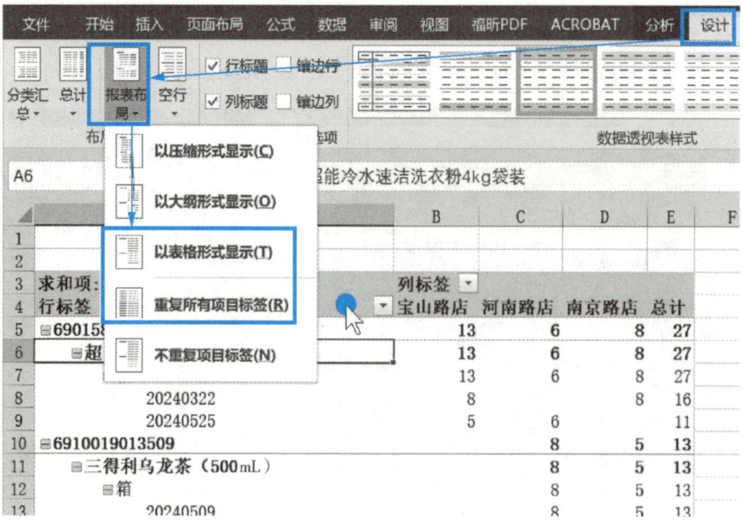

图 2-3-26　数据透视表 3

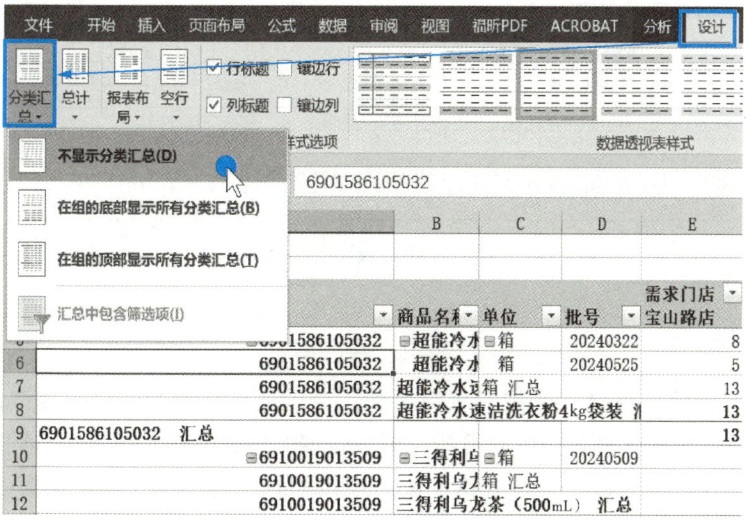

图 2-3-27　数据透视表 4

显示结果，如图 2-3-28 所示。

	A	B	C	D	E	F	G	H
1								
2								
3	求和项：数量				需求门店			
4	商品编码	商品名称	单位	批号	宝山路店	河南路店	南京路店	总计
5	6901586105032	超能冷水速洁洗衣粉4kg袋装	箱	20240322	8		8	16
6	6901586105032	超能冷水速洁洗衣粉4kg袋装	箱	20240525	5	6		11
7	6910019013509	三得利乌龙茶（500mL）	箱	20240509		8	5	13
8	6910019405007	依云矿泉水（1.25L）	箱	20240516	6		6	12
9	6970399920019	康师傅冰红茶（550mL）	箱	20240513		7	7	14
10	6970399920033	卡诗玻尿酸水光洗发水（500mL）	箱	20240126	5	10	5	20
11	6970399920156	欧舒丹甜蜜樱花护手霜（30mL）	箱	20240508	7	7		14
12	总计				31	38	31	100
13								

图 2-3-28　数据透视表 5

最后将数据整理进 Sheet“5. 商品分货单”中，如图 2-3-29 所示。

	A	B	C	D	E	F	G	H	I
1	分货单 FH0001								
2	编号：	FH0001					时间：	2025年1月11日	
3	序号	商品编码	商品名称	单位	批号	分货门店			合计
4						宝山路店	南京路店	河南路店	
5	1	6901586105032	超能冷水速洁洗衣粉4kg袋装	箱	20240322	8		8	16
6	2	6901586105032	超能冷水速洁洗衣粉4kg袋装	箱	20240525	5	6		11
7	3	6910019013509	三得利乌龙茶（500mL）	箱	20240509		8	5	13
8	4	6910019405007	依云矿泉水（1.25L）	箱	20240516	6		6	12
9	5	6970399920019	康师傅冰红茶（550mL）	箱	20240513		7	7	14
10	6	6970399920033	卡诗玻尿酸水光洗发水（500mL）	箱	20240126	5	10	5	20
11	7	6970399920156	欧舒丹甜蜜樱花护手霜（30mL）	箱	20240508	7	7		14
12	分货员：				合计	31	38	31	100

图 2-3-29　播种式分货单

（2）摘果式分货单制作

将 Sheet“3. 出库订单汇总”中的第 4 张订单数据，整理进 Sheet“5. 商品分货单”中，如图 2-3-30 所示。

	A	B	C	D	E	F
14	分货单 FH0002					
15	编号：	FH0002			时间：	2025年1月11日
16	序号	商品编码	商品名称	单位	批号	分货门店
17						西藏南路店
18	1	6901586105032	超能冷水速洁洗衣粉4kg袋装	袋	20240322	8
19	2	6910019001841	立白无磷洗衣粉5kg装	袋	20240325	7
20	3	6910019013509	三得利乌龙茶（500mL）	瓶	20240509	9
21	4	6910019405007	依云矿泉水（1.25L）	瓶	20240721	7
22	分货员：				合计	31

图 2-3-30　摘果式分货单

任务小结

拣选作业对于流通性企业来说，直接反映了企业的运作效率。而对商品品类、存储区域、出货单位以及配送区域进行针对分析，形成合理的拣选策略，利用 Excel 工具中的函数，能够帮助我们快速完成数据整理、分析、相应单据制作。在实际工作中需要结合实际情况，来选取合适的拣选作业的模式、设备、系统，并帮助现场作业人员快速拣选，提高作业效率。

人工智能小贴士：

在人工智能技术(如 DeepSeek，ChatGPT)的支持下，当你面对制作一张“拣选单”或“分货单”任务毫无头绪时，可以使用提示词“播种式拣选单”“摘果式拣选单”等让它帮助你拟一个“拣选单”初稿，然后再根据实际使用情况进行完善。

任务评价

本任务为分组任务：每组若干组员，在组长带领下，根据任务内容进行分工，使用学生自评表(表 2-3-8)、学生互评表(表 2-3-9)、教师评价表(表 2-3-10)完成任务评价。

表 2-3-8　学生自评表

班级		学号		姓名	
角色	□组长　□组员		完成时间		
任务内容		完成情况记录			

表 2-3-9　学生互评表

班级		被评人学号		被评人姓名	
评价者角色		评价者学号		评价者姓名	
任务内容		完成情况记录			

表 2-3-10 教师评价表

班级		被评人学号		被评人姓名	
任务内容		完成情况记录			

课证融通

一、单选题

1. 播种式拣选模式的主要特点是(　　)

A. 每次处理一份订单

B. 多订单按商品汇总后总拣再分货

C. 适用于订单分散的情况

D. 需要频繁调整储位

2. 在制作拣选单时，若需要匹配储位号，应使用以下哪个 Excel 功能？(　　)

A. SUM 函数　B. VLOOKUP 函数　C. IF 函数　D. COUNTIF 函数

3. 订单 CK00004 中“依云矿泉水”的出库单位是(　　)。

A. 箱　B. 袋　C. 瓶　D. 盒

4. 摘果式拣选模式最适用于以下哪种场景？(　　)

A. 订单集中且商品重复率高　B. 订单分散、商品种类多

C. 批量化非紧急订单　D. 大批量同质化商品

5. 数据透视表在拣选单制作中的作用是(　　)。

A. 合并多个工作表　B. 按商品编码和批号汇总数量

C. 生成随机储位号　D. 自动填充客户名称

二、多选题

1. 拣选单 JX0001 的制作过程中，以下哪些步骤是必需的？(　　)

A. 使用数据透视表汇总商品数量　B. 建立“商品编码+批号”辅助列

C. 手动输入所有储位号　D. 通过 VLOOKUP 匹配储位信息

2. 播种式拣选模式的适用范围包括(　　)。

A. 大规模订单　B. 订单分散　C. 商品重复率低　D. 商品重复率高

3. 关于任务中订单 CK00004 的描述，正确的有(　　)。

A. 包含“三得利乌龙茶”的瓶装出库　B. 出库类型为紧急出库

C. 采用摘果式拣选方式　D. 所有商品均以“箱”为单位

4. 制作分货单时，数据透视表的设置包括(　　)。

A. 将“需求门店”拖入行字段　B. 对“数量”字段求和

C. 隐藏分类汇总行　D. 使用模糊匹配查找储位号

5. 以下属于摘果式拣选特点的是(　　)。

A. 每次处理多份订单　　　　B. 操作简单灵活
C. 适用于少量订单　　　　D. 需按商品汇总后再分货

课赛强化

2025 年 2 月 10 日，快鹿商超集团管理层下发指示，要求 A 市物流中心配合春节促销活动，对 11 日待出库订单进行分析，制作“货物拣选单”和“分货单”，以便 11 日快速完成拣选作业。

仓储主管王进负责具体订单数据的审查与分析工作，需在 2025 年 2 月 10 日下午 4 点前，对待出库商品订单(见表 2-3-11～表 2-3-13)进行分析，上报“拣选单”和“分货单”(见表 2-3-5、表 2-3-6)。

表 2-3-11　待出库商品订单 1

订单编号	CK00001	客户名称	南京路店		紧急程度	一般
库房	A 市物流中心	出库类型	正常出库		是否送货	否
出库时间	2025 年 2 月 11 日					
货品编码	货品名称	单位	批号	数量	包装规格/mm	
6970399920156	欧舒丹甜蜜樱花护手霜(30mL)	箱	20240508	7	370×190×270	
6901586105032	超能冷水速洁洗衣粉 4kg 袋装	箱	20240322	8	370×190×270	
6970399920019	康师傅冰红茶(550mL)	箱	20240513	7	370×190×270	
6910019013509	三得利乌龙茶(500mL)	箱	20240509	8	370×190×270	
6970399920033	卡诗玻尿酸水光洗发水(500mL)	箱	20240126	5	370×190×270	

表 2-3-12　待出库商品订单 2

订单编号	CK00002	客户名称	宝山路店		紧急程度	一般
库房	A 市物流中心	出库类型	正常出库		是否送货	否
出库时间	2025 年 2 月 11 日					
货品编码	货品名称	单位	批号	数量	包装规格/mm	
6910019405007	依云矿泉水(1.25L)	箱	20240516	6	370×190×270	
6901586105032	超能冷水速洁洗衣粉 4kg 袋装	箱	20240322	8	370×190×270	
6910019013509	三得利乌龙茶(500mL)	箱	20240509	5	370×190×270	
6970399920033	卡诗玻尿酸水光洗发水(500mL)	箱	20240126	5	370×190×270	
6901586105032	超能冷水速洁洗衣粉 4kg 袋装	箱	20240525	5	370×190×270	

表 2-3-13　待出库商品订单 3

订单编号	CK00003	客户名称	西藏南路店	紧急程度	一般
库房	A 市物流中心	出库类型	正常出库	是否送货	否
出库时间	2025 年 2 月 11 日				

续表

货品编码	货品名称	单位	批号	数量	包装规格/mm
6970399920156	欧舒丹甜蜜樱花护手霜(30mL)	箱	20240508	7	370×190×270
6970399920033	卡诗玻尿酸水光洗发水(500mL)	箱	20240126	10	370×190×270
6901586105032	超能冷水速洁洗衣粉 4kg 袋装	箱	20240525	6	370×190×270
6910019405007	依云矿泉水(1.25L)	箱	20240516	6	370×190×270
6970399920019	康师傅冰红茶(550mL)	箱	20240513	7	370×190×270

课程思政

匠心与担当——平凡岗位上的价值坚守

2024 年夏季，某电商物流中心迎来“618”大促订单高峰。新入职的仓储管理员林晓阳被分配到拣选作业组，负责为某偏远山区学校的公益物资订单(包含图书、文具、体育器材等)进行拣货。该订单因商品种类多、包装规格差异大且配送时效要求严格，成为团队公认的“硬骨头”。林晓阳在任务执行中，不仅展现了专业能力，更用行动诠释了新时代物流人的责任与担当。

1. 初心：从“效率至上”到“责任优先”

林晓阳发现，该订单中的图书需按年级分类打包，但系统默认的拣选模式将所有商品混在一起，可能导致山区教师接收后需二次分拣。尽管主管建议“按系统流程走，保证速度”，但林晓阳坚持优化方案：①创新流程，在拣选单中新增“分类标签”字段，手动标注“小学低年级”“初中”等分类；②主动沟通，联系客服部门获取学校具体需求，发现体育器材中缺少适配山区地形的跳绳(原订单为普通塑料跳绳)，建议更换为耐磨尼龙材质；③牺牲效率，为分类打包多花费 2 小时，导致个人当日拣货量排名垫底，却为后续配送节省了 3 天分拣时间。

2. 匠心：在细节中传递温度

拣选过程中，林晓阳发现一批捐赠图书因库房潮湿出现轻微霉斑。按流程可正常出库，但他选择：①额外筛查，利用午休时间逐本检查，替换 30 本受损严重的书籍；②暖心留言，在包裹内附上手写卡片：“知识无瑕，愿每一页都承载希望——物流人小林”；③推动改进，提议库房增设公益物资专用防潮区，并获管理层采纳。

3. 同心：个体价值与团队使命的融合

林晓阳的“较真”起初引发部分同事不满，认为他“拖累团队绩效”。但一周后，山区学校发来感谢信，特别提到“分类清晰的物资让我们第一时间发到孩子手中”。此事促使团队反思：①制度优化，建立公益订单优先分级机制，允许弹性调整拣选流程；②文化重塑，月度考核增设“服务贡献奖”，鼓励员工在效率之外关注社会价值；③个人成长，林晓阳被破格提拔为公益项目组负责人，带领团队 3 个月内将特殊订单处理满意度提升至 98%。

思考题：

1. 如果企业绩效考核体系完全以“效率”为导向，林晓阳的行为可能面临哪些风险？

从个人选择与制度设计的关系角度，谈谈如何构建“效率与责任并重”的职业环境。

2. 在人工智能逐渐替代仓储人工作业的趋势下，物流从业者应如何守护“人的温度”？请结合案例中的细节，提出具体建议。

任务四　盘点作业分析

任务描述

2025 年 1 月 10 日，快鹿商超集团管理层下发指示，要求 A 市物流中心配合春节促销活动，对 3 款重点商品(见表 2-4-1)采用 ABC 盘点方式(定期盘点，其中 A 类商品每天盘点一次，B 类商品每周盘点一次，C 类商品每月盘点一次)计算盘点周期，完成“盘点周期表”(见表 2-4-2)的编制，同时对已到盘点周期的单品，编制“盘点单”(见表 2-4-3)，方便作业人员盘点作业。

仓储主管王进负责具体数据的审查与分析工作，查询历史盘点记录得知，3 款重点商品在 2024 年 12 月 9 日进行了统一盘点。要求在 2025 年 1 月 10 日下午 4 点前，上报“盘点周期表”和“盘点单”。

表 2-4-1　重点商品信息表

编号	商品编码	商品名称
1	6955067435628	威露士无磷洗衣粉 1.8kg 袋装
2	6920459958674	欧舒丹甜扁桃紧致护手霜(30mL)
3	6910019013509	三得利乌龙茶(500mL)

表 2-4-2　盘点周期表

序号	商品编码	商品名称	ABC 分类	盘点周期

表 2-4-3　盘点单

序号	商品编码	商品名称	规格	存储库区	储位编码	单位	系统数量	实盘数量

学习目标

【知识目标】

1. 掌握盘点作业的概念、内容、方法和目的。

2. 理解盘点周期表和盘点单的制作方法。

【技能目标】

1. 能够对商品进行数据分析，选择合适的盘点周期。

2. 熟练使用 Excel 数据汇总、VLOOKUP 函数、高级筛选完成表单制作。

【素养目标】

1. 树立严谨认真的工作态度。

2. 培养吃苦耐劳的工作精神。

任务准备

1. 知识准备

(1) 盘点的定义

《物流术语》(GB/T 18534—2021)对盘点的定义是：对储存物品进行清点和账物核对的活动。主要是为了及时掌握货物的储存和流动情况，确保货物实存数与账、卡相符，而定期或临时对库内货物进行盘查、清点的作业活动。

(2) 盘点的内容

① 货物数量：通过点数查明商品在库的实际数量，核对库存账面资料与实际库存数量是否一致。

② 货物质量：检查在库商品质量有无变化，有无超过有效期和保质期，有无长期积压等现象，必要时还必须对商品进行技术检验。

③ 保管条件：检查保管条件是否与各种商品的保管要求相符合，如堆码是否合理稳固、库内温度是否符合要求、各类计量器具是否准确等。

④ 库存安全状况：检查安全措施、消防器材是否符合安全要求，建筑物和设备是否处于安全状态。

(3) 盘点的目的

① 确认库存：确认账、物的一致性和准确性，掌握准确数据，找到管理漏洞。

② 检查作用：即通过盘点，检查采购、验收、库内作业、发货过程中产生的错误。

③ 订货依据：根据盘点数据，可以检查库存量是否合理，据此作为订货的依据。

④ 督促作用：督促仓库管理人员认真工作并不断改进。

⑤ 损益核算：企业的财务损益核算与物料库存有密切的关系，而物料库存金额的正确与否有赖于存量与单价的正确性，因此，为求得损益的正确性，必须加以盘点，以确知物料现存数量。

(4) 盘点的方式

盘点方式汇总表见表 2-4-4。

表 2-4-4　盘点方式汇总表

分类维度	盘点方式	核心概念	优点	缺点	适用场景
技术手段	手工盘点	人工核对、记录数据(如纸笔登记)	成本低，灵活性高	效率低，易出错	小规模库存、临时性盘点
	电子盘点	使用 PDA、扫描枪、盘点机等电子设备录入数据，与系统实时同步	效率高，准确性高	需设备投入，技术要求高	中大型仓库、信息化管理企业
	自动化盘点	通过机器人、RFID 标签、智能货架等自动化技术完成	无需人工干预，实时性强	初期成本高，维护复杂	高科技仓储、高频次盘点需求
时间安排	定期盘点	固定周期(如每天/月/年终)进行全面盘点	数据系统化，便于周期性管理	耗时耗力，可能影响业务	传统企业、财务对账需求
	循环盘点	按计划分批盘点(如每天盘点部分区域)，逐步覆盖全部库存	分散工作量，减少业务中断	周期较长，需严格按照计划	库存量大、动态变化的仓库
	动态盘点	在作业间隙实时盘点(如出入库后立即核对)	实时更新数据，准确性高	依赖信息化系统，流程复杂	高周转率仓库、精益化管理企业
范围覆盖	全面盘点	对所有库存逐一清查	数据全面准确	耗时、资源消耗大	年终审计、重大资产调整时
	抽样盘点	随机抽取部分库存进行盘点，推算整体情况	快速省力	存在误差风险	库存量大、时间紧迫的场景
	重点盘点	高价值、易损耗或关键物料优先盘点	聚焦关键物资，风险可控	非重点物资可能疏漏	贵重品仓库、关键物料管理
管理模式	盲盘	盘点时不显示系统账面数量，仅记录实物数量，事后核对差异	减少主观干扰，提高真实性	需二次核对，流程较长	账实差异大、需严格管控的场景
	明盘	盘点时显示账面数据，直接对比修正	即时纠错，效率较高	可能掩盖操作失误	常规盘点或信任度高的场景
	第三方盘点	委托外部专业机构独立执行盘点	客观公正，减少内部舞弊	成本较高，沟通成本高	审计要求、IPO 或重大资产核查

采用定期盘点方式，利用 ABC 分类法对商品盘点周期进行区分，A 类商品每天盘点一次，B 类商品每周盘点一次，C 类商品每月盘点一次。

2. 技能准备

(1) 数据排序

排序是将无序的数据或指定名称序列的数据按照升序或者降序排列，有利于数据和操作。在数据汇总过程中经常需要将数据排序。按住鼠标左键拖动后选中数据区域(如图 2-4-1中阴影数据区域)，依次点击“数据”“排序”，跳出“排序”对话框，然后选择“主要关键字"参数[如图 2-4-1 中按照"出库量(箱)""数值"参数进行排序],选择"升序"或者"降序",最后点击"确定"完成排序。

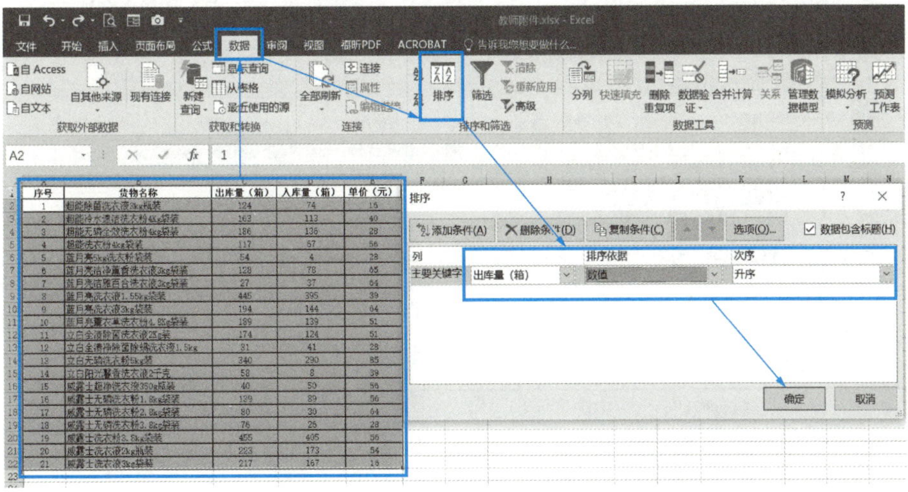

图 2-4-1 数据排序演示图

(2) VLOOKUP 函数

在 Excel 2016 中,VLOOKUP 函数是用于在数据表中进行垂直查找的函数。其主要功能是根据用户提供的查找值,在数据表的首列中精确搜索该值,并返回同一行中指定列的内容。

语法规则为:VLOOKUP(lookup_value,table_array,col_index_num,range_lookup)。

语法释义为:VLOOKUP(查找值,查找范围,返回值所在列数,精确 OR 模糊查找)。

举例说明:如图 2-4-2,A 列至 D 列为商品品类表,现在需要查找 F2 单元格中货品名称为"威露士无磷洗衣粉 1.8kg 袋装"的品类类型("日用品"或者"饮料")。可在 G2 单元格输入函数"=VLOOKUP(F2,B:D,2,0)"(释义见表 2-4-5),返回值为"日用品"(如图 2-4-3)。

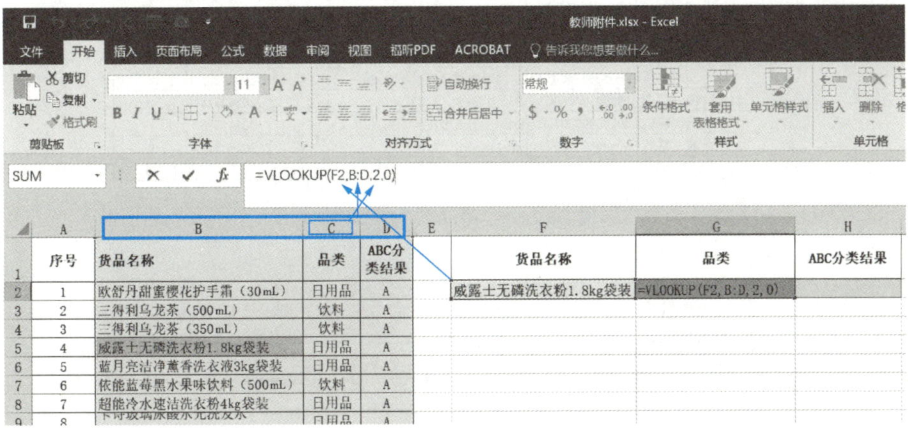

图 2-4-2 VLOOKUP 函数举例参数说明

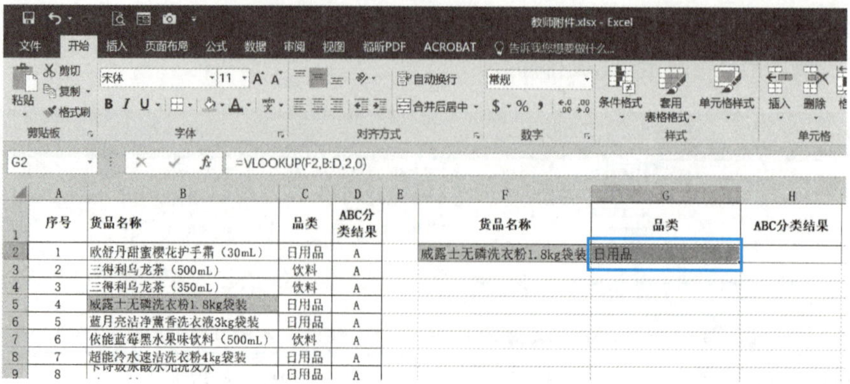

图 2-4-3　VLOOKUP 函数举例返回值

表 2-4-5　函数释义

参数	参数说明	解释
F2	代表第一个参数“查找值”	需要查找的商品“威露士无磷洗衣粉 1.8kg 袋装”来自 F2 单元格
B:D	代表第 2 个参数“查找范围”	查找的“威露士无磷洗衣粉 1.8kg 袋装”的品类类型，来自 B:D 列范围（范围的第 1 列需要从查找值所在列开始，即“威露士无磷洗衣粉 1.8kg 袋装”所在的 B 列）
2	代表第 3 个参数“返回值所在列数”	“品类”类型在 B:D 列中的第 2 列即 C 列
0	代表第 4 个参数“精确 OR 模糊查找”	精确查找

（3）数据透视表

“数据透视”功能能够将筛选、排序和分类汇总等操作依次完成，并生成汇总表格，是 Excel 2016 强大数据处理能力的具体体现。使用数据透视表可以深入分析数值数据。

举例说明：如图 2-4-4，A 列至 G 列为 3 张订单按照订单编号所进行的商品明细汇总。我们需要将数据处理后按照单品进行汇总，如图 2-4-5 所示。

	A	B	C	D	E	F	G
1	订单编号	需求门店	商品编码	商品名称	单位	批号	数量
2	1	宝山路店	6970399920156	欧舒丹甜蜜樱花护手霜（30mL）	箱	20240508	7
3	1	宝山路店	6901586105032	超能冷水速洁洗衣粉4kg袋装	箱	20240322	8
4	2	南京路店	6901586105032	超能冷水速洁洗衣粉4kg袋装	箱	20240322	8
5	2	南京路店	6910019405007	依云矿泉水（1.25L）	箱	20240516	5
6	3	河南路店	6970399920156	欧舒丹甜蜜樱花护手霜（30mL）	箱	20240508	7
7	3	河南路店	6910019405007	依云矿泉水（1.25L）	箱	20240516	6
8	合计						41

图 2-4-4　商品明细汇总表

	I	J	K	L	M
1	商品编码	商品名称	单位	批号	数量
2	6901586105032	超能冷水速洁洗衣粉4kg袋装	箱	20240322	16
3	6910019405007	依云矿泉水（1.25L）	箱	20240516	11
4	6970399920156	欧舒丹甜蜜樱花护手霜（30mL）	箱	20240508	14
5	合计				41

图 2-4-5　数据处理后商品明细汇总表

按住鼠标左键拖动，选中数据区域(如图 2-4-6 中阴影数据区域)，依次点击“插入”“数据透视表”，显示“创建数据透视表”对话框，点击确定，如图 2-4-6 所示。

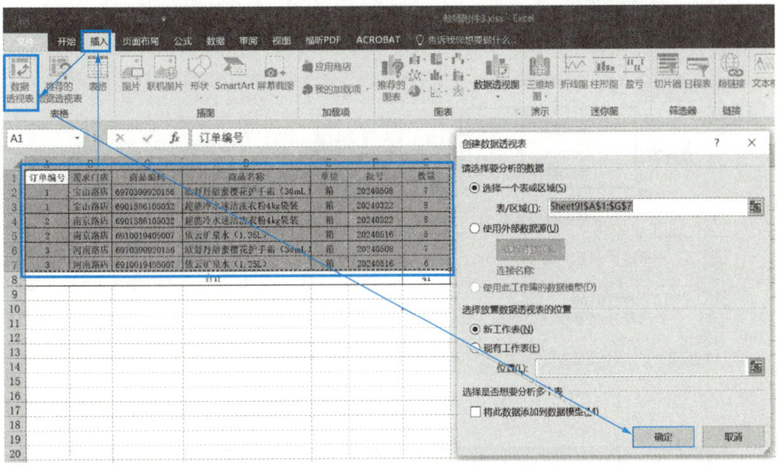

图 2-4-6　“创建数据透视表”对话框

鼠标单击左侧数据所在区域，如图 2-4-7，显示“数据透视表字段”对话框，依次勾选“商品编码”“商品名称”“单位”“批号”并在“行”中显示，勾选“数量”并在“值”中显示“求和项数量”。

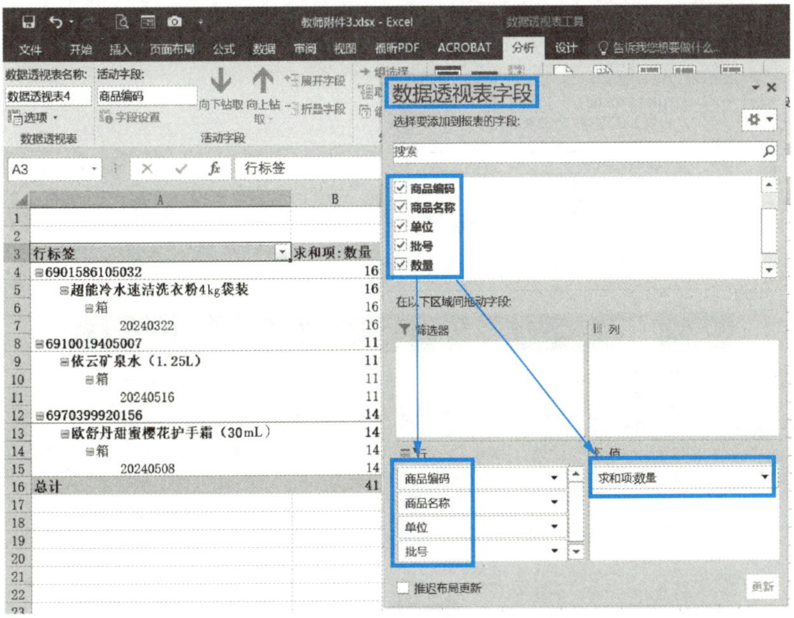

图 2-4-7　“数据透视表字段”对话框

鼠标单击左侧数据所在区域，如图 2-4-8，依次点击“设计”“报表布局”“以表格形式显示”“重复所有项目标签”，然后如图 2-4-9 再点击“分类汇总”“不显示分类汇总”。最终显示结果，如图 2-4-10，完成数据汇总。

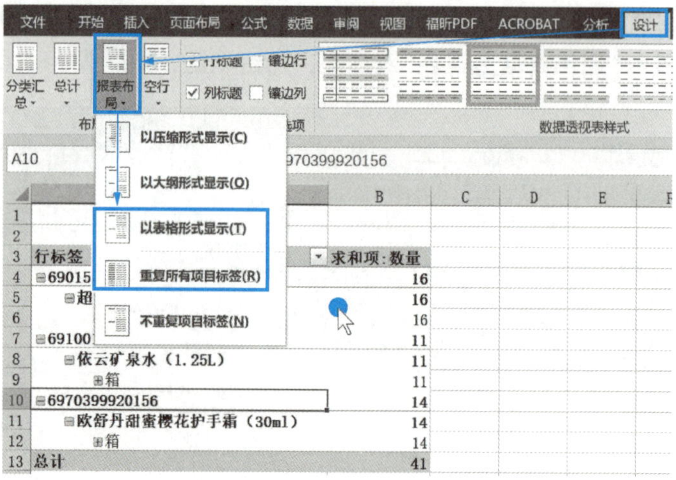

图 2-4-8　报表布局设计

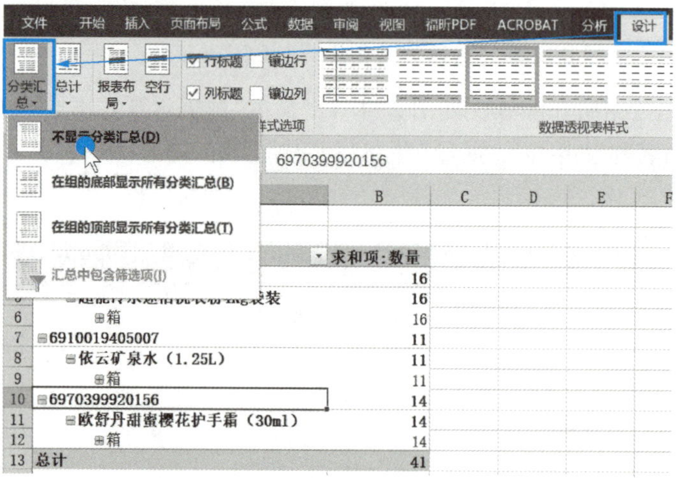

图 2-4-9　报表设计

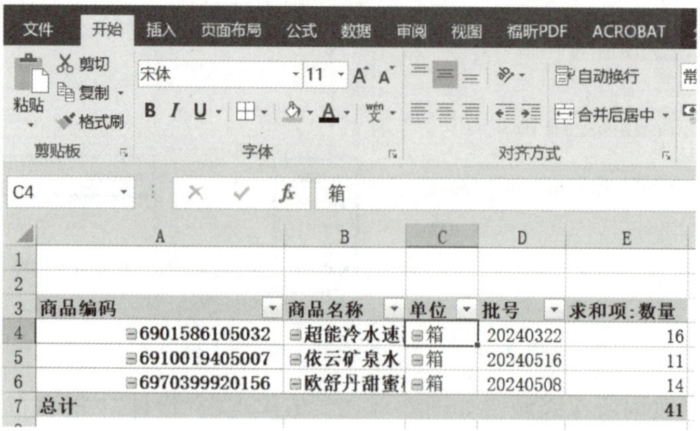

图 2-4-10　报表效果图

（4）公式引用

在 Excel 2016 中，可以利用公式（如图 2-4-11）对单元格的数据进行求和（SUM），求平均值（AVERAGE）、最大值（MAX）、最小值（MIN）、计数（COUNT）及其他操作。在公式中可以引用 Excel 2016 允许的函数。公式中引用单元格地址分为绝对地址引用和相对地址引用。

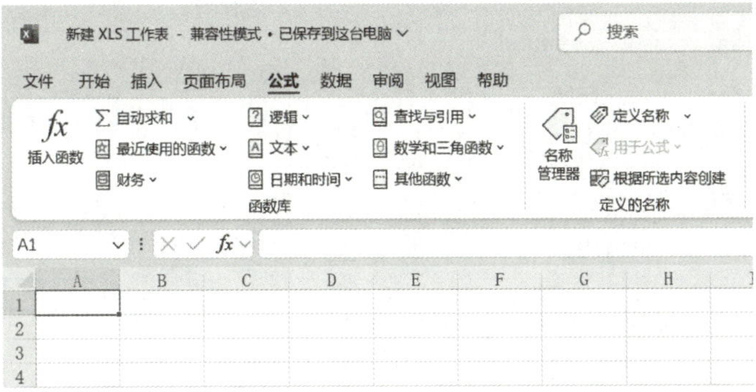

图 2-4-11 公式引用

对于绝对地址，在引用过程中，公式中的行或者列地址前都有“ $ ”符号，如 $A$12 表示列和行地址都是绝对引用、$12 表示行地址是绝对引用、$A 表示列地址是绝对引用。采用绝对地址引用，在公式计算过程中始终保持引用的单元格数据不变。对于相对地址引用，地址前无“ $ ”符号，如 A12 表示列和行地址都是相对引用。对于相对地址引用，在单元格拖动填充的过程中，公式内引用的地址会发生变化。

（5）高级筛选

Excel 电子表格的数据筛选功能是非常强大的，为实现对数据清单记录的筛选，可使用高级筛选完成。这为我们从若干条信息中查找指定的信息，带来了很大的方便，提高了查找效率，节省了时间，保证了正确性。

举例说明，如图 2-4-12 所示，我们需要在左侧区域快速筛选出右侧 J 列 2 个商品的数据信息。我们此时可以采用高级筛选功能。

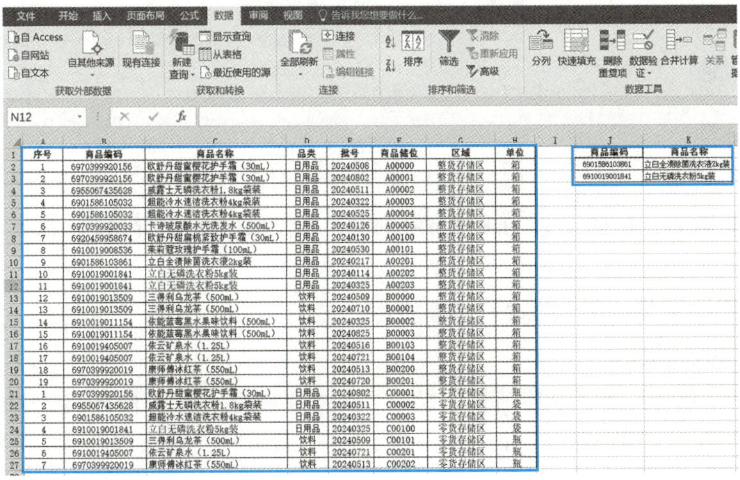

图 2-4-12 高级筛选效果图

鼠标单击左侧数据区域，依次选择“数据”“高级”，然后在条件区域中选中 J1 到 J3 行数据，最后单击“确定”，完成筛选(如图 2-4-13)。

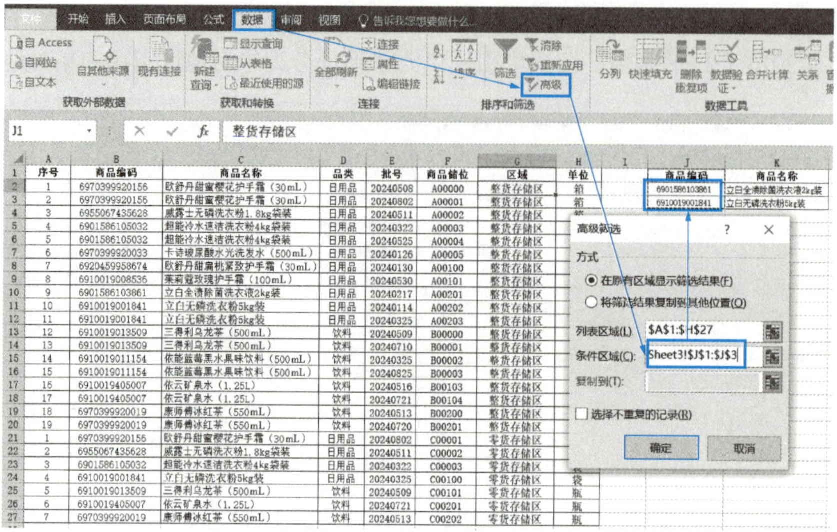

图 2-4-13　数据高级筛选步骤

最终结果，如图 2-4-14 所示，筛选出 4 行数据。

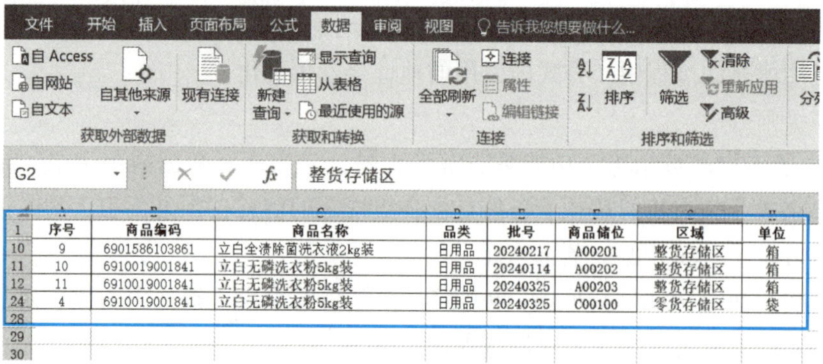

图 2-4-14　数据高级筛选结果

任务实施

1. ABC 分类

参照模块二任务一商品的 ABC 分类分析方法，对附件“模块二任务三”中 Sheet“1. 出库量数据”12 种单品，依照 F 列至 I 列分类标准(如图 2-4-15 所示)，在 Sheet“2. ABC 分类表”中计算。

计算后，最终分类结果如图 2-4-16 所示。

2. 盘点周期表制作

依照图 2-4-16 的 ABC 分类结果，结合盘点周期标准(A 类商品每天盘点一次，B 类商品每周盘点一次，C 类商品每月盘点一次)，在 Sheet“3. 盘点周期表”中制作盘点周期表，如图 2-4-17。

序号	商品编码	商品名称	出库量（箱
1	6901586103861	立白全渍除菌洗衣液2kg装	80
2	6901586105032	超能冷水速洁洗衣粉4kg袋装	480
3	6910019001841	立白无磷洗衣粉5kg装	72
4	6910019008536	茉莉蔻玫瑰护手霜（100mL）	221
5	6910019011154	依能蓝莓黑水果味饮料（500mL）	58
6	6910019013509	三得利乌龙茶（500mL）	63
7	6910019405007	依云矿泉水（1.25L）	52
8	6920459958674	欧舒丹甜扁桃紧致护手霜（30mL）	248
9	6955067435628	威露士无磷洗衣粉1.8kg袋装	640
10	6970399920019	康师傅冰红茶（550mL）	48
11	6970399920033	卡诗玻尿酸水光洗发水（500mL）	261
12	6970399920156	欧舒丹甜蜜樱花护手霜（30mL）	760

累计品种所占比重%	0<A≤25	25<B≤55	55<C≤100
累计出库量所占比重%	0<A≤70	70<B≤90	90<C≤100

0.库存信息表 | 1.出库量数据 | 2.ABC分类表 | Sheet2 | Sheet3 | Sheet4

图 2-4-15　分类标准

序号	商品编号	货物名称	出库量（箱）	品种百分比	出库量百分比	累计品种百分比	累计出库量百分比	分类结果
1	6970399920156	欧舒丹甜蜜樱花护手霜（30mL）	760	8.33%	25.48%	8.33%	25.48%	A
2	6955067435628	威露士无磷洗衣粉1.8kg袋装	640	8.33%	21.45%	16.67%	46.93%	A
3	6901586105032	超能冷水速洁洗衣粉4kg袋装	480	8.33%	16.09%	25.00%	63.02%	A
4	6970399920033	卡诗玻尿酸水光洗发水（500mL）	261	8.33%	8.75%	33.33%	71.77%	B
5	6920459958674	欧舒丹甜扁桃紧致护手霜（30	248	8.33%	8.31%	41.67%	80.09%	B
6	6910019008536	茉莉蔻玫瑰护手霜（100mL）	221	8.33%	7.41%	50.00%	87.50%	B
7	6901586103861	立白全渍除菌洗衣液2kg装	80	8.33%	2.68%	58.33%	90.18%	C
8	6910019001841	立白无磷洗衣粉5kg装	72	8.33%	2.41%	66.67%	92.59%	C
9	6910019013509	三得利乌龙茶（500mL）	63	8.33%	2.11%	75.00%	94.70%	C
10	6910019011154	依能蓝莓黑水果味饮料（500mL）	58	8.33%	1.94%	83.33%	96.65%	C
11	6910019405007	依云矿泉水（1.25L）	52	8.33%	1.74%	91.67%	98.39%	C
12	6970399920019	康师傅冰红茶（550mL）	48	8.33%	1.61%	100.00%	100.00%	C

0.库存信息表 | 1.出库量数据 | 2.ABC分类表 | 3. | Sheet2 | Sheet3 | Sheet4

图 2-4-16　筛选结果

序号	商品编号	货物名称	分类结果	盘点周期
1	6970399920156	欧舒丹甜蜜樱花护手霜（30mL）	A	1天
2	6955067435628	威露士无磷洗衣粉1.8kg袋装	A	1天
3	6901586105032	超能冷水速洁洗衣粉4kg袋装	A	1天
4	6970399920033	卡诗玻尿酸水光洗发水（500mL）	B	1周
5	6920459958674	欧舒丹甜扁桃紧致护手霜（30mL）	B	1周
6	6910019008536	茉莉蔻玫瑰护手霜（100mL）	B	1周
7	6901586103861	立白全渍除菌洗衣液2kg装	C	1月
8	6910019001841	立白无磷洗衣粉5kg装	C	1月
9	6910019013509	三得利乌龙茶（500mL）	C	1月
10	6910019011154	依能蓝莓黑水果味饮料（500mL）	C	1月
11	6910019405007	依云矿泉水（1.25L）	C	1月
12	6970399920019	康师傅冰红茶（550mL）	C	1月

0.库存信息表 | 1.出库量数据 | 2.ABC分类表 | 3.盘点周期表 | Sheet2 | Sheet3

图 2-4-17　盘点结果图

根据任务描述可知，3 款重点商品在 2024 年 12 月 9 日进行了统一盘点，距离 2025 年 1 月 10 日已经 1 个月时间，因此可知 3 款商品均需要进行盘点，如图 2-4-18 所示。

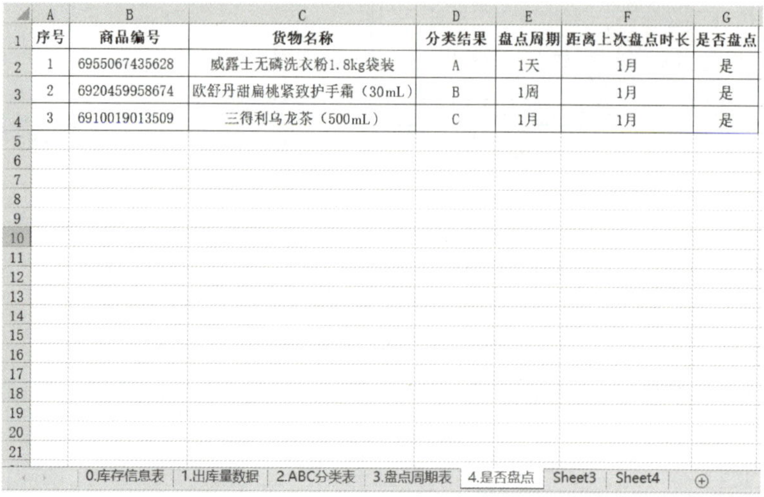

序号	商品编号	货物名称	分类结果	盘点周期	距离上次盘点时长	是否盘点
1	6955067435628	威露士无磷洗衣粉1.8kg袋装	A	1天	1月	是
2	6920459958674	欧舒丹甜扁桃紧致护手霜（30mL）	B	1周	1月	是
3	6910019013509	三得利乌龙茶（500mL）	C	1月	1月	是

图 2-4-18　需要盘点的商品

3. 盘点单制作

依照盘点周期表的结果，我们可知 3 款重点商品均需要进行盘点。因此在 Sheet“0. 库存信息表”中利用高级筛选工具，筛选出 3 款商品的盘点信息。

首先打开 Sheet“0. 库存信息表”，鼠标单击左侧数据区域，依次选择“数据”“高级”，然后在条件区域中选中 Sheet“4. 是否盘点”中 B1 到 B4 行数据，最后单击“确定”（操作如图 2-4-19），完成筛选后结果如图 2-4-20 所示。

将 Sheet“0. 库存信息表”数据，整理进 Sheet“5. 盘点单”，结果如图 2-4-21 所示。

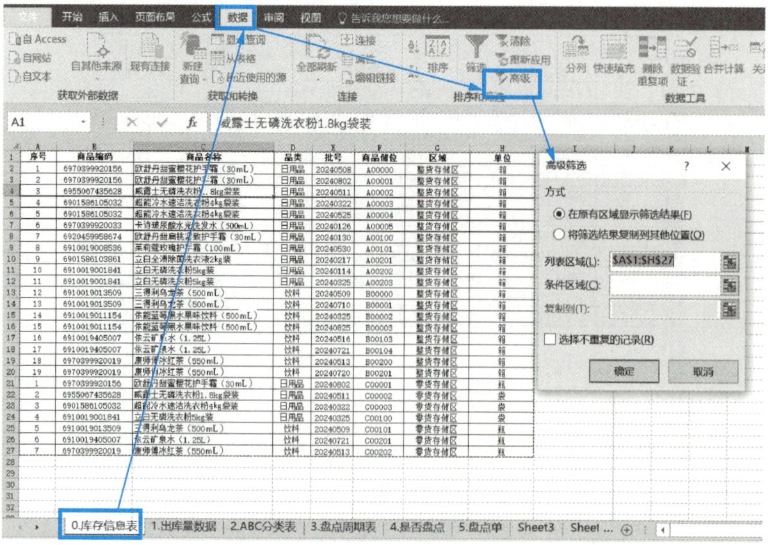

序号	商品编码	商品名称	品类	批号	商品储位	区域	单位
1	6970399920156	欧舒丹甜蜜樱花护手霜（30mL）	日用品	20240508	A00000	整货存储区	箱
2	6970399920156	欧舒丹甜蜜樱花护手霜（30mL）	日用品	20240802	A00001	整货存储区	箱
3	6955067435628	威露士无磷洗衣粉1.8kg袋装	日用品	20240511	A00002	整货存储区	箱
4	6901586105032	超能冷水速洁洗衣粉4kg袋装	日用品	20240322	A00003	整货存储区	箱
5	6901586105032	超能冷水速洁洗衣粉4kg袋装	日用品	20240525	A00004	整货存储区	箱
6	6970399920033	卡诗玻尿酸水光洗发水（500mL）	日用品	20240126	A00005	整货存储区	箱
7	6920459958674	欧舒丹甜扁桃紧致护手霜（30mL）	日用品	20240130	A00100	整货存储区	箱
8	6910019008536	茉莉蔻玫瑰护手霜（100mL）	日用品	20240530	A00101	整货存储区	箱
9	6901586103861	立白全清除菌洗衣液2kg装	日用品	20240217	A00201	整货存储区	箱
10	6910019001841	立白无磷洗衣粉5kg装	日用品	20240114	A00202	整货存储区	箱
11	6910019001841	立白无磷洗衣粉5kg装	日用品	20240325	A00203	整货存储区	箱
12	6910019013509	三得利乌龙茶（500mL）	饮料	20240509	B00000	整货存储区	箱
13	6910019013509	三得利乌龙茶（500mL）	饮料	20240710	B00001	整货存储区	箱
14	6910019011154	依能蓝莓黑水果味饮料（500mL）	饮料	20240325	B00002	整货存储区	箱
15	6910019011154	依能蓝莓黑水果味饮料（500mL）	饮料	20240825	B00003	整货存储区	箱
16	6910019405007	依云矿泉水（1.25L）	饮料	20240516	B00103	整货存储区	箱
17	6910019405007	依云矿泉水（1.25L）	饮料	20240721	B00104	整货存储区	箱
18	6970399920019	康师傅冰红茶（550mL）	饮料	20240513	B00200	整货存储区	箱
19	6970399920019	康师傅冰红茶（550mL）	饮料	20240720	B00201	整货存储区	箱
1	6970399920156	欧舒丹甜蜜樱花护手霜（30mL）	日用品	20240802	C00001	零货存储区	瓶
2	6955067435628	威露士无磷洗衣粉1.8kg袋装	日用品	20240511	C00002	零货存储区	袋
3	6901586105032	超能冷水速洁洗衣粉4kg袋装	日用品	20240322	C00003	零货存储区	袋
4	6910019001841	立白无磷洗衣粉5kg装	日用品	20240325	C00100	零货存储区	袋
5	6910019013509	三得利乌龙茶（500mL）	饮料	20240509	C00101	零货存储区	瓶
6	6910019405007	依云矿泉水（1.25L）	饮料	20240721	C00201	零货存储区	瓶
7	6970399920019	康师傅冰红茶（550mL）	饮料	20240513	C00202	零货存储区	瓶

图 2-4-19　筛选过程

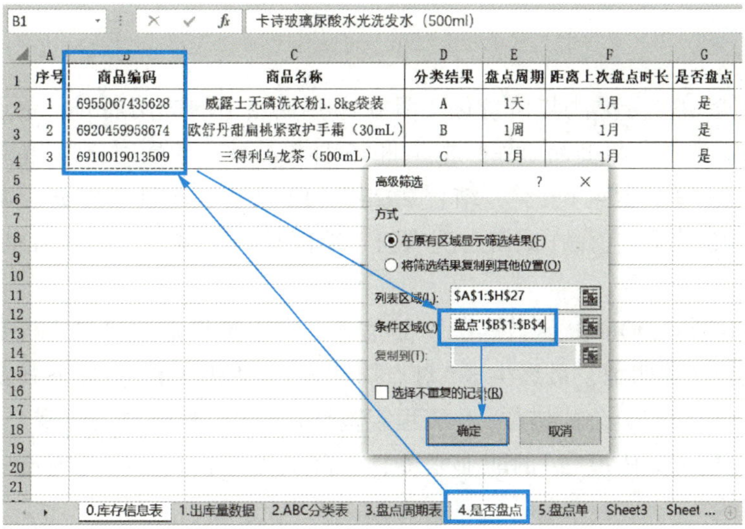

序号	商品编码	商品名称	分类结果	盘点周期	距离上次盘点时长	是否盘点
1	6955067435628	威露士无磷洗衣粉1.8kg袋装	A	1天	1月	是
2	6920459958674	欧舒丹甜扁桃紧致护手霜（30mL）	B	1周	1月	是
3	6910019013509	三得利乌龙茶（500mL）	C	1月	1月	是

图 2-4-19 筛选过程(续)

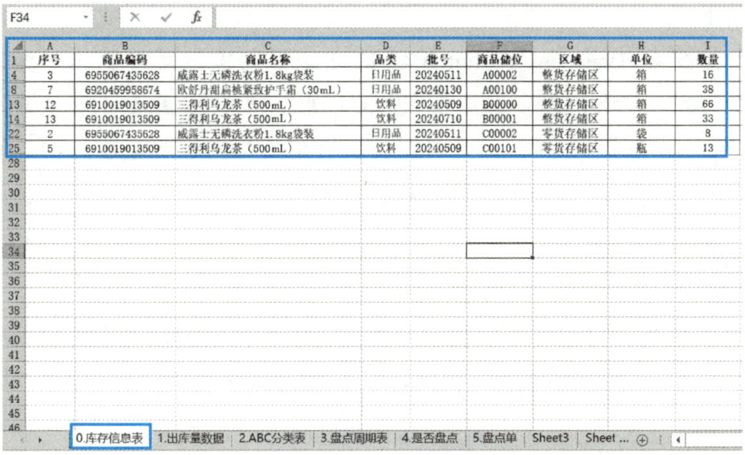

行	序号	商品编码	商品名称	品类	批号	商品储位	区域	单位	数量
4	3	6955067435628	威露士无磷洗衣粉1.8kg袋装	日用品	20240511	A00002	整货存储区	箱	16
8	7	6920459958674	欧舒丹甜扁桃紧致护手霜（30mL）	日用品	20240130	A00100	整货存储区	箱	38
13	12	6910019013509	三得利乌龙茶（500mL）	饮料	20240509	B00000	整货存储区	箱	66
14	13	6910019013509	三得利乌龙茶（500mL）	饮料	20240710	B00001	整货存储区	箱	33
22	2	6955067435628	威露士无磷洗衣粉1.8kg袋装	日用品	20240511	C00002	零货存储区	袋	8
25	5	6910019013509	三得利乌龙茶（500mL）	饮料	20240509	C00101	零货存储区	瓶	13

图 2-4-20 筛选后效果图

序号	商品编码	商品名称	商品品类	存储库区	储位编码	单位	批号	系统数量	实盘数量
1	6955067435628	威露士无磷洗衣粉1.8kg袋装	日用品	整货存储区	A00002	箱	20240511	16	
2	6920459958674	欧舒丹甜扁桃紧致护手霜（30mL）	日用品	整货存储区	A00100	箱	20240130	38	
3	6910019013509	三得利乌龙茶（500mL）	饮料	整货存储区	B00000	箱	20240509	66	
4	6910019013509	三得利乌龙茶（500mL）	饮料	整货存储区	B00001	箱	20240710	33	
5	6955067435628	威露士无磷洗衣粉1.8kg袋装	日用品	零货存储区	C00002	袋	20240511	8	
6	6910019013509	三得利乌龙茶（500mL）	饮料	零货存储区	C00101	瓶	20240509	13	

图 2-4-21 最终盘点单

任务小结

本任务围绕 ABC 分类法与信息化工具在库存盘点中的应用展开，重点培养精准化仓储管理能力。通过分析商品出库数据，将 12 种单品按物动量划分为 A(每日盘点)、B(每周盘点)、C(每月盘点)三类，结合 2024 年 12 月 9 日的盘点历史，确定 2025 年 1 月 10 日前需对 3 款重点商品(威露士洗衣粉、欧舒丹护手霜、三得利乌龙茶)进行全量盘点。

借助 Excel 的 VLOOKUP 函数匹配商品信息，利用高级筛选提取目标数据，并通过数据透视表整合库存明细，最终生成“盘点周期表”与“盘点单”。任务强调数据处理的严谨性(如绝对引用避免公式错位)及流程规范性(按储位编码定位核查)，体现了仓储管理中“技术精度=责任担当”的职业素养，为降低库存损耗、提升物流效率奠定实操基础。

人工智能小贴士：

在人工智能技术(Deepseek、ChatGPT)的支持下，当你面对制作一张“商品盘点表”任务毫无头绪时，可以使用提示词“仓库管理员”“商品盘点”“盘点表”等让它帮助你拟一份“商品盘点表”初稿，然后再根据实际使用情况进行完善。

任务评价

本任务为分组任务：每组若干组员，在组长带领下，根据任务内容进行分工，使用学生自评表(表 2-4-6)、学生互评表(表 2-4-7)、教师评价表(表 2-4-8)完成任务评价。

表 2-4-6　学生自评表

班级		学号		姓名	
角色	□组长　□组员		完成时间		
任务内容		完成情况记录			

表 2-4-7　学生互评表

班级		被评人学号		被评人姓名	
评价者角色		评价者学号		评价者姓名	
任务内容		完成情况记录			

表 2-4-8 教师评价表

班级		被评人学号		被评人姓名	
任务内容		完成情况记录			

课证融通

一、单选题

1. 根据 ABC 分类法，C 类商品的盘点周期应为(　　)。

A. 每天一次　B. 每周一次　C. 每月一次　D. 每季度一次

2. 使用 VLOOKUP 函数时，若需返回查找范围中的第 3 列数据，第三个参数应设置为(　　)。

A. 1　B. 2　C. 3　D. 4

3. 数据透视表的核心功能是(　　)。

A. 数据加密　B. 分类汇总与深度分析

C. 自动生成图表　D. 删除重复数据

4. 根据《物流术语》国家标准，盘点的内容不包括以下哪一项？(　　)

A. 货物数量核对　B. 商品市场价格波动

C. 保管条件检查　D. 库存安全状况评估

5. 高级筛选中，“条件区域”的作用是(　　)。

A. 定义筛选结果的输出位置　B. 指定筛选的字段和条件值

C. 自动生成筛选公式　D. 限制筛选数据量

二、多选题

1. 盘点的目的包括以下哪些？(　　)

A. 确认库存账实一致　B. 检查保管条件是否符合要求

C. 作为商品促销的依据　D. 核算企业财务损益

2. 数据透视表可实现哪些操作？(　　)

A. 按商品名称分类汇总数量　B. 自动生成 VLOOKUP 函数

C. 动态筛选特定时间段的订单　D. 计算库存商品的平均价值

3. 任务实施中使用的 Excel 工具包括(　　)。

A. VLOOKUP 函数　B. 数据透视表　C. 高级筛选　D. 宏编程

4. 生成“盘点单”的关键步骤包括(　　)。

A. 使用高级筛选提取目标商品　B. 手动录入所有库存数据

C. 通过数据透视表整合信息　D. 核对储位编码与系统数量

5. 素养目标中强调的职业态度是(　　)。

A. 追求高效率忽略准确性　　B. 严谨核对数据避免误差
C. 灵活变通简化操作流程　　D. 吃苦耐劳完成重复性任务

课赛强化

2025 年 2 月 10 日，快鹿商超集团管理层下发指示，要求 A 市物流中心配合春节促销活动，对 3 款重点商品(见表 2-4-9)采用 ABC 盘点方式(定期盘点：其中 A 类商品每天盘点一次，B 类商品每周盘点一次，C 类商品每月盘点一次)计算盘点周期，完成“盘点周期表”(如表 2-4-2)的编制，同时对已到盘点周期的单品，编制“盘点单”(如表 2-4-3)，方便作业人员盘点作业。

仓储主管王进负责具体数据的审查与分析工作，查询历史盘点记录得知，3 款重点商品在 2024 年 2 月 2 日进行了统一盘点。要求在 2025 年 2 月 10 日下午 4 点前，上报“盘点周期表”和“盘点单”。

表 2-4-9　重点商品盘点信息表

编号	商品编码	商品名称
1	6901586105032	超能冷水速洁洗衣粉 4kg 袋装
2	6901586103861	立白全渍除菌洗衣液 2kg 装
3	6970399920019	康师傅冰红茶(550mL)

课程思政

数据背后的责任——从“应付式盘点”到“精准化担当”

案例背景：

2024 年“双 11”期间，快鹿商超因库存数据混乱导致错发事故频发，引发客户投诉与巨额损失。经调查，问题根源在于传统盘点模式粗放化：员工依赖系统数据“纸上盘点”，忽略实物核验；管理层重促销轻库存，将 80% 人力投入 C 类低效商品重复清点。为扭转局面，集团启动“精准盘点责任行动”，将仓储管理专业学生纳入试点团队，通过角色实践与流程重构，探索智慧仓储中“人”的责任价值。

案例事件：

1. 角色扮演：一场由“护手霜”引发的连锁危机

学生分组模拟促销前盘点任务：

① 盘点员张磊，发现“欧舒丹护手霜”(储位 A00003)系统显示库存 120 支，但实际储位 A00003 存放的是“凡士林润肤霜”，护手霜被误置于隔壁 A00004 储位。

② 复核员李萌，未实地核查，直接通过系统数据“验收”，导致次日订单中 120 支护手霜缺货，紧急调货延误 6 小时，影响 3 家门店促销活动。

③ 数据分析员王涛，根据错误数据生成报告，显示“护手霜库存充足”，误导采购部放弃补货。

2. 反思重构：从“数据信任”到“责任闭环”

事故复盘会上，学生团队提出：

① 流程漏洞：盲目信任系统数据，未建立“系统+实物”双重校验机制；

② 责任断层：盘点员与复核员权责模糊，存在“互相推诿”心态；

③ 资源错配：C类商品(如廉价衣架)每日全盘，高价值A类商品(如进口护肤品)仅每周抽检。

团队据此设计新方案：

① 分级管控：A类商品每日动态盘点，B类商品按周循环抽检，C类商品月度抽检；

② 交叉验证：要求盘点员拍摄储位编码与商品标签合影，复核员比对系统数据与照片；

③ 责任绑定：同一商品的盘点、复核、数据分析环节由小组“责任共担”，绩效联动。

3. 价值升华：小岗位中的“大国工匠”精神

在新方案试点中，学生发现：

① 细节成就精准：坚持手动校准货架标签倾斜角度，使PDA扫码成功率从82%提升至99%；

② 数据传递责任：主动为易混淆商品增设电子围栏，货品误置率下降70%；

③ 资源创造价值：优化人力分配后，A类商品缺货率归零，C类商品盘点耗时减少50%。

案例启示：

智慧仓储时代，技术替代了算盘与纸笔，但替代不了人的责任与匠心。快鹿商超的“护手霜事件”证明：再先进的系统也需以人的细致、担当与创新为根基。唯有将“精准”刻入职业习惯，让“责任”融入数据基因，才能实现从“仓储管理”到“价值守护”的跨越。

思考题：

1. 在“系统智能化”与“人工复核”之间应如何平衡？结合案例，谈谈技术应用中“人的不可替代性”体现在哪些方面。

2. 若你发现同事为追求盘点效率故意跳过实物核查，作为团队一员该如何应对？这种行为可能对企业和社会造成哪些连锁影响？

模块三　物流运输数据分析

项目背景

快鹿商超集团是一家大型连锁商超企业，总部设在 A 市，其经营网络覆盖全国大部分地区。快鹿商超集团在 A 市建立了一家物流中心(以下简称“快鹿物流中心”)。快鹿物流中心拥有完善的物流服务网络，依托先进的物流服务平台，主要为快鹿商超集团分布在 A 市的门店提供仓储和市内配送等物流服务，同时为快鹿商超集团分布在 B、C、D、E、F、G 六市的门店提供长途干线运输等物流服务。

快鹿物流中心结合客户具体要求和企业管理制度，完成客户委托的日常业务，项目背景数据基于快鹿物流中心 2025 年 1 月 10 日当天的物流作业情况。快鹿物流中心每天的工作时间为 8：00—17：30。快鹿物流中心组织部门架构如图 3-1 所示，快鹿物流中心人员管理架构如图 3-2 所示。

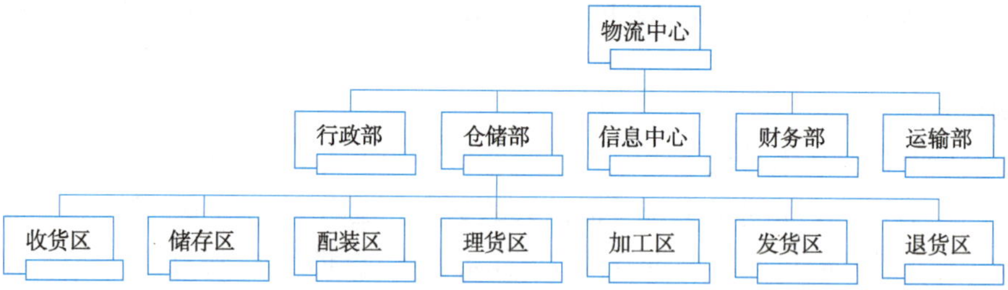

图 3-1　快鹿物流中心组织部门架构图

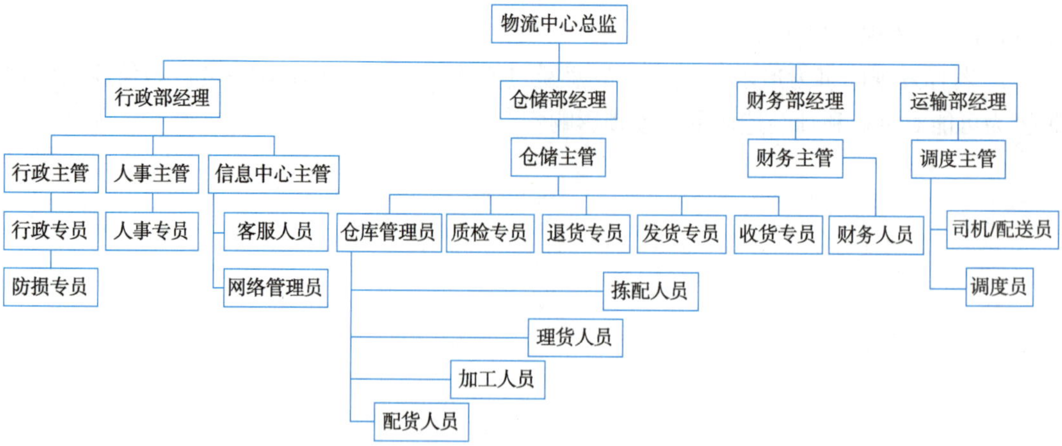

图 3-2　快鹿物流中心人员管理架构图

任务一 最短路径分析

任务描述

2025 年 1 月 10 日，快鹿商超集团管理层下发指示，要求物流中心配合 KA 物业公司，把办公室家具和设备搬运到新总部，道路网络图(单位：km)如图 3-1-1 所示。物流中心总监蒋立安排运输部经理张鹏完成该项工作，张鹏指派运输部门主管王强负责具体数据的核查与汇总工作。

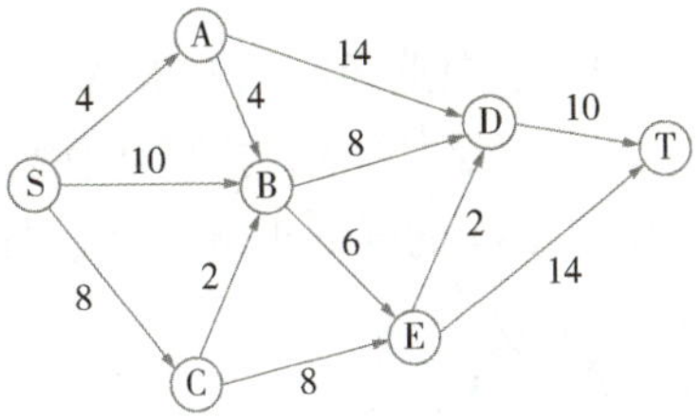

图 3-1-1 道路网络图

学习目标

【知识目标】

1. 掌握最短路径规划问题的目的和意义。
2. 掌握 SUMIF 函数的应用。

【技能目标】

1. 掌握使用规划求解工具进行最短路径问题规划的操作步骤。
2. 熟练使用 Excel 公式编辑的功能。

【素养目标】

1. 树立严谨认真的工作态度。
2. 培养吃苦耐劳的工作精神。

任务准备

1. 知识准备

最短路径问题，就是从给定的网络图中找出一点到各点或任意两点之间距离最短的一条路线。通俗来讲，就是在所有的路线中找到一条距离最短的路线。它在社会活动中有非常重要的实践意义，广泛应用于交通工程、通信工程、计算机科学、系统工程、运筹学、信息论、控制理论等众多领域。

最短路径问题的本质是路线最优问题。通常所讲的最短路径问题不仅指地理上的距离最短，还包括费用最少或者时间最短等问题。如选址、管道铺设时的选线、设备更新、投资等问题，都可以归结为求最短路径问题。

2. 技能准备

(1) 最短路径问题的数学表达式

假设有向图有 n 个顶点，现需要求从顶点 1 到顶点 n 的最短路径。设 $W=(w_{ij})_{n\times n}$ 为赋权邻接矩阵，其分量为 $w_{ij}=\begin{cases}w(v_i, v_j), & v_iv_j\in E\\ \infty, & \text{其他}\end{cases}$，决策变量为 x_{ij}，$x_{ij}=1$，说明弧 v_iv_j 位于顶点 1 到顶点 n 的路上，否则 $x_{ij}=0$。其数学规划表达式为 $\text{Min}\sum_{v_iv_j\in E} w_{ij}x_{ij}$，

$$\text{s. t.}\quad \sum_{j=1}^{n} x_{ij}-\sum_{j=1}^{n} x_{ji}=\begin{cases}1, & i=1\\ 0, & i\neq 1, \quad n,\ x_{ij}=0\text{ 或 }1\\ -1 & i=n\end{cases}$$

（2）最短路径问题的求解

从最短路径问题的数学模型可以看出，其本质上是一个线性规划模型。因此，可以考虑使用 Excel 的规划求解工具进行求解。

任务实施

1. 建立数学模型

设决策为 $x_{ij}=\begin{cases}1, & \text{弧 } v_iv_j \text{ 位于顶点 } S \text{ 至顶点 } T \text{ 的路上}\\ 0, & \text{弧 } v_iv_j \text{ 不在顶点 } S \text{ 至顶点 } T \text{ 的路上}\end{cases}$

$\text{Min}L=4x_{SA}+10x_{SB}+8x_{SC}+4x_{AB}+14x_{AD}+8x_{BD}+6x_{BE}+2x_{CB}+8x_{CE}+10x_{DT}+2x_{ED}+14x_{ET}$

s. t. $x_{SA}+x_{SB}+x_{SC}=1$

$x_{AB}+x_{AD}-x_{SA}=0$

$x_{BD}+x_{BE}-x_{SB}-x_{AB}-x_{CB}=0$

$x_{CB}+x_{CE}-x_{SC}=0$

$x_{DT}-x_{AD}-x_{BD}-x_{ED}=0$

$x_{ED}+x_{ET}-x_{BE}-x_{CE}=0$

$x_{DT}+x_{ET}=-1$

$x_{ij}=0$ 或 1

2. 在电子表格中输入基础数据

如图 3-1-2 所示，在 B4:E15 区域输入各阶段路线及其距离，将 B4:B15 命名为“从”，将 C4:C15 命名为“至”，将 D4:D15 命名为“距离”，将 E4:E15 命名为“是否选择”。

	A	B	C	D	E
1					
2		输入基础数据			
3		从	至	距离	是否选择
4		S	A	4	0
5		S	B	10	0
6		S	C	8	0
7		A	B	4	0
8		A	D	14	0
9		B	D	8	0
10		B	E	6	0
11		C	B	2	0
12		C	E	8	0
13		D	T	10	0
14		E	D	2	0
15		E	T	14	0

图 3-1-2　输入基础数据

3. 编辑目标函数

如图 3-1-3 所示，在 C18 单元格输入公式“=SUMPRODUCT(D4:D15,E4:E15)”。

	A	B	C	D	E
1					
2		输入基础数据			
3		从	至	距离	是否选择
4		S	A	4	0
5		S	B	10	0
6		S	C	8	0
7		A	B	4	0
8		A	D	14	0
9		B	D	8	0
10		B	E	6	0
11		C	B	2	0
12		C	E	8	0
13		D	T	10	0
14		E	D	2	0
15		E	T	14	0
16					
17		目标函数			
18		最短距离	=SUMPRODUCT(D4:D15,E4:E15)		

图 3-1-3　编辑目标函数

4. 编辑约束条件式

如图 3-1-4 所示，在区域 G4:G10 输入各个节点的名称。在 H4 单元格输入公式“=SUMIF($B$4:$B$15,G4,$E$4:$E$15)-SUMIF($C$4:$C$15,G4,$E$4:$E$15)”，将该公式向下填充到 H10。在 J4 单元格输入“1”，在 J10 单元格输入“-1”，在 J5:J9 区域输入“0”。

H4　fx　=SUMIF($B$4:$B$15, G4, $E$4:$E$15)-SUMIF($C$4:$C$15, G4, $E$4:$E$15)

	A	B	C	D	E	F	G	H	I	J
1										
2		输入基础数据								
3		从	至	距离	是否选择		节点			
4		S	A	4	1		S	1		1
5		S	B	10	0		A	0		0
6		S	C	8	0		B	0		0
7		A	B	4	1		C	0		0
8		A	D	14	0		D	0		0
9		B	D	8	0		E	0		0
10		B	E	6	1		T	-1		-1
11		C	B	2	0					
12		C	E	8	0					
13		D	T	10	1					
14		E	D	2	1					
15		E	T	14	0					

图 3-1-4　编辑约束条件式

5. 使用规划求解工具求解

选中目标函数单元格 C18，单击“数据—分析—规划求解”，如图 3-1-5 所示。

图 3-1-5　打开规划求解工具

在弹出的“规划求解参数”对话框中，“设置目标”为单元格“$H$18”到“最小值”，“通过更改可变单元格”设置为“$E$4:$E$15”，如图 3-1-6 所示。

单击“遵守约束”右侧的“添加”按钮，弹出“添加约束”对话框，“单元格引用”输入“$H$4：$H$10”，“约束”输入“$J$4：$J$10”，单击右侧箭头，在下拉菜单中选择“=”，单击“添加”；再次添加约束条件，“添加约束”对话框中“单元格引用”输入“$E$4：$E$15”，单击右侧箭头，在下拉菜单中选择“bin”，即设置决策变量为“二进制”，单击“确定”，如图3-1-7和图3-1-8所示。

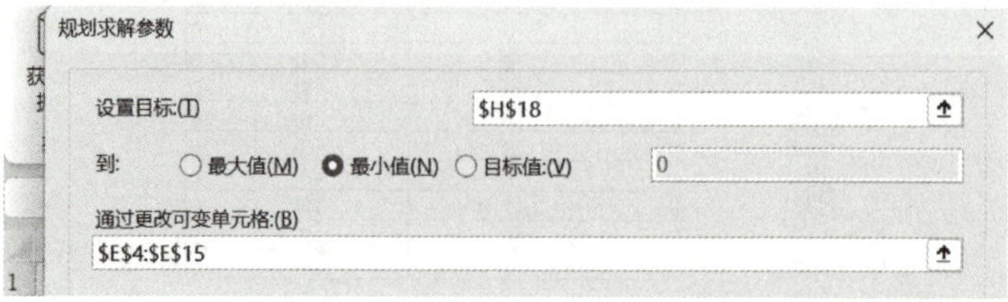

图3-1-6 规划求解参数设置1

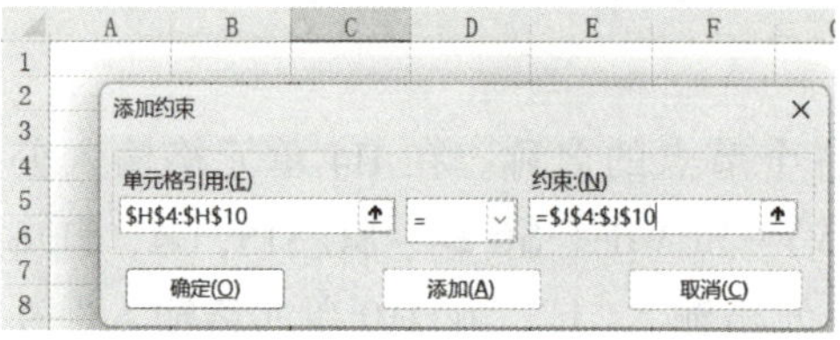

图3-1-7 设置约束条件1

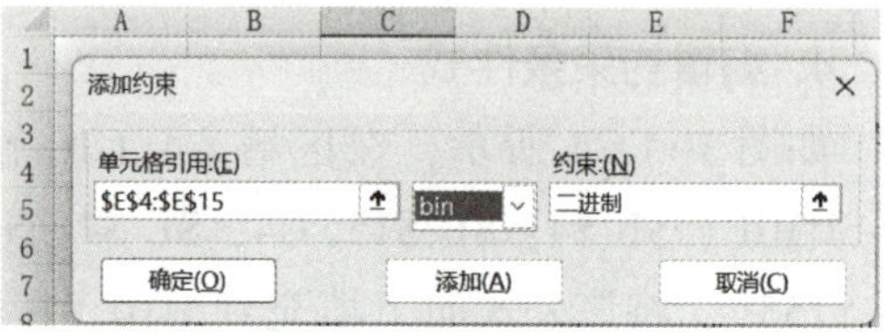

图3-1-8 设置约束条件2

勾选“使无约束变量为非负数”，单击“选择求解方法”右侧箭头，在下拉菜单中选择“单纯线性规划”，如图3-1-9所示。

单击“求解”，弹出“规划求解结果”对话框，如图3-1-10所示。

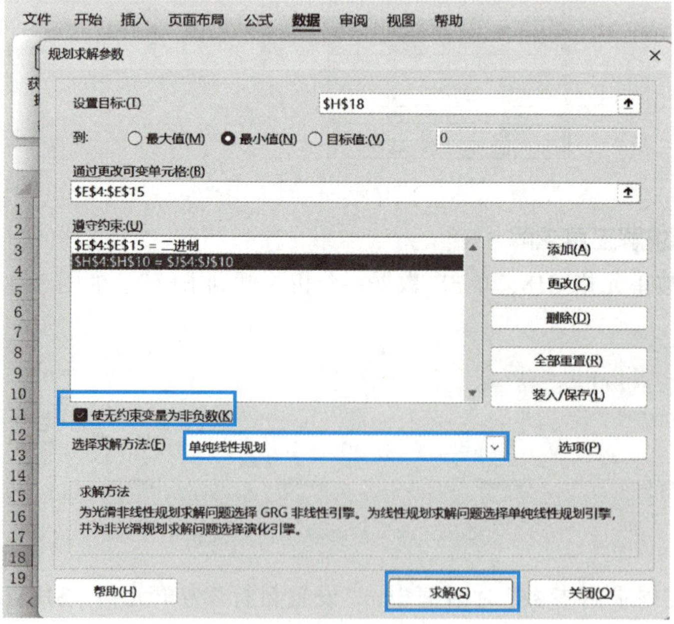

图3-1-9 规划求解参数设置2

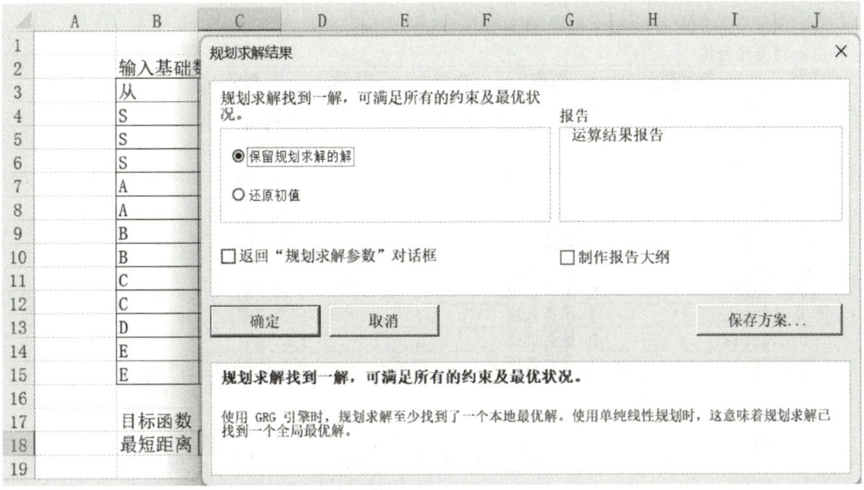

图 3-1-10　规划求解结果

保留默认选项“保留规划求解的解”，选中“运算结果报告”，单击“确定”即可得到规划求解的解及运算结果报告，如图 3-1-11 所示。

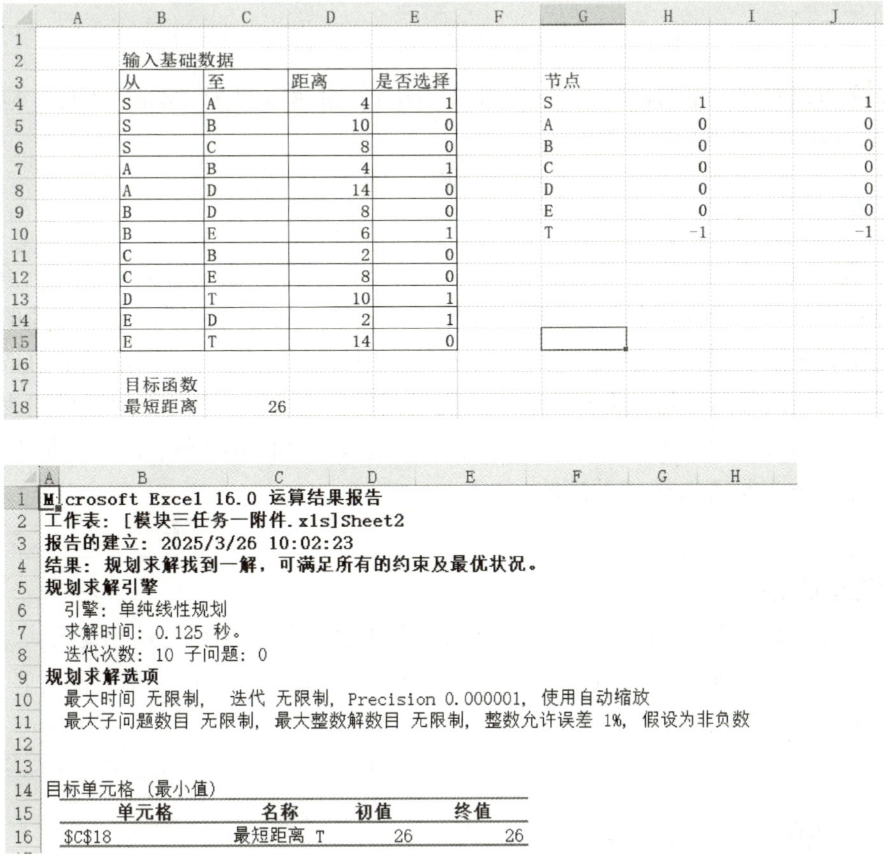

输入基础数据

从	至	距离	是否选择
S	A	4	1
S	B	10	0
S	C	8	0
A	B	4	1
A	D	14	0
B	D	8	0
B	E	6	1
C	B	2	0
C	E	8	0
D	T	10	1
E	D	2	1
E	T	14	0

节点		
S	1	1
A	0	0
B	0	0
C	0	0
D	0	0
E	0	0
T	-1	-1

目标函数
最短距离　26

Microsoft Excel 16.0 运算结果报告
工作表：[模块三任务一附件.xls]Sheet2
报告的建立：2025/3/26 10:02:23
结果：规划求解找到一解，可满足所有的约束及最优状况。
规划求解引擎
引擎：单纯线性规划
求解时间：0.125 秒。
迭代次数：10 子问题：0
规划求解选项
最大时间 无限制，迭代 无限制，Precision 0.000001，使用自动缩放
最大子问题数目 无限制，最大整数解数目 无限制，整数允许误差 1%，假设为非负数

目标单元格（最小值）

单元格	名称	初值	终值
$C$18	最短距离 T	26	26

图 3-1-11　规划求解的解及运算结果报告

可变单元格

单元格	名称	初值	终值	整数
$E$4	A 是否选择	1	1	二进制
$E$5	B 是否选择	0	0	二进制
$E$6	C 是否选择	0	0	二进制
$E$7	B 是否选择	1	1	二进制
$E$8	D 是否选择	0	0	二进制
$E$9	D 是否选择	0	0	二进制
$E$10	E 是否选择	1	1	二进制
$E$11	B 是否选择	0	0	二进制
$E$12	E 是否选择	0	0	二进制
$E$13	T 是否选择	1	1	二进制
$E$14	D 是否选择	1	1	二进制
$E$15	T 是否选择	0	0	二进制

约束

单元格	名称	单元格值	公式	状态	型数值
$H$4	S	1	$H$4=$J$4	到达限制值	0
$H$5	A	0	$H$5=$J$5	到达限制值	0
$H$6	B	0	$H$6=$J$6	到达限制值	0
$H$7	C	0	$H$7=$J$7	到达限制值	0
$H$8	D	0	$H$8=$J$8	到达限制值	0
$H$9	E	0	$H$9=$J$9	到达限制值	0
$H$10	T	-1	$H$10=$J$10	到达限制值	0
$E$4:$E$15=二进制					

图 3-1-11 规划求解的解及运算结果报告(续)

从上图可以看出，最短路径为 S-A-B-E-D-T，最短距离为 26km。因此，应当选择路线 S-A-B-E-D-T 作为推荐路线。

任务小结

最短路径问题广泛应用于交通、电路、通信等实际领域。它的目标是寻找一条从起点到终点总长度最短的路线。在一些实际应用中，长度指的是距离，所以最短路径的目标就是总行进距离最短。但是，也有一些最短路径的应用目标是使得一系列活动的总成本或总时间最短。最短路径问题是一类特殊的线性规划问题，在 Excel 中是将问题描述为线性规划模型，难点是对于约束条件中节点净流量计算公式“=SUMIF(从，**，是否选择)-SUMIF(至，**，是否选择)”的理解。

人工智能小贴士：

在 ChatGPT 人工智能技术的支持下，当你面对找出最短路径的任务毫无头绪时，可以使用提示词“调度”“最短路径”等让它帮助你设计最短路径的初稿，然后再根据实际使用情况进行完善。

任务评价

本任务为分组任务：每组若干组员，在组长带领下，根据任务内容进行分工，使用学生自评表(表3-1-1)、学生互评表(表3-1-2)、教师评价表(表3-1-3)完成任务评价。

表3-1-1　学生自评表

班级		学号		姓名	
角色	□组长　□组员		完成时间		
任务内容		完成情况记录			

表3-1-2　学生互评表

班级		被评人学号		被评人姓名	
评价者角色		评价者学号		评价者姓名	
任务内容		完成情况记录			

表3-1-3　教师评价表

班级		被评人学号		被评人姓名	
任务内容		完成情况记录			

课证融通

一、单选题

1. 最短路径问题的核心目标是(　　)。

A. 计算路线总成本　　B. 寻找两点间距离最短的路线

C. 优化资源分配效率　　D. 提高运输速度

2. 在Excel中，用于计算目标函数“总距离”的公式是(　　)。

A. SUMIF　　B. SUMPRODUCT　　C. VLOOKUP　　D. COUNTIF

3. 在规划求解工具中，设置决策变量为二进制时，约束条件应选择(　　)。

A. int　　B. bin　　C. <=　　D. >=

4. 节点净流量公式“=SUMIF(从，节点，是否选择)-SUMIF(至，节点，是否选择)”中，终点T的约束值应为(　　)。

A. 1　　B. 0　　C. -1　　D. 2

5. 最短路径问题在数学上属于哪类模型？(　　)

A. 非线性规划　　B. 线性规划　　C. 动态规划　　D. 整数规划

二、多选题

1. 最短路径问题可应用于以下哪些领域？(　　)

A. 交通路线规划　B. 通信网络优化　C. 设备更新决策　D. 金融投资分析

2. 在规划求解参数设置中，必须包含以下哪些步骤？(　　)

A. 设置目标为最小值　B. 选择“单纯线性规划”求解方法

C. 添加节点净流量约束　D. 设置决策变量为二进制

3. 任务中，约束条件“ $H$4：$H$10= $J$4：$J$10”的节点净流量规则包括(　　)。

A. 起点 S 的净流量为 1　B. 终点 T 的净流量为-1

C. 中间节点净流量为 0　D. 所有节点净流量为 1

4. 在 Excel 中用于最短路径问题的主要函数有哪些？(　　)

A. SUMPRODUCT　B. SUMIF　C. IFERROR　D. VLOOKUP

5. 以下哪些是任务实施的关键步骤？(　　)

A. 输入路线距离数据　B. 使用 VLOOKUP 匹配节点

C. 编辑目标函数公式　D. 设置决策变量为二进制

6. 关于最短路径问题的表述，正确的有(　　)。

A. 仅适用于地理距离最短　B. 本质是线性规划问题

C. 可扩展为时间或成本优化　D. 需忽略中间节点约束

课赛强化

某物流公司计划从产地 O 出发，将产品运输到销地 T，具体的运输网络图如图 3-1-12 所示，每条弧的数据是油料消耗的费用(单位：元)，该公司应如何安排运输路线使得总运费最少？

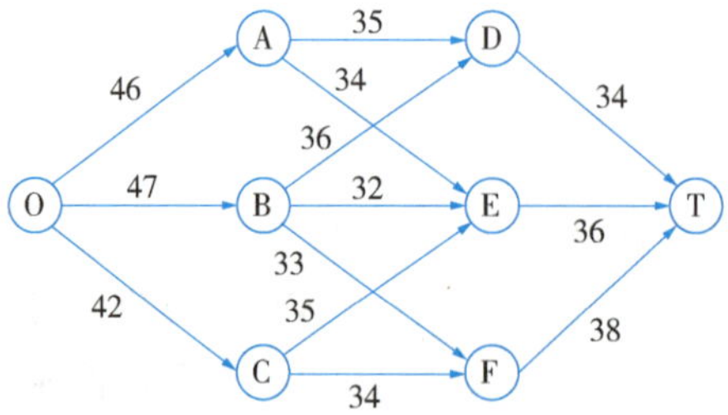

图 3-1-12　运输网络图

课程思政

京东物流智能路径规划系统工作原理

京东物流的智能路径规划系统，即“与图”智能路径 SaaS 服务，是基于京东物流超脑的数智化技术构建的，旨在通过先进的算法和实时数据处理能力，优化物流配送路径，提升配送效率和降低成本。

1. 核心技术与算法

智能路径规划系统采用了高性能自研 AI 算法，具备超级算力，能够实现多线程高并发处理。系统可以快速生成千万级规划路线数据，同时计算数万点位的出行任务。这使得系统能够在短时间内处理复杂的路径规划问题，例如在服务派单场景中，若要对 100 个服务途经点规划出 10 条线路，传统人工方式可能需要几个小时，而该系统只需 2 分钟即可完成。

2. 实时数据与路况信息

系统结合全面路网信息及实时路况，精准计算里程和时长。通过日千万级运单的实战验证，其精准率高达 99.5%。这意味着系统能够根据实时交通状况动态调整路径，确保配送任务的高效执行。

3. 一站式规划与管理

“与图”智能路径 SaaS 服务提供一站式一键规划功能，支持多种出行方式和路径策略选择，满足不同规划需求。用户可以灵活调整单线路途经点顺序，甚至跨线路调整途经点顺序，这在应对突发情况(如交通拥堵或订单超时)时尤为重要。

4. 多场景应用

该系统不仅适用于物流配送，还在金融保险行业的地推拜访、家政服务行业的服务派单、零售连锁的巡店和配送、旅游行业的路线规划等多个场景中发挥重要作用。例如，在金融行业的地推拜访中，系统帮助杭州市的 80 多个业务员规划拜访客户路径，显著提升了业务管理效率。

5. 与图数智时空平台

“与图”数智时空平台是智能路径规划系统的基础，它整合了京东供应链全链路的亿级规模数据，包括商流、物流、信息流、金融流等多源异构大数据。通过这个平台，企业可以实现网格洞察分析、智能选址、精准营销、高准确率分单、调度运筹优化等功能。

6. 降本增效

通过智能路径规划，京东物流在“双 11”期间实现了订单全链路履约时间同比缩短超 12%，末端配送站点人效同比提升 23%。不仅提升了配送效率，还降低了运营成本，为京东自营商品 SKU 超 1000 万的基础上，库存周转天数持续低于 30 天提供了有力支持。

根据案例思考以下问题：

1. 京东物流的智能路径规划系统运用什么先进的技术？
2. 京东物流的智能路径规划系统实现了什么效果？

任务二　运输分配方案分析

任务描述

2025 年 1 月 10 日，快鹿商超集团管理层下发指示，要求物流中心配合华伟商贸公司将货物从 3 个仓库运往 4 个销售点，各发点(仓库)的总发货量、各收点(销售点)的总收货量要相等。A_i 到 B_j 的单位运价为 C_{ij}，如表 3-2-1 所示($i=1, 2, 3$；$j=1, 2, 3, 4$)，如何组织运输才能使总运费最少？

表 3-2-1 货物运价表

发点	收点				产量
	B_1	B_2	B_3	B_4	
A_1	9	18	1	10	9
A_2	11	6	8	18	10
A_3	14	12	2	16	6
需求量	4	9	7	5	25

物流中心总监蒋立安排运输部经理张鹏完成该项工作，张鹏指派运输部门主管王强负责具体数据的核查与汇总工作。

学习目标

【知识目标】

1. 掌握规划求解的建模过程。
2. 掌握规划求解的约束条件定义。

【技能目标】

1. 能够使用规划求解工具解决运输配送量的问题。
2. 熟练使用 SUMPRODUCT 函数的功能。

【素养目标】

1. 树立严谨认真的工作态度。
2. 培养吃苦耐劳的工作精神。

任务准备

1. 知识准备

1.1 货物运输路线选择的目标

运输路线选择的目标实际上是多元的，应根据运输的具体要求、企业的实力及客观条件来确定。制订方案时用的目标值应是容易计算的。因此要尽可能选择单一化的目标值，以便求解和增加其实用性。常见的目标有以下两个。

① 效益最高或成本最低。当有关项目数据容易得到且易于计算时，可以将效益最高或成本最低作为目标。

② 运输里程最短。如果运输成本与运输里程相关性较强，而和其他因素相关性较弱，运输里程最短的实质就是运输成本最低。此时，考虑以运输里程最短作为目标，可以简化运输路线选择和运输工具的调配方法。值得注意的是，当运输成本不能通过运输里程来反映时，比如道路收费、道路运行条件严重影响成本时，单以运输里程最短作为目标将不再适宜。

1.2 货物运输路线选择的约束条件

路线选择目标的实现过程受很多条件的限制，因而必须在约束条件下寻求成本最低或路线最短的方案。常见的约束条件有以下几项：

① 满足所有收货人对货物品种、规格、数量的要求。

② 满足收货人对货物发、到时间范围的要求。

③ 在允许通行的时间内运送。

④ 各路线运送的货物均不得超过运输工具容积和载重量的限制。

⑤ 在企业现有运力允许的范围之内。

2. 技能准备

2.1 运用 Excel 的规划求解功能进行优化分析的步骤

① 根据题意，设置问题的决策变量和目标函数。

② 根据题意及决策变量与目标函数，得出本问题的线性规划模型。

③ 根据约束条件构建 Excel 模型。

④ 根据规划模型设置规划求解参数。

⑤ 获得规划求解结果。

2.2 SUMPRODUCT 函数

SUMPRODUCT 函数在给定的几组数组中，将数组间对应的元素相乘，并返回乘积之和。一般在多种产品已知单价和数量的基础上用此函数求产品的总金额。

任务实施

1. 建立数学模型

假设 x_{ij}为从产地 A_i 运往销地 B_j 的运输量，得到如表 3-2-2 的货物运输量表。结合货物运价表和货物运输量表，得到本任务运费 C 的数学模型：

$$C=9x_{11}+18x_{12}+x_{13}+10x_{14}+11x_{21}+6x_{22}+8x_{23}+18x_{24}+14x_{31}+12x_{32}+2x_{33}+16x_{34}$$

表 3-2-2 货物运输量表

发点	收点				运输量
	B_1	B_2	B_3	B_4	
A_1	x_{11}	x_{12}	x_{13}	x_{14}	9
A_2	x_{21}	x_{22}	x_{23}	x_{24}	10
A_3	x_{31}	x_{32}	x_{33}	x_{34}	6
需求量	4	9	7	5	25

通过任务可知，仓库库存数量与运输量之间的关系如下：

$x_{11}+x_{12}+x_{13}+x_{14}=9$

$x_{21}+x_{22}+x_{23}+x_{24}=10$

$x_{31}+x_{32}+x_{33}+x_{34}=6$

客户需求量与运输量之间的关系如下：

$x_{11}+x_{21}+x_{31}=4$

$x_{12}+x_{22}+x_{32}=9$

$x_{13}+x_{23}+x_{33}=7$

$x_{14}+x_{24}+x_{34}=5$

其中，$x_{ij} \geqslant 0(i=1, 2, 3; j=1, 2, 3, 4)$

2. 在电子表格中输入基础数据

新建 Excel 工作簿，在工作表 Sheet1 中建立如图 3-2-1 所示的货物运价表和货物运输量表。在单元格 F12 中输入公式“=SUM(B12:E12)”，在单元格 F13 中输入公式“=SUM(B13:E13)”，在单元格 F14 中输入公式“=SUM(B14:E14)”。在单元格 B15 中输入公式“=SUM(B12:B14)”，在单元格 C15 中输入公式“=SUM(C12:C14)”，在单元格 D15 中输入公式“=SUM(D12:D14)”，在单元格 E15 中输入公式“=SUM(E12:E14)”。

	A	B	C	D	E	F
1		货物运价表				
2	发点	收点				产量
3		B_1	B_2	B_3	B_4	
4	A_1	9	18	1	10	9
5	A_2	11	6	8	18	10
6	A_3	14	12	2	16	6
7	需求量	4	9	7	5	25
8						
9		货物运输量表				
10	发点	收点				产量
11		B_1	B_2	B_3	B_4	
12	A_1					
13	A_2					
14	A_3					
15	需求量					

图 3-2-1　货物运价表和货物运输量表

3. 编辑目标函数

如图 3-2-2 所示，在 H1 单元格输入“目标函数”，在 H2 单元格输入“总运费(元)”，在 H3 单元格输入公式“=SUMPRODUCT(B4:E16,B12:E14)”。

	A	B	C	D	E	F	G	H	I	J
1		货物运价表						目标函数		
2	发点	收点				产量		总运费（元）		
3		B_1	B_2	B_3	B_4			=SUMPRODUCT(B4:E6, B12:E14)		

图 3-2-2　编辑目标函数

4. 使用规划求解工具求解

选中目标函数单元格 H3，单击“数据—分析—规划求解”，如图 3-2-3 所示。

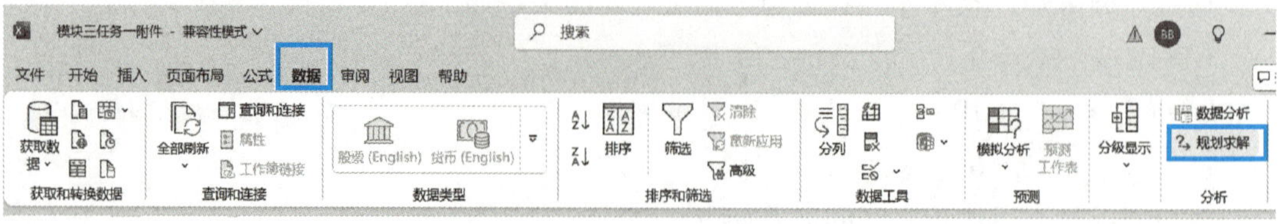

图 3-2-3　打开规划求解工具

在弹出的“规划求解参数”对话框中，“设置目标”为单元格“$H$3”到“最小值”，“通过更改可变单元格”设置为“$B$12:$E$14”，如图 3-2-4 所示。

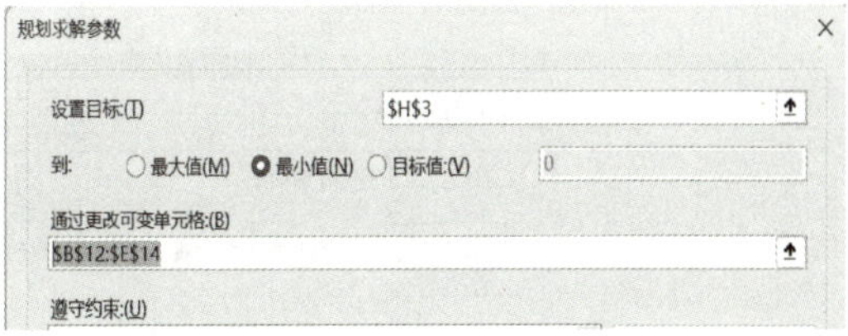

图 3-2-4　规划求解参数设置 1

单击“遵守约束”右侧的“添加”按钮，弹出“添加约束”对话框，“单元格引用”输入“$F$4:$F$6”，“约束”输入“$F$12:$F$14”，在下拉菜单中选择“=”，单击“添加”；再次添加约束条件，在“添加约束”对话框中“单元格引用”输入“$B$15:$E$15”，“约束”输入“$B$7:$E$7”，在下拉菜单中选择“=”，单击“确定”，如图 3-2-5 和图 3-2-6 所示。

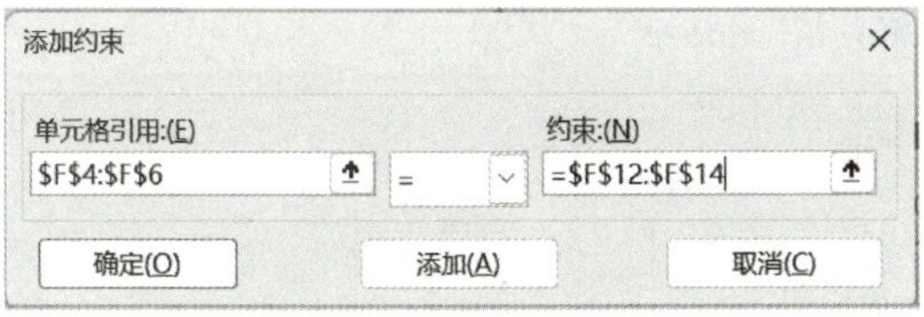

图 3-2-5　设置约束条件 1

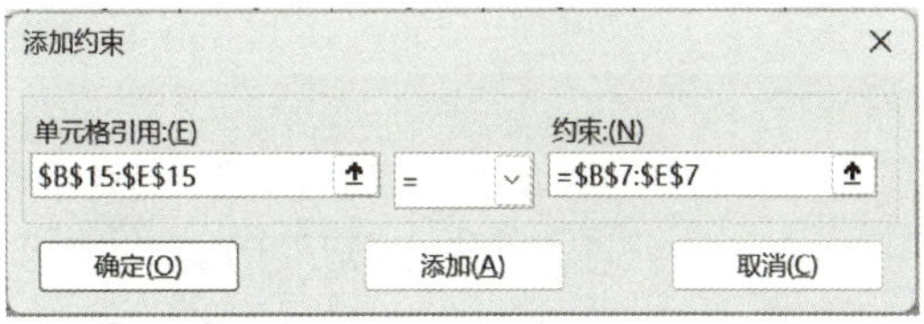

图 3-2-6　设置约束条件 2

勾选“使无约束变量为非负数”，单击“选择求解方法”右侧箭头，在下拉菜单中选择“单纯线性规划”，如图 3-2-7 所示。

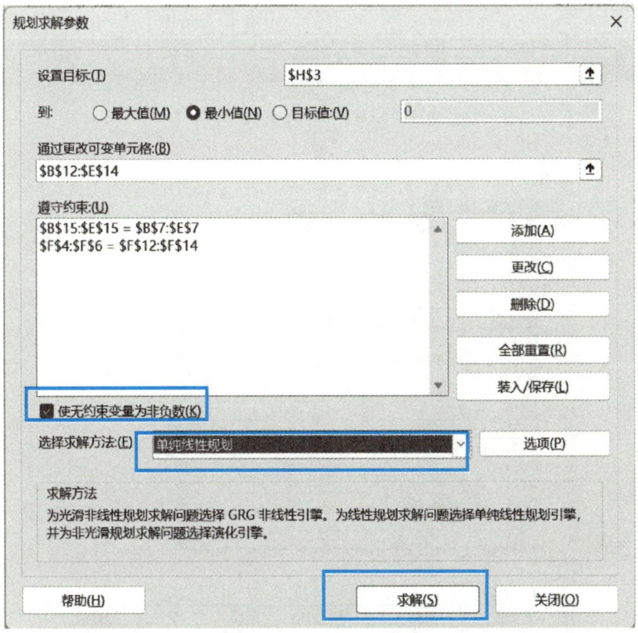

图 3-2-7　规划求解参数设置 2

单击“求解”，弹出“规划求解结果”对话框，如图 3-2-8 所示。

保留默认选项“保留规划求解的解”，选中“运算结果报告”，单击“确定”即可得到规划求解的解及运算报告，如图 3-2-9 和图 3-2-10 所示。

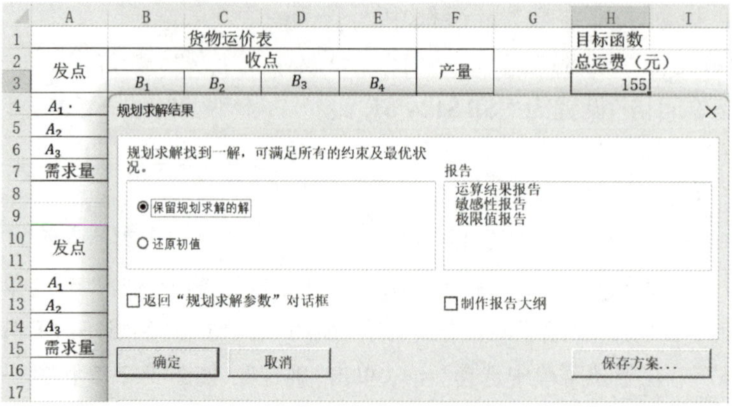

图 3-2-8 “规划求解结果”对话框

货物运价表（目标函数 总运费（元）：155）

发点	收点 B_1	B_2	B_3	B_4	产量
A_1	9	18	1	10	9
A_2	11	6	8	18	10
A_3	14	12	2	16	6
需求量	4	9	7	5	25

货物运输量表

发点	收点 B_1	B_2	B_3	B_4	产量
A_1	3	0	1	5	9
A_2	1	9	0	0	10
A_3	0	0	6	0	6
需求量	4	9	7	5	

图 3-2-9 规划求解的解

目标单元格（最小值）

单元格	名称	初值	终值
$H$3	总运费（元）	0	155

可变单元格

单元格	名称	初值	终值	整数
$B$12	收点	0	3	约束
$C$12	货物运输量表	0	0	约束
$D$12		0	1	约束
$E$12		0	5	约束
$B$13	收点	0	1	约束
$C$13	货物运输量表	0	9	约束
$D$13		0	0	约束
$E$13		0	0	约束
$B$14	收点	0	0	约束
$C$14	货物运输量表	0	0	约束
$D$14		0	6	约束
$E$14		0	0	约束

约束

单元格	名称	单元格值	公式	状态	型数值
$B$15	需求量 收点	4	$B$15=$B$7	到达限制值	0
$C$15	需求量 货物运输量表	9	$C$15=$C$7	到达限制值	0
$D$15	需求量	7	$D$15=$D$7	到达限制值	0
$E$15	需求量	5	$E$15=$E$7	到达限制值	0
$F$4	产量	9	$F$4=$F$12	到达限制值	0
$F$5	产量	10	$F$5=$F$13	到达限制值	0
$F$6	产量	6	$F$6=$F$14	到达限制值	0

图 3-2-10 规划求解的运算报告

从上图可以看出，运费最少为155元，运输量表中的数据为发点到收点的运输量数据。

任务小结

物流中经常遇到需要解决优化问题，包括网络调运物资的运费最小问题、选址问题、经济订货批量模型等，这些问题都可以通过Excel的规划求解来完成。Excel规划求解的基本步骤包括建立表格模型、设定计算目标、添加约束条件、求最优解等。将工作问题转化为表格模型，并准确设置约束条件是规划求解的关键。

人工智能小贴士：

在ChatGPT人工智能技术的支持下，当你面对找出运输分配方案的任务毫无头绪时，可以使用提示词“运输分配”“成本最低”等让它帮助你设计运输分配的初稿，然后再根据实际使用情况进行完善。

任务评价

本任务为分组任务：每组若干组员，在组长带领下，根据任务内容进行分工，使用学生自评表(表3-2-3)、学生互评表(表3-2-4)、教师评价表(表3-2-5)完成任务评价。

表3-2-3　学生自评表

班级		学号		姓名	
角色	□组长　□组员		完成时间		
任务内容		完成情况记录			

表3-2-4　学生互评表

班级		被评人学号		被评人姓名	
评价者角色		评价者学号		评价者姓名	
任务内容		完成情况记录			

表3-2-5　教师评价表

班级		被评人学号		被评人姓名	
任务内容		完成情况记录			

课证融通

一、单选题

1. 规划求解功能需要从下面(　　)菜单中添加。

A. 数据　　B. 插入　　C. 开始　　D. 文件

2. 规划求解引用的数据单元格地址是(　　)。

A. 相对地址　　B. 绝对地址　　C. 混合地址　　D. 无地址

3. 规划求解约束条件如果输入错误需要更改，通过“规划求解参数”对话框中的(　　)命令操作。

A. 删除　　B. 更改　　C. 添加　　D. 全部重置

4. 在 Excel 2016 中，一个完整的函数包括(　　)。

A.“=”和函数名　　B. 函数名和变量

C.“=”和变量　　D.“=”、函数名和变量

5. 在 Excel 2016 中，要改变数字格式，使用“单元格格式”对话框的(　　)选项。

A. 对齐　　B. 文本　　C. 数字　　D. 字体

二、多选题

1. 规划求解提供的报告有(　　)。

A. 运算结果报告　　B. 文件格式报告　　C. 极限值　　D. 敏感性报告

2. 规划求解可以计算出指定题目的(　　)。

A. 最大值　　B. 最小值　　C. 平均值　　D. 指定数值

3. 规划求解计算的过程中需要有(　　)。

A. 目标单元格　　B. 约束变量　　C. 决策变量　　D. 求解方法

4. 下列参数中可以更改规划求解的求解方法的有(　　)。

A. 目标值　　B. 演化　　C. 非线性 GRG　　D. 单纯线性规划

5. 在 Excel 2016 中，下列有关设置打印区域的方法中正确的是(　　)。

A. 选定一个区域，然后通过“页面布局”选择“打印区域”，再选择“设置打印区域”

B. 在页面设置对话框中选择“工作表”选项卡，然后输入或选择打印区域，确定即可

C. 利用编辑栏设置打印区域

D. 在分页预览视图下设置打印区域

课赛强化

某商品混凝土公司在城市的不同位置修建了三个搅拌站生产混凝土。三个搅拌站的最大产量分别为 2000t、2500t、2200t，且这三个搅拌站要为城市的六个建筑工地供应混凝土，而六个建筑工地的需求量分别为 800t、750t、600t、7801t、8201t、670t。已知各搅拌站到各工地的单位运输成本如表 3-2-6 所示，请用 Excel 计算出能使运输总成本最低的运输方案。

表 3-2-6　单位运输成本

单位：元/t

	工地 1	工地 2	工地 3	工地 4	工地 5	工地 6
搅拌站 1	8.9	8.4	7.9	8.8	8.6	9.1
搅拌站 2	7.5	7.6	8.5	8.7	7.6	9.3
搅拌站 3	8.4	8.6	7.9	7.8	8.2	8.9

课程思政

冷链物流助力乡村振兴——以河南沈丘县农产品冷链物流港为例

河南省沈丘县是农业大县，农产品资源丰富，但长期面临“难卖”与“损耗高”的双重困境。在传统物流模式下，农产品因缺乏冷链设施，运输损耗率高达 30%，且销售半径受限，难以对接全国市场。2022 年，沈丘县政府联合龙头企业启动农产品冷链物流港项目，总投资 5000 万元，建设集预冷、仓储、分拣、配送于一体的全链条冷链体系，旨在打通农产品“上行最初一公里”与消费品“下沉最后一公里”。

请同学们完成以下任务：

课前调研：学生分组调研当地农产品损耗现状，撰写《沈丘冷链物流港模式可行性分析报告》。

课中角色扮演：分组扮演农户、物流经理、电商平台代表，辩论“成本优先还是绿色优先”，强化系统思维与协作能力。

任务三　运输费用计算

任务描述

2025 年 1 月 10 日，快鹿商超集团管理层下发指示，要求物流中心完成以下任务：

需将一批零担货物从南京分拨中心运往苏州、无锡、常州 3 个城市，货物信息如表 3-3-1 所示。公路零担运输的运费计算规则为：按货物实际重量或体积重量（体积重量＝长×宽×高/6000，单位：kg）中的较高者计费，首重 10kg 内统一收费 20 元，续重每千克收费 1.5 元，另在首重和续重费用的基础上加收 8%燃油附加费。请根据货物信息及运费规则，计算每票货物的运费，并汇总总运输成本。

表 3-3-1　零担货物信息表

货物编号	目的地	实际重量/kg	长/cm	宽/cm	高/cm
WL001	苏州	8	40	30	20
WL002	无锡	15	50	35	25
WL003	常州	12	60	40	30

物流中心总监蒋立安排运输部经理张鹏完成该项工作，张鹏指派运输部门主管王强负责具体数据的核查与汇总工作。

学习目标

【知识目标】

1. 掌握公路运输零担货物运费的计算公式。
2. 理解体积重量与实际重量的转换关系。

【技能目标】

1. 能够使用计算公式计算零担货物的运费。
2. 熟练使用 IF 函数、MAX 函数处理条件判断。

【素养目标】

1. 培养细致认真的数据核算态度。
2. 强化成本控制意识与服务意识。

任务准备

1. 知识准备

（1）公路零担货物运输

托运人托运的货物计费重量少于或者等于 3t，采用公路运输，即为公路零担货物运输。

（2）公路零担货物运输的特点

客户散、流向广。公路零担货物托运具有客户散、流向广的特点。货运企业对零担货物实行“零散受理、全程负责”的运营模式。

批量小、批次多。公路零担货物运输的货物批量小、批次多。一辆承运车辆所承运的货物可能是多个托运人的货物，并交由多个收货人收货。货物流量与流向具有一定的区域性和不确定性，对货物配载与运输调度的要求较高。

速度快、反应敏捷。公路零担货物运输通常是实载实运，车容利用率高，提高了运行效率，其运送速度比铁路与水路运输快。它能够采用辅助作业设备减少货损货差并能以机动灵活的作业流程满足特殊需求。

2. 技能准备

公路货物运输费用计算流程(图 3-3-1)。

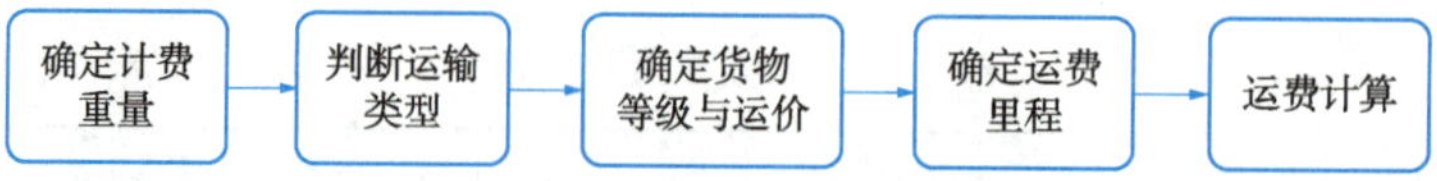

图 3-3-1 公路货物运输费用计算流程

（1）确定计费重量

① 零担货物运费计算重量一般以千克为单位。

② 起码计费质量为 1kg，质量在 1kg 以上而尾数不足 1kg 的，四舍五入。

③ 轻抛货物以货物包装最长、最宽、最高部位计算体积，按每立方米折算 333kg 计算计费重量。

(2) 公路零担运输的条件

① 每批零担货物不得超 300 件，质量不超过 3t；

② 按件托运的零担货物，单件质量不得超过 200kg。

(3) 确定货物等级

普通货物分为一等货物、二等货物、三等货物。一等货物为计价基础，二等货物加成 15%，三等货物加成 30%。可查阅“普通货物运价分等表”确定对应的加成比率。

(4) 确定运费里程

公路货物运输计费里程以千米为单位，尾数不足 1km，以 1km 计费。可查阅“全国主要城市间公路里程表”确定对应的运费里程。

(5) 计算运费

① 货物运输其他费用主要包括通行费以及其他服务费，其他服务费主要有装卸搬运、包装等费用。

② 运费=计费质量×计费里程×零担货物运价+货物运输其他费用。

③ 运费尾数以元为单位，不足 1 元时，四舍五入。

任务实施

1. 建立运费计算模型

在 Excel 中设计运费计算表，包含以下字段：

货物编号、目的地、实际重量、体积重量、计费重量、首重费用、续重费用、燃油附加费、总运费，如图 3-3-2 所示。

	A	B	C	D	E	F	G	H	I
1	货物编号	目的地	实际重量	体积重量	计费重量	首重费用	续重费用	燃油附加费	总运费

图 3-3-2 运费计算表

2. 输入基础数据

按表 3-3-1 录入货物信息，并添加运费规则参数(首重费用、续重费用、燃油附加费等)，如图 3-3-3 所示。

	A	B	C	D	E	F	G	H	I
1	货物编号	目的地	实际重量	体积重量	计费重量	首重费用	续重费用	燃油附加费	总运费
2	WL001	苏州	8						
3	WL002	无锡	15						
4	WL003	常州	12						

图 3-3-3 输入基础数据

3. 编辑计算公式

体积重量计算，在单元格 D2 中输入公式“=ROUNDUP((基础数据！D2 * 基础数据！E2 * 基础数据！F2)/6000,0)”，按 Enter 键，计算出 WL001 的体积重量为 4，依次填充，计算另外两种货物的体积重量。

计费重量，在单元格 E2 中输入公式“=MAX(C2,D2)”，按 Enter 键，计算出 WL001 的计费重量为 8，依次填充，计算另外两种货物的计费重量。

首重费用，根据任务要求，首重费用为 20 元，在 F2 和 F3 以及 F4 单元格中输入数据 20。

续重费用，在单元格 G2 中输入公式“=IF(E2<=10,0,(E2-10) * 1.5)”，按 Enter 键，计算出 WL001 的续重费用为 0，依次填充，计算另外两种货物的续重费用。

燃油附加费，在单元格 H2 中输入公式“=(F2+G2) * 8%”，按 Enter 键，计算出 WL001 的燃油附加费为 1.6，依次填充，计算另外两种货物的燃油附加费。

总运费，在单元格 I2 中输入公式“=F2+G2+H2”，按 Enter 键，计算出 WL001 的总运费为 21.6，依次填充，计算另外两种货物的总运费。如图 3-3-4 所示，为最终结果。

	A	B	C	D	E	F	G	H	I
1	货物编号	目的地	实际重量	体积重量	计费重量	首重费用	续重费用	燃油附加费	总运费
2	WL001	苏州	8	4	8	20	0	1.6	21.6
3	WL002	无锡	15	8	15	20	7.5	2.2	29.7
4	WL003	常州	12	12	12	20	3	1.84	24.84

图 3-3-4 运费计算结果

任务小结

公路零担运费计算需综合考量货物属性与市场规则，通过 Excel 自动化计算可大幅提升效率。需特别注意："轻抛货"判定时，体积重量转换易出错，需反复验证公式逻辑；附加费计算时，燃油费率变动时需及时更新参数表；异常处理：对超重、超大货物启动人工审核流程。

人工智能小贴士：

在 ChatGPT 人工智能技术的支持下，当你面对计算运费的任务毫无头绪时，可以使用提示词“运输费用”“成本计算”等让它帮助你设计运输费用的计算目录，然后再根据实际使用情况进行完善。

任务评价

本任务为分组任务：每组若干组员，在组长带领下，根据任务内容进行分工，使用学生自评表(表 3-3-2)、学生互评表(表 3-3-3)、教师评价表(表 3-3-4)完成任务评价。

表 3-3-2　学生自评表

班级		学号		姓名	
角色	□组长　□组员		完成时间		
任务内容		完成情况记录			

表 3-3-3　学生互评表

班级		被评人学号		被评人姓名	
评价者角色		评价者学号		评价者姓名	
任务内容		完成情况记录			

表 3-3-4　教师评价表

班级		被评人学号		被评人姓名	
任务内容		完成情况记录			

课证融通

一、单选题

1. 公路零担货物运输中，体积重量的计算公式是(　　)。

A. 长×宽×高/3000　B. 长×宽×高/5000　C. 长×宽×高/6000　D. 长×宽×高/8000

2. 某零担货物实际重量 12kg，体积为 60cm×40cm×30cm，其计费重量为(　　)。

A. 12kg　B. 13kg　C. 15kg　D. 18kg

3. 根据本节任务要求，首重费用的计算规则是(　　)。

A. 首重 5kg 内收费 15 元　B. 首重 10kg 内统一收费 20 元

C. 首重 15kg 内收费 25 元　D. 首重按实际重量收费

4. 燃油附加费的计算基数是(　　)。

A. 仅首重费用　B. 仅续重费用

C. 首重费用与续重费用之和　D. 实际重量费用

5. 在 Excel 中，用于判断计费重量的函数是(　　)。

A. SUM　B. MAX　C. MIN　D. AVERAGE

二、多选题

1. 公路零担货物运输的特点包括(　　)。

A. 客户散、流向广　　B. 批量小、批次多

C. 运送速度快、反应敏捷　　D. 货物均为危险品

2. 影响零担货物运费的主要因素有(　　)。

A. 计费重量　　B. 燃油附加费率　　C. 货物目的地　　D. 包装颜色

3. 下列 Excel 函数中，本任务可能用到的有(　　)。

A. ROUNDUP　　B. IF　　C. MAX　　D. VLOOKUP

4. 公路零担运输的法定条件包括(　　)。

A. 单件质量不超过 200kg　　B. 每批货物不超过 300 件

C. 货物必须为液体　　D. 必须使用冷藏车辆

5. 根据本任务计算续重费用时，以下描述正确的有(　　)。

A. 续重单价为 1.5 元/kg　　B. 续重部分从第 5kg 开始计算

C. 需用 IF 函数判断是否超过首重　　D. 续重费用与目的地无关

课赛强化

快鹿商超集团的物流部门开通“长三角特快专线”，运费规则为：首重 5kg 收费 25 元，续重每千克收费 2 元，体积重量系数为 5000。现有 10 票货物需从上海发出，请用 Excel 计算这 10 票货物的总运费(需考虑燃油附加费 10%)。

	A	B	C	D	E	F
1	货物编号	目的地	实际重量 (kg)	长 (cm)	宽 (cm)	高 (cm)
2	WL004	南京	10	50	40	30
3	WL005	无锡	20	30	30	30
4	WL006	常州	5	60	50	40
5	WL007	苏州	25	40	30	20
6	WL008	无锡	18	70	40	30
7	WL009	常州	7	80	60	50
8	WL010	南京	30	35	25	15
9	WL011	苏州	12	45	35	25
10	WL012	无锡	22	55	45	35
11	WL013	常州	9	65	55	45

图 3-3-5　货物信息

课程思政

“绿色零担”助力乡村振兴——以陇南山区农产品运输为例

一、案例背景与行业痛点

甘肃省陇南市地处秦巴山区，盛产中药材、花椒等特色农产品，但受限于交通条件，农产品外运长期面临两大难题。

物流成本高：农户分散、货物批量小(单户日均发货量约 50kg)，传统整车运输模式空驶率超 40%，运费占农产品售价的 30%以上。

碳排放量大：山区公路弯多坡陡，燃油货车每吨货物百公里油耗达 12L，年碳排放量

超过 5000t，与“双碳”目标矛盾突出。

二、解决方案：零担运输绿色转型

2023 年，当地物流企业“陇运达”联合电商平台启动“绿色零担”计划，创新实践如下。

共享式集货配送：建立 12 个村级集货点，通过 Excel 智能调度系统(集成车辆定位、货物匹配算法)，将零散订单整合为“片区集货班车”。

新能源车辆替代：引入 30 辆电动货车，配合光伏充电站建设，实现“运输零排放”。

数据支撑：电动货车百公里能耗成本仅为燃油车的 1/3，单趟运输碳排放减少 98%。

运费补贴与农户赋能：对脱贫户实行“首重免费+续重五折”政策，开发“陇南助农”小程序，农户可实时查询运费明细(自动调用 MAX 函数计算计费重量)。

社会效益：2023 年带动 2000 户农户增收，其中脱贫户占比 35%，推动共同富裕。

根据以上案例， 请学生分组辩论：

正方：企业应以利润最大化为核心目标，环保是政府责任。

反方：物流企业必须承担生态责任，短期投入换取长期可持续发展。

模块四　物流配送数据分析

项目背景

快鹿商超集团是一家大型连锁商超企业，总部设在 A 市，其经营网络覆盖全国大部分地区。快鹿商超集团在 A 市建立了一家物流中心(以下简称“快鹿物流中心”)。快鹿物流中心拥有完善的物流服务网络，依托先进的物流服务平台，主要为快鹿商超集团分布在 A 市的门店提供仓储和市内配送等物流服务，同时为快鹿商超集团分布在 B、C、D、E、F、G 六市的门店提供长途干线运输等物流服务。

快鹿物流中心结合客户具体要求和企业管理制度，完成客户委托的日常业务，项目背景数据基于快鹿物流中心 2025 年 1 月 10 日当天的物流作业情况。快鹿物流中心每天的工作时间为 8：00—17：30。快鹿物流中心组织部门架构如图 4-1 所示，快鹿物流中心人员管理架构如图 4-2 所示。

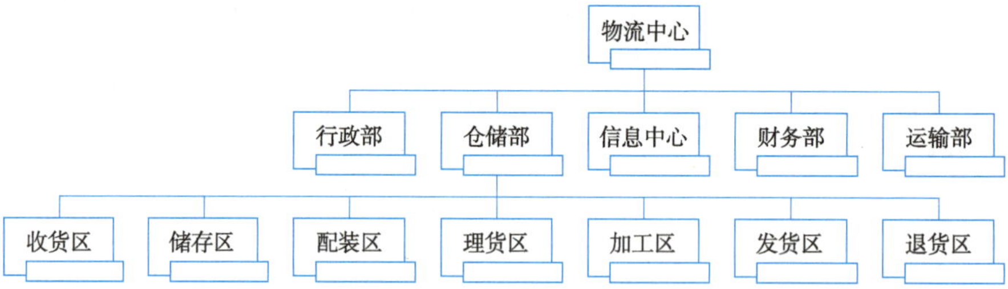

图 4-1　快鹿物流中心组织部门架构图

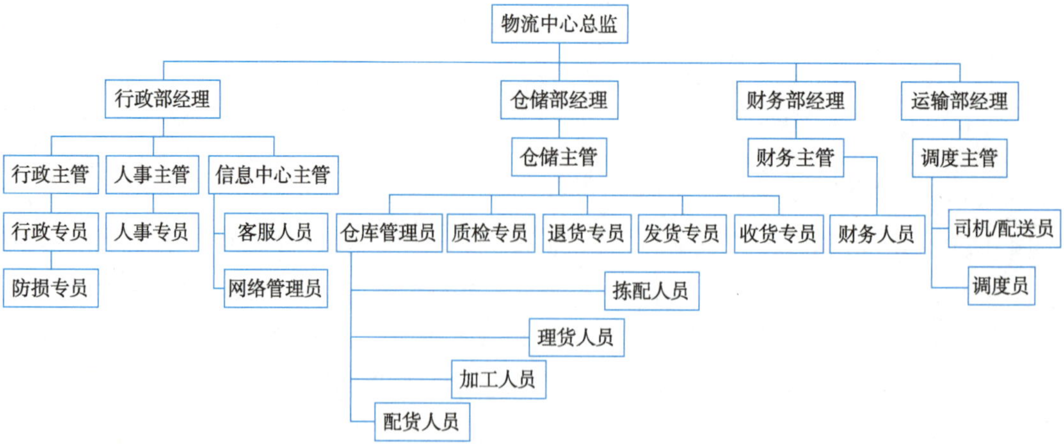

图 4-2　快鹿物流中心人员管理架构图

任务一　配送站点选址分析

任务描述

2025 年 1 月 10 日，快鹿商超集团管理层下发指示，计划在长三角地区新增 1 个配送站点，该配送站点上游有两个供应商 P1 和 P2，下游有三个市场 M1、M2、M3 需要配送，现需要确定配送站点的位置，使运输成本最小。供应商和市场坐标、货物运输量和运输费率如表 4-1-1 所示。

表 4-1-1　工厂和市场坐标、货物运输量和运输费率表

地点	运输量/件	运输费率/[元/(件·km)]	坐标	
i	v_i	R_i	x_i	y_i
P1	2000	0. 05	3	8
P2	3000	0. 05	8	2
M1	2500	0. 075	2	5
M2	1000	0. 075	6	4
M3	1500	0. 075	8	8

物流中心总监蒋立安排运输部经理张鹏完成该项工作，张鹏指派数据分析师李娜负责建模与优化。

学习目标

【知识目标】

1. 掌握重心法选址的模型。
2. 理解重心法选址的计算原理。

【技能目标】

1. 能够用 Excel 进行重心法选址建模。
2. 能够用 Excel 进行重心法选址求解。

【素养目标】

1. 培养系统思维与资源优化意识。
2. 强化数据驱动的决策能力。

任务准备

1. 知识准备

(1) 配送中心的概念

对“配送中心”的定义，国内外学者有着不同的解释。日本《物流手册》将配送中心定

义为："从供应者手中接受多种大量的货物进行倒装、分类、保管、流通加工和情报处理等作业，然后按照众多需求者的要求备齐货物，以令人满意的服务水平进行配送的设施。"我国的国家标准《物流术语》对配送中心的定义是："从事配送业务具有完善的信息网络的场所或组织，应基本符合下列要求，主要为特定的用户服务；配送功能健全；辐射范围小；多品种、小批量、多批次、短周期；主要为末端客户提供配送服务。"

（2）配送中心的功能

配送中心的主要任务是实现物流中的配送作业。配送中心具有集货、分货、送货等基本职能。配送中心是物流中心的一种主要形式，是在实践中产生并发展的，基本涵盖了所有物流的功能要素。它是以组织配送进行销售或供应、实行实物配送为主要职能的流通型物流节点。在配送中心，为了做好送货的编组准备，需要进行零星售货、批量进货等种种资源搜集工作和备货等工作，因此，配送中心也有销售中心、分货中心的职能。由此可见，配送中心的功能是比较全面和完整的，可以说配送中心是销售中心、分货中心、加工中心的功能的总和，兼有"配"与"送"的功能。

配送是一种特殊的综合的物流活动形式，是商流与物流紧密结合，包含了商流活动的物流活动，也包含了物流中的若干功能要素，因此，配送中心是一种多功能、集约化的物流节点。作为现代物流方式和优化销售体制手段的配送中心，其把接货验收、储存保管、装卸搬运、拣选、分拣、流通加工、配送、结算、信息处理甚至是订货等作业有机地结合起来，形成多功能、全方位、集约化的供货枢纽。

（3）配送中心的选址

配送中心选址是指在一个具有若干供应点及若干需求点的经济区域内，选一个地址设置配送中心的规划过程。较佳的配送中心选址方案是使商品通过配送中心的汇集、中转、分发，直至输送到需求点的全过程的效益最好。配送中心拥有众多建筑物、构筑物以及固定机械设备，一旦建成很难搬迁，如果选址不当，将付出较大代价。因而，配送中心的选址是配送中心规划中至关重要的一步。

随着国民经济的发展，社会物流量不断增加，要求有相应的配送中心及网点与之相适应。进行配送中心的建设，必须有一个总体规划，就是从空间和时间上，对配送中心的新建、改建和扩建进行全面系统的规划。合理的规划对配送中心的设计、施工与应用，对其作业质量、安全、作业效率和保证供应，对节省投资和运营费用等，都会产生直接和深远的影响。

2. 技能准备

重心法是物流配送中心单一设施选址的基本解析方法，其宗旨是寻找一个可以实现运输成本最小化的地址。该模型选址因素只考虑运输费率和各点的货物运输量，运输路线为直线且运费随距离呈线性增加，不考虑仓储配送中心的建设成本。现需要建立一个配送中心 O，为客户供货，设(x, y)的坐标即为待求配送中心位置。

配送中心位置计算公式为：

$$x_0=\frac{\sum_{i=1}^{n}x_iV_i}{\sum_{i=1}^{n}V_i},\quad y_0=\frac{\sum_{i=1}^{n}y_iV_i}{\sum_{i=1}^{n}V_i}$$

式中　x_0，y_0——配送中心 O 的坐标；

x_i，y_i——每个供需点的坐标；

V_i——每个供需点的运输量。

在计算出拟建地址后，可以根据下式算出最小的运输总成本：

$$\mathrm{Min}TC=\sum_i V_iR_id_i$$

式中　TC——总运输成本；

V_i——到 i 点的运输量；

R_i——到 i 点的运输费率；

d_i——从拟建的配送中心 O 到 i 点的距离。

$$d_i=\sqrt{(x_i-x_0)^2+(y_i-y_0)^2}$$

式中　x_0，y_0——新建配送中心 O 的坐标；

x_i，y_i——供应商和需求点的位置坐标。

任务实施

1. 建立 Excel 模型

将表 4-1-1 的已知信息输入 Excel，并假设待求的配送中心位置为(x_0，y_0)，如图 4-1-1 所示。

	A	B	C	D	E
1	地点	运输量	运输费率	坐标	
2	i	v_i（件）	R_i[元/(件·km)]	x_i	y_i
3	P1	2000	0.05	3	8
4	P2	3000	0.05	8	2
5	M1	2500	0.075	2	5
6	M2	1000	0.075	6	4
7	M3	1500	0.075	8	8
8					
9					
10	配送中心位置				
11	x_0	y_0			
12					

图 4-1-1　表格模型建立

2. 计算距离和运费

在 E 列右侧新增距离和运费两列，并定义公式，鼠标选中 F3 位置，输入公式“=SQRT((D3-$A$12)^2+(E3-$B$12)^2)”，按 Enter 键，计算结果为 8.5440，下拉填充剩余单元格；鼠标选中 G3 位置，输入公式计算总运费公式“=B3 * C3 * F3”，按 Enter 键，计算结果为 854.4004，下拉填充剩余单元格；鼠标选中 A15 单元格，输入总运费，鼠标选中 B15，输入公式“=SUM(G3:G7)”，按 Enter 键，计算结果为 4914.6754，如图 4-1-2 所示。

	A	B	C	D	E	F	G
1	地点	运输量	运输费率	坐标		距离（km）	运费（元）
2	i	v_i（件）	R_i[元/(件·km)]	x_i	y_i	d_i	$v_iR_id_i$
3	P1	2000	0.05	3	8	8.5440	854.4004
4	P2	3000	0.05	8	2	8.2462	1236.9317
5	M1	2500	0.075	2	5	5.3852	1009.7184
6	M2	1000	0.075	6	4	7.2111	540.8327
7	M3	1500	0.075	8	8	11.3137	1272.7922
8							
9							
10	配送中心位置						
11	x_0	y_0					
12							
13							
14							
15	总运费	4914.6754					

图 4-1-2　编辑公式计算距离和运费

3. 规划求解

鼠标选中 B15 单元格，单击“数据—规划求解”命令，进入“规划求解参数”对话框，设置规划求解参数，如图 4-1-3 所示。目标单元格为总运费计算公式所在的单元格“$B$15”，可变单元格为待求的配送中心坐标所在的单元格“$A$12:$B$12”。

图 4-1-3　规划求解参数设置

设置规划求解参数后，单击“求解”，即可求得配送中心最佳位置和最小运费，如图 4-1-4 所示。

	A	B	C	D	E	F	G
1	地点	运输量	运输费率	坐标		距离（km）	运费（元）
2	i	v_i（件）	R_i[元/(件·km)]	x_i	y_i	d_i	$v_iR_id_i$
3	P1	2000	0.05	3	8	3.5080	350.7962
4	P2	3000	0.05	8	2	4.3470	652.0566
5	M1	2500	0.075	2	5	2.9107	545.7531
6	M2	1000	0.075	6	4	1.5187	113.9046
7	M3	1500	0.075	8	8	4.2667	480.0031
8							
9							
10	配送中心位置						
11	x_0	y_0					
12	4.9101	5.0577					
13							
14							
15	总运费	2142.5136					

图 4-1-4　规划求解结果

从上图可以看出，配送中心的最佳位置为(4.9101，5.0577)，最小运费为 2142.5136。

任务小结

重心法是一种理想状态下的单一设施选址规划方法，只考虑了影响选址的经济因素。用 Excel 规划求解可以非常容易地实现重心法选址计算，其基本过包括建立表格模型、定义计算公式、设置规划求解参数等，在定义公式过程要注意开平方函数 SQRT 的用法。

人工智能小贴士：

在 ChatGPT 人工智能技术的支持下，当你面对配送中心选址的任务毫无头绪时，可以使用提示词“配送中心”“选址”等让它帮助你设计配送中心选址的初稿，然后再根据实际使用情况进行完善。

任务评价

本任务为分组任务：每组若干组员，在组长带领下，根据任务内容进行分工，使用学生自评表(表 4-1-2)、学生互评表(表 4-1-3)、教师评价表(表 4-1-4)完成任务评价。

表 4-1-2　学生自评表

班级		学号		姓名	
角色	□组长　□组员		完成时间		
任务内容		完成情况记录			

表 4-1-3　学生互评表

班级		被评人学号		被评人姓名	
评价者角色		评价者学号		评价者姓名	
任务内容		完成情况记录			

表 4-1-4　教师评价表

班级		被评人学号		被评人姓名	
任务内容		完成情况记录			

课证融通

一、单选题

1. 重心法选址模型中，运输总成本的计算公式是(　　)。

A. Σ(运输量×运输费率×距离)　　B. Σ(运输量÷运输费率×距离)

C. Σ(运输量×运输费率÷距离)　　D. Σ(运输量×距离÷运输费率)

2. 在 Excel 中计算两点距离时，使用的函数是(　　)。

A. POWER　　B. SQRT　　C. SUM　　D. IF

3. 使用规划求解工具时，需要设置的可变单元格是(　　)。

A. 供应商坐标　　B. 配送中心坐标(x，y)

C. 市场需求量　　D. 运输费率

4. 配送中心选址时，重心法未考虑的因素是(　　)。

A. 运输量　　B. 运输费率　　C. 建设成本　　D. 地理坐标

5. 在表 4-1-1 中，市场 M3 的坐标是(　　)。

A. (8，8)　　B. (2，5)　　C. (6，4)　　D. (8，5)

二、多选题

1. 配送中心的主要功能包括(　　)。

A. 集货　　B. 分拣　　C. 流通加工　　D. 信息处理

2. 使用重心法选址时，需要输入的已知数据包括(　　)。

A. 供应商坐标　　B. 市场需求量　　C. 运输费率　　D. 配送中心建设预算

3. 在 Excel 规划求解中，必须设置的参数包括(　　)。

A. 目标单元格(总成本)　　B. 可变单元格(配送中心坐标)

C. 约束条件(如运输量≥0)　　D. 求解方法选择(如非线性 GRG)

4. 关于重心法的局限性，正确的描述是(　　)。

A. 假设运输路线为直线　　B. 未考虑地形障碍
C. 忽略仓储建设成本　　D. 适用于多设施选址

5. 任务实施中，计算总运费的步骤包括(　　)。
A. 计算各点到配送中心的距离　　B. 用 SUM 函数求和
C. 用 SUMPRODUCT 函数加权　　D. 用 IF 函数判断覆盖条件

课赛强化

某连锁超市拟建一个物流仓储配送中心负责其下属 5 个连锁店的物流配送。这 5 个连锁店的地理坐标和每年的物流运输量如表 4-1-5 所示。假设单位运输量单位距离的运输成本相同，试用重心法确定该连锁超市拟建仓储配送中心的坐标位置。

表 4-1-5　客户坐标及需求量

	连锁店 1		连锁店 2		连锁店 3		连锁店 4		连锁店 5	
地理坐标/km	x_1	y_1	x_2	y_2	x_3	y_3	x_4	y_4	x_5	y_5
	2	6	5	10	3	15	16	8	10	16
年物流运输量/t	150		200		220		300		180	

课程思政

智慧物流赋能乡村振兴——云南普洱茶叶配送中心选址实践”

一、案例背景与行业痛点

云南省普洱市澜沧县是国家级乡村振兴重点帮扶县，当地盛产优质普洱茶，但受限于落后的物流基础设施，茶叶外运面临两大难题。

运输成本高昂：茶农分散在山区，传统物流采用“农户→乡镇集散点→省会中转→全国市场”模式，运输成本占售价的 40%，导致茶农利润微薄。

时效性差：茶叶从采摘到送达消费者平均需 15 天，新鲜度下降导致品质下降，年损耗率超 20%。

二、解决方案：重心法选址与绿色物流创新

2023 年，某电商平台联合当地政府启动“云茶出山”计划，依托物流技术优化配送网络。

1. 科学选址降成本

数据建模：采集 12 个主要茶园(P1～P12)及 5 个目标市场(北上广深杭)的坐标、运输量(年均 3000t)、运输费率[0.08 元/(t·km)]，使用 Excel 重心法计算最优配送中心位置。

规划求解结果：新建配送中心选址于普洱市思茅区($x=6.32$，$y=4.18$)，运输总成本降低 32%，年节省运费超 500 万元。

2. 绿色配送减排放

引入新能源货车，配送半径 200km 内采用电动车辆(碳排放较柴油车减少 85%)，远程运输采用铁路联运。

技术亮点：在 Excel 模型中增加碳排放计算列，通过 SUMPRODUCT 函数对比不同车型的环境成本，优化车辆调度方案。

3. 数字化助农增收

开发“云茶溯源”平台，茶农通过 App 实时查询配送进度，货款结算周期从 90 天降至 7 天。

案例讨论：请学生根据案例讨论智慧物流赋能后，有哪些优化？

任务二 配送路径分析

任务描述

2025 年 1 月 10 日，快鹿商超集团管理层下发指示，广州配送中心为广东省某客户提供配送车辆安排，客户分布地区及货物需求量如表 4-2-1 所示。

表 4-2-1 客户分布地区及货物需求量

客户分布地区	东莞	江门	惠州	阳江	汕尾	揭阳	汕头	漳州
货物需求量/t	4.3	1.8	0.7	2.2	3.6	3.6	1.8	2

物流中心为这次送货提供了三种车型若干，其载重量分别为 2t、5t 和 8t，不同车型的运输单价不一样，具体如表 4-2-2 所示。

表 4-2-2 运输单价表

车辆载重/t	2	5	8
运价/(元/km)	2.4	2.7	3.65
可用数量/辆	若干	若干	1

物流中心总监蒋立安排运输部经理张鹏完成该项工作，张鹏指派数据分析师李娜采用节约里程法制定最优的送货方案。

学习目标

【知识目标】

1. 掌握节约里程法的目的和意义。
2. 理解节约里程法的核心思想。

【技能目标】

1. 掌握使用 IF 函数、数据排序等功能进行路线规划的操作步骤。
2. 理解路线规划的意义。

【素养目标】

1. 培养系统思维与资源优化意识。
2. 强化数据驱动的决策能力。

任务准备

1. 知识准备

(1) 节约里程法的概念

节约里程法是用来解决运输车辆数目不确定问题的一种启发式算法。利用节约里程法确定运输路线的目的是根据承运方的运输能力以及到客户之间的距离和各客户之间的距离来制订能够使车辆总的周转量达到或接近最小的运输方案。

(2) 节约里程法的核心思想

节约里程法核心思想是依次将运输问题中每两个回路合并为一个回路，使每次合并后的总运输距离减小的幅度最大，直到达到一辆车的装载限制时，进行下一辆车的优化。

2. 技能准备

假设 P 为配送中心，分别向客户 A、B 送货。P 到 A、B 的距离分别为 L_1 和 L_2，客户之间的距离为 L。送货方案有两种，一是配送中心向两个客户分别送货(如图 4-2-1 所示)；二是配送中心向两个客户共同送货(如图 4-2-2 所示)。比较第二种方案比第一种方案配送的距离节约多少，这就是节约里程法，最终得到路程最短的方案。

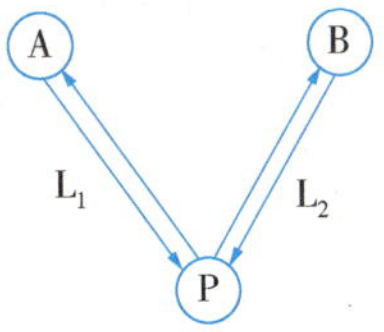

图 4-2-1　单独配送

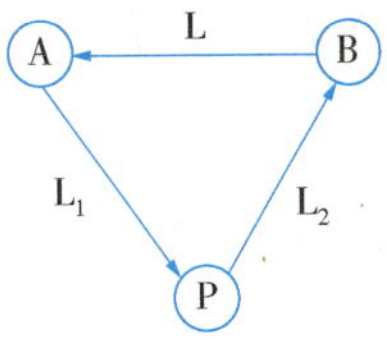

图 4-2-2　共同配送

在图 4-2-1 中运输距离为 $2(L_1+L_2)$；图 4-2-2 中运输距离为 (L_1+L_2+L)，合并后的总运输距离之差 $2(L_1+L_2)-(L_1+L_2+L)=L_1+L_2-L$。即节约里程数的计算公式是两需求点到配送中心的距离之和减去两需求点间的距离。

任务实施

1. 确定节点间的最短距离

将本案例的配送中心及各客户之间的最短距离输入电子表格，如图 4-2-3 所示。

2. 计算节约里程数

根据节约里程数的计算公式，计算将东莞客户与其他客户路线合并后所节约的里程数。在 C17 单元格输入公式“=IF($C$5+C6-D6<0,0,$C$5+C6-D6)”，按 Enter 键计算出结果 19，并向下填充至 C23，如图 4-2-4 所示。

	A	B	C	D	E	F	G	H	I	J	K
1	1. 确定两个节点的最短距离										
2											
3											
4			广州								
5		东莞	50	东莞							
6		江门	53	84	江门						
7		惠州	116	64	152	惠州					
8		阳江	173	214	136	278	阳江				
9		汕尾	221	165	231	107	351	汕尾			
10		揭阳	333	265	338	278	478	126	揭阳		
11		汕头	344	295	370	235	491	144	35	汕头	
12		漳州	478	418	492	355	629	289	165	158	漳州

图 4-2-3　各节点之间的最短距离

	A	B	C	D	E	F	G	H	I	J	K
4			广州								
5		东莞	50	东莞							
6		江门	53	84	江门						
7		惠州	116	64	152	惠州					
8		阳江	173	214	136	278	阳江				
9		汕尾	221	165	231	107	351	汕尾			
10		揭阳	333	265	338	278	478	126	揭阳		
11		汕头	344	295	370	235	491	144	35	汕头	
12		漳州	478	418	492	355	629	289	165	158	漳州
13											
14											
15											
16			东莞								
17		江门	=IF($C$5+C6-D6<0, 0, $C$5+C6-D6)								
18		惠州	IF(logical_test, [value_if_true], [value_if_false])								
19		阳江	9			阳江					
20		汕尾	106				汕尾				
21		揭阳	118					揭阳			
22		汕头	99						汕头		

图 4-2-4　客户之间合并路线的节约里程数

同理可以计算出所有的节约里程数，结果如图 4-2-5 所示。

	A	B	C	D	E	F	G	H	I	J	K
6		江门	53	84	江门						
7		惠州	116	64	152	惠州					
8		阳江	173	214	136	278	阳江				
9		汕尾	221	165	231	107	351	汕尾			
10		揭阳	333	265	338	278	478	126	揭阳		
11		汕头	344	295	370	235	491	144	35	汕头	
12		漳州	478	418	492	355	629	289	165	158	漳州
13											
14	2. 计算节约里程数										
15											
16			东莞								
17		江门	19	江门							
18		惠州	102	17	惠州						
19		阳江	9	90	11	阳江					
20		汕尾	106	43	230	43	汕尾				
21		揭阳	118	48	171	28	428	揭阳			
22		汕头	99	27	225	26	421	642	汕头		
23		漳州	110	39	239	22	410	646	664	漳州	

图 4-2-5　节约里程数计算结果

3. 节约里程数排序

先将步骤 2 的计算结果运用“复制”和“选择性粘贴—数值”的方式整理到一列中，如图 4-2-6 所示，再按照节约里程数将其降序排列，其结果如图 4-2-7 所示。

3.节约里程数整理

出发地	目的地	节约里程数
东莞	江门	19
东莞	惠州	102
东莞	阳江	9
东莞	汕尾	106
东莞	揭阳	118
东莞	汕头	99
东莞	漳州	110
江门	惠州	17
江门	阳江	90
江门	汕尾	43
江门	揭阳	48
江门	汕头	27
江门	漳州	39
惠州	阳江	11
惠州	汕尾	230
惠州	揭阳	171
惠州	汕头	225
惠州	漳州	239
阳江	汕尾	43
阳江	揭阳	28
阳江	汕头	26
阳江	漳州	22
汕尾	揭阳	428
汕尾	汕头	421
汕尾	漳州	410
揭阳	汕头	642
揭阳	漳州	646
汕头	漳州	664

图 4-2-6　节约里程数整理

4.节约里程数排序

出发地	目的地	节约里程数
汕头	漳州	664
揭阳	漳州	646
揭阳	汕头	642
汕尾	揭阳	428
汕尾	汕头	421
汕尾	漳州	410
惠州	漳州	239
惠州	汕尾	230
惠州	汕头	225
惠州	揭阳	171
东莞	揭阳	118
东莞	漳州	110
东莞	汕尾	106
东莞	惠州	102
东莞	汕头	99
江门	阳江	90
江门	揭阳	48
江门	汕尾	43
阳江	汕尾	43
江门	漳州	39
阳江	揭阳	28
江门	汕头	27
阳江	汕头	26
阳江	漳州	22
东莞	江门	19
江门	惠州	17
惠州	阳江	11
东莞	阳江	9

图 4-2-7　节约里程数降序排列

4. 路线规划

根据步骤 3 的结果，将汕头和漳州合并路线，节约的里程数最多为 664km，总需求量为 1. 8+2=3. 8<8，可以考虑在该路线继续添加节点，把节约里程数排名第二的“揭阳—漳州”加入到该线路中，总需求量为 1. 8+2+3. 6=7. 4<8. 由于其他客户的需求量都大于 0. 6，因此该路线无法再添加其他节点，不然就会超载，因此第一条线路为广州—汕头—漳州—揭阳—广州。

剩下的节点中将惠州和汕尾进行路线合并时，所节约的里程数最大，此时的总需求量为 0. 7+3. 6=4. 3<5. 因此第二条线路为广州—汕尾—惠州—广州。

同理，第三条线路为广州—东莞—广州。第四条线路为广州—江门—阳江—广州。

5. 结果分析

如果每个客户单独配送，则需要安排 4 辆 2t、4 辆 5t 的车给每个客户送货。单独送货的路线及运费如表 4-2-3 所示。

表 4-2-3　单独配送线路及费用表

路线	车型/t	距离/km	单价/(元/km)	运费/元
广州-东莞-广州	5	100	2. 7	270
广州-江门—广州	2	106	2. 4	254. 4
广州-惠州-广州	2	232	2. 4	556. 8
广州-阳江-广州	5	346	2. 7	934. 2

续表

路线	车型/t	距离/km	单价/(元/km)	运费/元
广州-汕尾-广州	5	442	2.7	1193.4
广州-揭阳-广州	5	666	2.7	1798.2
广州-汕头-广州	2	688	2.4	1651.2
广州-漳州-广州	2	956	2.4	2294.4
合计		3536		8952.6

采用节约里程法，优化后配送路线及费用如表 4-2-4 所示。

表 4-2-4　节约里程法送货的路线及运费

路线	车型/t	距离/km	单价/(元/km)	运费/元
广州—汕头—漳州—揭阳—广州	8	1000	3.65	3650.0
广州—汕尾—惠州—广州	5	444	2.7	1198.8
广州—东莞—广州	5	100	2.7	270.0
广州—江门—阳江—广州	5	362	2.7	977.4
合计		1906		6096.2

通过对比单独送货方案和节约里程法送货方案可知，后者可以节约里程 1630km (3536-1906)，节约成本 2856.40 元(8952.6-6096.2)。

任务小结

节约里程法是用来解决运输车辆数目不确定问题的一种启发式算法。其原理是依次将运输问题中每两个回路合并为一个回路，使每次合并后的总运输距离减小的幅度最大，直到达到一辆车的装载限制时，再进行下一辆车的优化。节约里程法虽然可以快速求解得到一个接近最优的满意解，但其计算出的配送路线并不是总路程最短。应用 Excel 实现节约里程法，通过合理使用绝对引用和相对引用可以快速准确地计算出各个客户之间能够节约的里程，应用排序功能可以快速实现节约里程数的大小排序，提高工作效率。

人工智能小贴士：

在 ChatGPT 人工智能技术的支持下，当你面对配送路径分析的任务毫无头绪时，可以使用提示词“配送路径”“节约里程法”等让它帮助你设计配送路径的初稿，然后再根据实际使用情况进行完善。

任务评价

本任务为分组任务：每组若干组员，在组长带领下，根据任务内容进行分工，使用学生自评表(表 4-2-5)、学生互评表(表 4-2-6)、教师评价表(表 4-2-7)完成任务评价。

表 4-2-5　学生自评表

班级		学号		姓名	
角色	□组长　□组员		完成时间		
任务内容		完成情况记录			

表 4-2-6　学生互评表

班级		被评人学号		被评人姓名	
评价者角色		评价者学号		评价者姓名	
任务内容		完成情况记录			

表 4-2-7　教师评价表

班级		被评人学号		被评人姓名	
任务内容		完成情况记录			

课证融通

一、单选题

1. 节约里程法的核心目标是(　　)。

A. 最大化运输车辆数量　　B. 最小化总运输距离

C. 优先满足客户时间要求　　D. 降低运输费率

2. 节约里程数的计算公式是(　　)。

A. 两客户到配送中心距离之和×客户间距离

B. 两客户到配送中心距离之和-客户间距离

C. 客户间距离-两客户到配送中心距离之和

D. 两客户到配送中心距离之和÷客户间距离

3. 在 Excel 中实现节约里程法时，合并路线后节约里程数的排序规则是(　　)。

A. 按客户名称字母排序　　B. 按节约里程数降序排列

C. 按运输量升序排列　　D. 按配送中心坐标排序

4. 节约里程法的主要局限性是(　　)。

A. 无法保证总路程绝对最短　　B. 计算过程复杂耗时

C. 不适用于多车型调度　　D. 忽略客户需求量

5. 在任务实施中，合并“汕头—漳州—揭阳”线路后总需求量为7.4t，未继续添加节点的原因是(　　)。

A. 节约里程数不足　　B. 车辆载重限制(8t)

C. 客户地理位置分散　　D. 运输费率过高

二、多选题

1. 节约里程法的实施步骤包括(　　)。

A. 计算各节点间节约里程数　　B. 按节约里程数降序排序

C. 合并路线并检查载重限制　　D. 优先选择运输费率最低的路线

2. 节约里程法的优点包括(　　)。

A. 减少车辆使用数量　　B. 提高装载率

C. 适用于动态需求场景　　D. 保证绝对最优解

3. 任务中单独配送与节约里程法配送的对比结果显示(　　)。

A. 节约里程1630km　　B. 降低成本2856.4元

C. 车辆数量增加　　D. 运输时间延长

4. 关于节约里程法的计算公式，正确描述是(　　)。

A. 与客户间距离成反比　　B. 与配送中心到客户距离成正比

C. 计算结果可能为负数　　D. 数值越大表示合并效益越高

5. 节约里程法在路线规划时需考虑(　　)。

A. 客户需求量总和　　B. 车辆最大载重

C. 配送中心建设成本　　D. 客户地理位置分布

课赛强化

某大型连锁水果店共有一个物流中心P和10个连锁分店，目前由物流中心直接向分店进行往返的一对一送货。现将10个连锁分店依次从A~J进行编号，已知各分店的需求量如表4-2-8所示。

表4-2-8　各分店的需求量表

分店	A	B	C	D	E	F	G	H	I	J
需求量/t	0.7	1.5	0.8	0.4	1.4	1.5	0.6	0.8	0.5	0.6

现物流中心备用2t和4t的货车，受客户时间要求和运输成本的限制，送货车辆一次往返不得超过30km。该物流中心到分店的距离以及各分店之间距离如图4-2-8所示，连线上的数字为两点间的距离(单位：km)，请用节约里程法制订最优的送货方案。

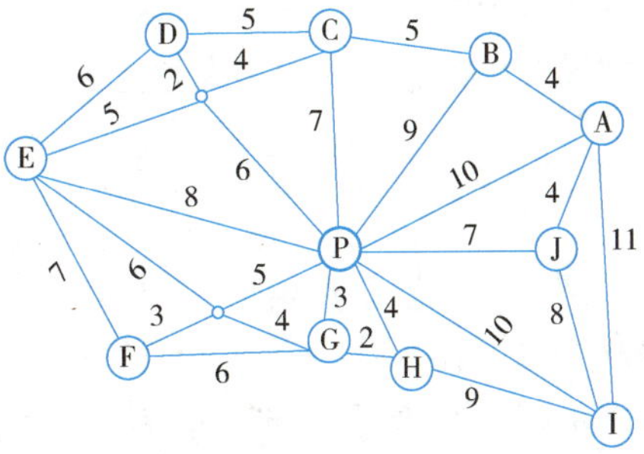

图 4-2-8　连锁水果店网络图

课程思政

绿色物流助力乡村振兴——广西百色芒果运输优化实践

一、案例背景与行业痛点

广西百色市是国家级乡村振兴重点帮扶地区，芒果种植面积达 130 万亩，年产量超 80 万吨。然而，芒果外销面临两大难题：

物流成本高：农户分散在偏远山区，传统“农户→乡镇集散点→省会中转”模式运输成本占比达 35%，挤压果农利润空间。

碳排放量大：冷链车辆空驶率超 45%，每吨芒果运输碳排放达 12kg/100km，与国家“双碳”目标矛盾突出。

二、解决方案：节约里程法与绿色物流融合

2023 年，某物流企业联合当地政府启动“芒果出山”计划，结合节约里程法与新能源技术优化运输网络：

基础数据采集：6 个核心产区（田东、田阳、乐业等）坐标及产量（3～8t/日）；配送中心（南宁）到各产区距离（80～250km）；目标市场（广州、上海、北京）需求量及运输费率[0.1 元/(t · km)]。

节约里程法应用：

计算产区间合并运输的节约里程（如田东→田阳节约里程＝南宁到田东+南宁到田阳－田东到田阳距离）；

通过 Excel 排序功能优先合并节约里程最高的路线（田阳—田东节约里程达 180km）。

优化结果：

合并 4 条产区线路，车辆使用数从 12 辆减至 8 辆；总运输距离减少 28%，年节省燃油费超 200 万元。

新能源车辆替代，引入电动冷藏车，在短途运输（<200km）中替代柴油车，碳排放降低 85%。

开发“芒果云链”小程序，果农实时查看运输进度，缩短货款结算周期（从 30 天→3 天）。

设置“绿色积分”机制：果农采用环保包装可额外获得运费补贴。

根据案例请同学们讨论主题：“物流企业如何在追求经济效益与履行社会责任之间取得平衡？”

分组辩论：

正方：物流企业应以利润为核心目标，社会责任是政府职责。

论据：企业生存依赖盈利，过度投入社会责任可能导致成本上升、竞争力下降。

反方：物流企业必须主动承担社会责任，推动可持续发展。

任务三　配送站点集包业务数据分析

任务描述

2025 年 1 月 10 日，快鹿商超集团管理层下发指示，由于“元旦”的货物配送量非常大，每天可达到十几万条数据，公司需要快速统计相关数据，以此为据来均衡、合理地调度人力、车辆、作业工具，同时使相关部门及时获取信息，使公司对整体运营数据有清晰的了解。

统计的数据信息包括：

① 各班工作量任务表；

② 各班工作效率表；

③ 员工工作任务量与工作效率统计表；

④ 每辆运输车辆运输量统计表。

物流中心总监蒋立安排运输部经理张鹏完成该项工作，张鹏指派数据分析师李娜采用节约里程法制定最优的送货方案。

学习目标

【知识目标】

1. 掌握集包业务的概念。
2. 理解小件集包的业务流程。

【技能目标】

1. 掌握利用数据透视表和数据透视图对汇总数据的操作过程。
2. 能够阐述集包业务的优点。

【素养目标】

1. 培养系统思维与资源优化意识。
2. 培养仔细认真的工作态度。

任务准备

1. 知识准备

（1）集包业务的概念

集包业务就是把送往同一个目的地的快件装到一个大袋子里，以便快件的中转与装卸。中转时，不用一个一个小件地去扫描，提高了中转效率。集包件一般要求快件的重量在 3kg 以下，轻抛货体积在 30cm×30cm×30cm 以下。集包通常要求是发往同一目的地站点分拨的 5 件以上的物品，所以又称为小件集包。

在快递行业中，始发网点根据快件目的地，对快件进行分拣集包操作是行业惯例，也是各公司标准操作流程必不可少的一部分。很多快递公司，如申通、顺丰、宅急送、百世汇通、EMS、UPS、联邦、DHL、TNT 等都有这项业务。

（2）集包业务的特点

简单地说，推行小件集包政策可以减少小件物品的丢失、破损现象，避免重复劳动，减少错误，最重要的是可以提高站点进仓速度，在分拨中心对集包的快件优先处理，可有效提高分拨中心的运作效率，提高时效。

（3）集包业务注意事项

通常情况下，对于未按规定集包的散件，中转站不收货。在集包的过程中需要注意以下问题。

① 快件放入集包袋时，注意面单朝上。

② 注意集包网络表的更新，严格按照目的地所属分拨中心集包。

③ 集包袋如是重复利用的，请去掉以前的包签号，以免混淆。

④ 在集包袋上用黑色笔标注始发站点名称、目的地分拨中心名称。

⑤ 把包签号码写在集包袋中下部位。

⑥ 液体包装要注意包裹严实，避免破损污染其他快件。

⑦ 贵重物品单独交接，不需要集包。

⑧ 快件集包时，注意将快件运单号与集包袋包签号在系统中建立关联。

⑨ 集包时，将规则形状快件放于集包袋底部，面单朝上；两侧的快件面单也要求向内或者向上。

⑩ 较重的快件放在集包袋的底部，同时面单朝上。

⑪ 小件集包到集包袋的三分之二处时，停止装填。

2. 技能准备

（1）小件集包前的准备

① 准备好集包袋（如图 4-3-1 所示）、扫描枪（如图 4-3-2 所示）、包签、包牌、打包架等集包物料和工具。

② 把包签贴在包牌上（见图 4-3-3 和图 4-3-4），在上面注明站点名称及目的地分拨中心名称。

图 4-3-1　集包袋

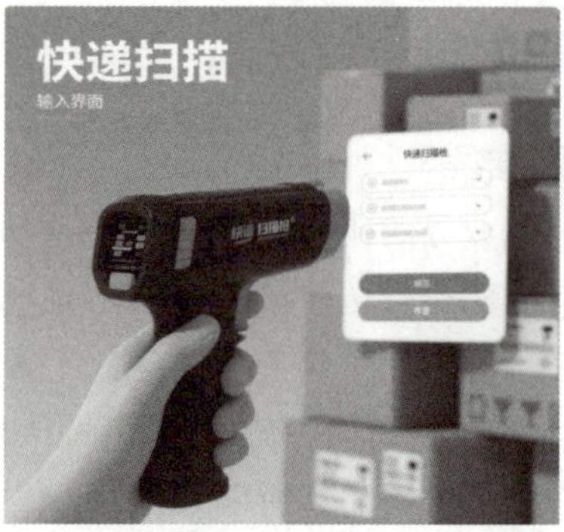

图 4-3-2　扫描枪

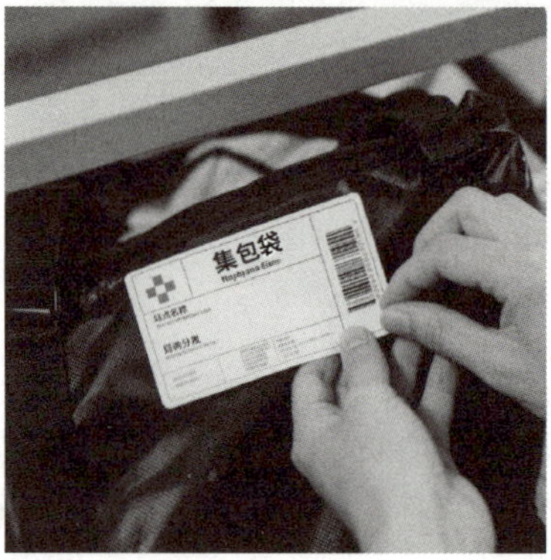

图 4-3-3　集包袋标签

图 4-3-4　快递面单

③ 各站点根据快件目的地所属分拨中心分类摆放，并做好标识，以防建错包。

④ 所有防水袋和信封以及重量小于或等于 3kg、体积在 30cm×30cm×30cm 以下的物品都需要进行集包操作。

（2）集包扫描

① 如图 4-3-5 和图 4-3-6 所示，先扫描大包号，再扫描目的地，然后逐票扫描，同时装包。待编织袋装满后，简单封口，并将扫描枪上显示的快件数量填写在对应的包牌上。

图 4-3-5　集包扫描 1

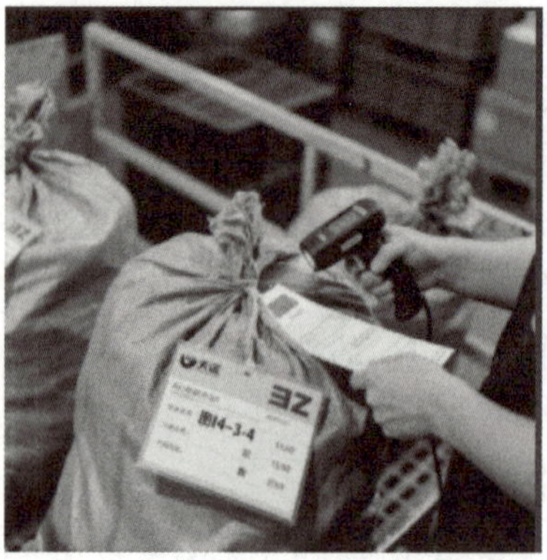

图 4-3-6　集包扫描 2

② 一把扫描枪可以同时扫描多个编织袋快件。扫描不同的编织袋快件，需先退出前一道扫描程序。可以返回再扫描，票数累积计算。

③ 核对快件面单上标识的详细地址，判断与书写地址是否一致，是否属于该集包袋。如不相符，必须剔除，并及时上报组长和问题件处理员。

④ 集包完毕，用铁丝或缝包机将编织袋封口，如图 4-3-7 所示。

⑤ 将包袋放到传送带上时(见图 4-3-8)，吊牌向着拣货员一方，包袋写字的一面向上。

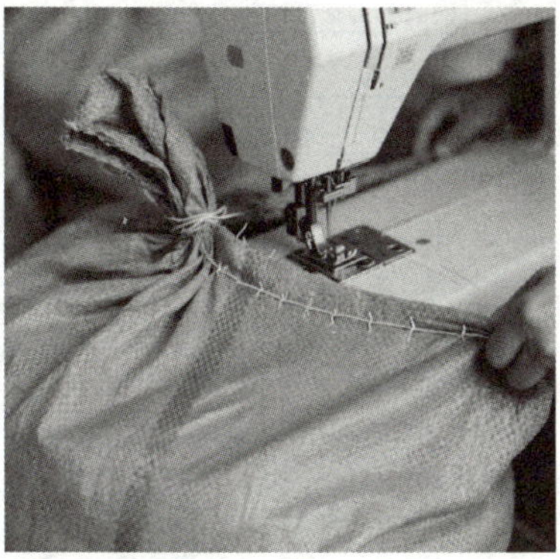

图 4-3-7　扎紧集包袋

图 4-3-8　放到传送带上

⑥ 扫描结束，要清理现场，发现遗漏的快件要及时转出，最后将扫描枪上交班组长，操作结束后，现场要达到 5S 管理要求。

(3) 装车发往目的地分拨中心

任务实施

1. 建立数据透视表

打开数据文件“模块四任务三附件”，执行菜单命令“插入—数据透视表”，弹出如图 4-3-9 所示的对话框。

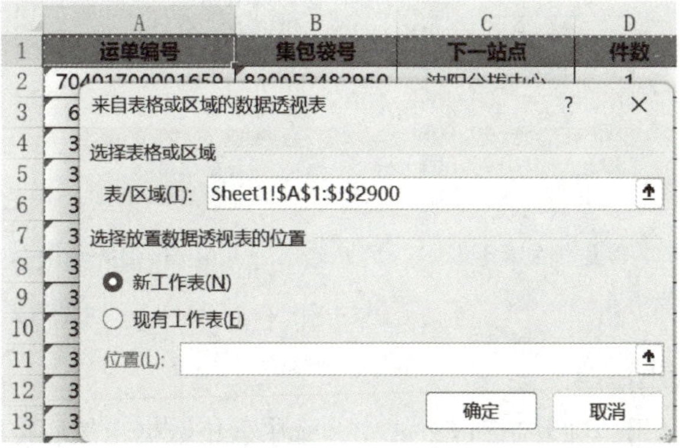

图 4-3-9　创建数据透视表对话框

2. 统计各班工作量任务表和工作效率表

在新的工作表中，选择字段“责任班组”和“件数”，将“责任班组”字段拖动到“行”标签，“件数”字段拖动2次到“值”标签，如图4-3-10所示。第一个“件数”选择求和项，第二个“件数”选择计数项，设置“值显示方式”为“总计的百分比”，如图4-3-11所示。

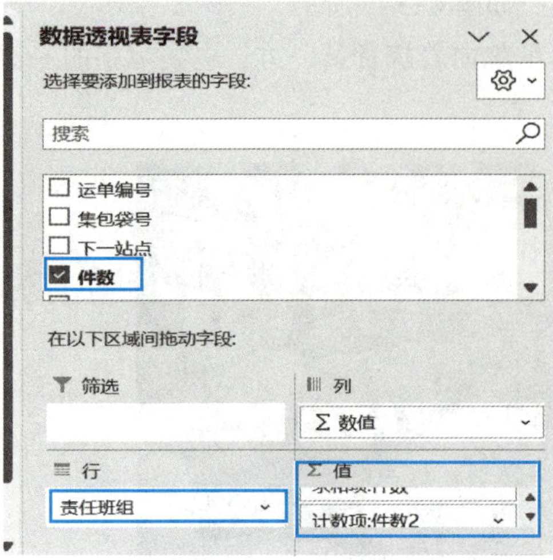

图4-3-10　字段选择

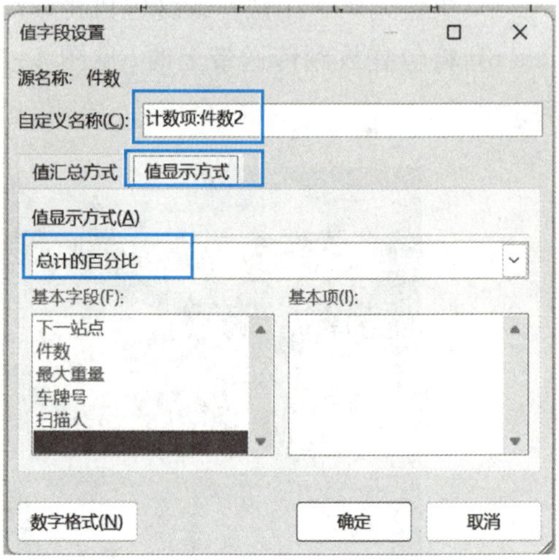

图4-3-11　“件数”设置显示方式

最终结果如图4-3-12所示，从图中可以看出，二班的工作量比较大，占比达到59.4%，可以抽调一班的人填充到二班。

3. 统计每个人的工作量和工作效率

重新构建数据透视表。插入数据透视表后，重新选择字段“扫描人”“运单编号”，再次选择“运单编号”字段显示方式为“总计的百分比”，效果如图4-3-13所示。

	A	B	C
1			
2			
3		数据	
4	责任班组	求和项:件数	计数项:件数2
5	二班	1722	59.40%
6	一班	1177	40.60%
7	总计	2899	100.00%
8			

图4-3-12　各班工作量任务表和工作效率表

	A	B	C
2			
3		数据	
4	扫描人	计数项:运单编号	计数项:运单编号2
5	戴丽丽	149	5.14%
6	邓金刚	417	14.38%
7	董香军	101	3.48%
8	高全二班	1	0.03%
9	高树严二班	1	0.03%
10	纪月一班	26	0.90%
11	贾海洋一班	32	1.10%
12	李璐	26	0.90%
13	梁显阔二班	1	0.03%
14	刘福贵二班	4	0.14%

图4-3-13　每个人工作量任务表和工作效率表

4. 按照工作量大小排序

把数据透视表的结果单独复制到Excel中，选中表格数据，然后排序，弹出如图4-3-14所示的对话框，选择“运单编号2”，进行降序排列，出现如4-3-15所示的结果。

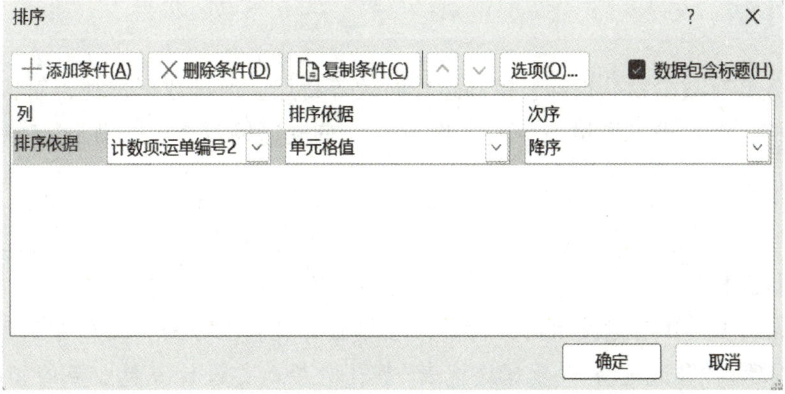

图 4-3-14　降序排列对话框

扫描人	计数项:运单编号	计数项:运单编号2
钱易吾	1119	38.60%
邓金刚	417	14.38%
马野	247	8.52%
郑楠	207	7.14%
张吉	174	6.00%
戴丽丽	149	5.14%
田鑫	123	4.24%
王梦莹	102	3.52%
董香军	101	3.48%

图 4-3-15　降序排列的结果

5. 每辆运输车辆运输量统计表

重新构建数据透视表，选择“车牌号”“集包袋号”“最大重量”三个字段，出现如图 4-3-16 所示的效果。

6. 车辆运输量降序排列

把数据透视表的内容单独复制到 Excel 中进行降序排列，得到如图 4-3-17 所示的效果。

	A	B	C
3		数据	
4	车牌号	计数项:集包袋号	求和项:最大重量
5	黑C61871	121	66.33
6	黑KC4622		145.81
7	黑R56525	16	9.1
8	沪D07722	34	7.36
9	沪D62609	32	22.55
10	沪DH1577	377	344.05
11	沪DH1578		0.8
12	沪EA3455	185	191.33
13	沪EA8288	72	54.6
14	吉A22165	120	149.59
15	吉A22166		0
16	吉A78121	15	13.6

图 4-3-16　车辆运输量透视表

F	G	H
车牌号	计数项:集包袋号	求和项:最大重量
沪DH1577	377	344.05
吉BC7828	226	233.68
沪EA3455	185	191.33
吉A22165	120	149.59
黑KC4622		145.81
苏HS1844	150	141.3
吉AC8288	97	121.02

图 4-3-17　车辆运输量降序排列结果

任务小结

集包业务具有减少物品损耗、提高运作时效等特点，通过数据透视表对快递业务数据进行统计分析，如各班工作量、个人工作效率、车辆运输量等，为优化资源配置提供依据，助力快递业务高效开展。

人工智能小贴士：

在 ChatGPT 人工智能技术的支持下，当你面对集包业务分析的任务毫无头绪时，可以使用提示词“集包业务”“数据透视表”等让它帮助你设计集包业务的初稿，然后再根据实际使用情况进行完善。

任务评价

本任务为分组任务：每组若干组员，在组长带领下，根据任务内容进行分工，使用学生自评表（表 4-3-1）、学生互评表（表 4-3-2）、教师评价表（表 4-3-3）完成任务评价。

表 4-3-1　学生自评表

班级		学号		姓名	
角色	□组长　□组员		完成时间		
任务内容		完成情况记录			

表 4-3-2　学生互评表

班级		被评人学号		被评人姓名	
评价者角色		评价者学号		评价者姓名	
任务内容		完成情况记录			

表 4-3-3　教师评价表

班级		被评人学号		被评人姓名	
任务内容		完成情况记录			

课证融通

一、单选题

1. 集包业务中，一般要求快件重量在多少以下？（ ）

A. 2kg B. 3kg C. 4kg D. 5kg

2. 集包袋如是重复利用的，需要做以下哪项操作？（ ）

A. 保留以前的包签号 B. 去掉以前的包签号

C. 更换包签颜色 D. 清洗集包袋

3. 集包扫描时，先扫描的是（ ）。

A. 大包号 B. 目的地 C. 快件运单号 D. 包签号码

4. 从各班工作量任务表和工作效率表中可知，哪个班工作量比较重？（ ）

A. 一班 B. 二班 C. 三班 D. 无法判断

5. 在构建每辆运输车辆运输量统计表时，不需要选择以下哪个字段？（ ）

A. 车牌号 B. 集包袋号 C. 收件人姓名 D. 最大重量

二、多选题

1. 以下属于集包业务特点的有（ ）。

A. 减少小件物品的丢失、破损现象 B. 避免重复劳动

C. 减少错误 D. 提高站点进仓速度

E. 提高分拨中心的运作效率

2. 集包过程中，以下哪些做法是正确的？（ ）

A. 快件放入集包袋时面单朝上 B. 贵重物品单独交接，不需要集包

C. 液体包装随便包裹 D. 把包签号码写在集包袋中下部位

E. 集包袋装满后再封口

3. 小件集包前的准备工作包括（ ）。

A. 准备集包袋、扫描枪等物料和工具

B. 把包签贴在包牌上并注明站点名称及目的地分拨中心名称

C. 根据快件目的地所属分拨中心分类摆放并做好标识

D. 只对防水袋进行集包操作

E. 准备好打包架

4. 统计各班工作量任务表和工作效率表时，在数据透视表中需要选择的字段有（ ）。

A. 责任班组 B. 件数 C. 扫描人 D. 运单编号

E. 目的地

5. 在进行集包扫描操作时，需要注意的事项有（ ）。

A. 先扫描大包号，再扫描目的地，然后逐票扫描

B. 一把扫描枪只能扫描一个编织袋快件

C. 核对快件面单地址，不相符的剔除并上报

D. 集包完毕用铁丝或缝包机将编织袋封口

E. 将包袋放到传送带上时，吊牌向着拣货员一方，包袋写字的一面向上

课赛强化

根据“模块四任务三附件”，请分析下一站分拨点配送货物量统计表。

课程思政

快递集包业务思政案例：以“高效协作，共筑物流安全防线”为例

一、案例背景

在电商行业飞速发展的当下，快递物流成为连接商家与消费者的关键纽带。快递站点作为区域物流配送的重要节点，每日处理大量快件。为提升效率、保障服务质量，该站点积极开展集包业务，而这一过程也为思政教育提供了丰富素材。

二、案例详情

在快递站点，“双 11”购物狂欢节后迎来快递业务高峰。由于订单量激增，集包任务艰巨，每个环节都面临巨大压力。

分拣员小张在面对堆积如山的快件时，严格按照重量、体积标准进行筛选，对一些难以判断的快件，他主动查阅资料、请教同事，确保符合集包条件，体现出高度的责任担当。

扫描员小王和小李负责集包扫描工作，两人配合默契。小王专注扫描，小李协助装包，遇到问题及时沟通解决。有一次，扫描枪出现故障，他们迅速启动备用设备，并与技术人员协作快速修复，保障了扫描工作顺利进行，凸显团队协作的力量。

随着业务量持续增加，站点主管组织员工开展头脑风暴。员工小刘提出优化集包袋使用方法，将部分不规则快件合理摆放，增加每个集包袋的装载量，同时减少破损风险。这一创新举措有效提升了集包效率，为站点应对业务高峰提供了有力支持。

在整个业务高峰期间，全体员工严守职业道德，未发生一起快件信息泄露事件，保障了客户信息安全。

根据上述案例，请同学们讨论以下问题：

1. 如何在快递业务中降低差错率？
2. 如何保障客户的信息安全？

任务四　配送费用计算

任务描述

2025 年 1 月 10 日，快鹿商超集团管理层下发指示，前期为配合客户元旦促销，物流配送中心为在商场购买了家电的顾客送货上门，现在促销结束，需要计算出总运费。根据

合同，运费按照提单号计算，具体数据见“模块四任务四附件”。运费计算标准是：同一提单号，按该提单中商品的体积之和计算运费。体积小于等于0.2m^3，运费为30元；之后每增加0.2m^3，运费增加20元；超过2m^3，运费相同。

物流中心总监蒋立安排运输部经理张鹏完成该项工作，张鹏指派数据分析师李娜采用节约里程法制定最优的送货方案。

学习目标

【知识目标】

1. 能根据企业需要设计、制作运费表。
2. 能将Excel公式和函数灵活运用到实际工作中。

【技能目标】

1. 掌握VLOOKUP函数的应用。
2. 掌握SUMIF函数的应用。

【素养目标】

1. 培养运用所学知识解决实际问题的能力。
2. 培养细致负责的工作作风。

任务准备

1. 知识准备

在物流快递行业中，承运公司通常对小件商品按重量收费，而对大件商品通常按体积收费。运费通常由首重和续重两部分构成，首重是指最低收费重量，没有达到此重量仍按规定重量收费，续重是指对超过首重的部分，按照超过的数量乘以单价进行计费。同时，快递公司有时候也会根据商品超长或超重情况收取附加费。

2. 技能准备

2.1 VLOOKUP函数

【格式】=VLOOKUP(查找值，查找区域，返回值的列序号，查找类型)

【作用】在指定区域中查找给定值，最终返回找到值所在的行号和指定列号交叉位置的值。

【说明】查找值必须属于查找区域的第一列的值。查找类型有True和False两种：当取True时表示近似查找，如果找不到精确匹配值，则匹配小于查找值的最大数值，要求查找区域的值必须是经过排序的；当取值为False时，表示进行精确查找，大多数情况下均用此类型。

2.2 SUMIF函数

【格式】=SUMIF(条件判断区域，过滤条件，求和区域)

【作用】对满足过滤条件的行进行求和。

任务实施

1. 制作运费标准表

打开“模块四任务四附件”，在 Sheet2(运费标准)中按照运费计算标准制作如图 4-4-1 所示的“运费标准表”。

2. 制作体积及运费计算表

在 Sheet3(体积及运费计算)的 A1、B1、C1 单元格中分别输入“提单号”“运单商品体积(m^3)”“运费(元)”三个列标题，从“销售记录单”工作表中复制提单号到 A 列，如图 4-4-2 所示。

	A	B
1	体积（m^3）	运费标准
2	0.001	30
3	0.201	50
4	0.401	70
5	0.601	90
6	0.801	110
7	1.001	130
8	1.201	150
9	1.401	170
10	1.601	190
11	1.801	210
12	2.001	230

图 4-4-1　运费标准表

	A	B	C
1	提单号	运单商品体积（m^3）	运费（元）
2	SN10516846565		
3	SN10514285460		
4	SN10540505015		
5	GM100610545-01-01		
6	GM100646666-01-01		
7	SN10516015555		

图 4-4-2　体积及运费计算表

3. 删除重复提单号

将光标定位到“体积及运费计算”表中 A 列任何位置，单击“数据”选项卡下“数据工具”中的“删除重复值”，出现如图 4-4-3 所示的“删除重复值”对话框，点击“确定”，出现如图 4-4-4 所示的删除重复值提示。

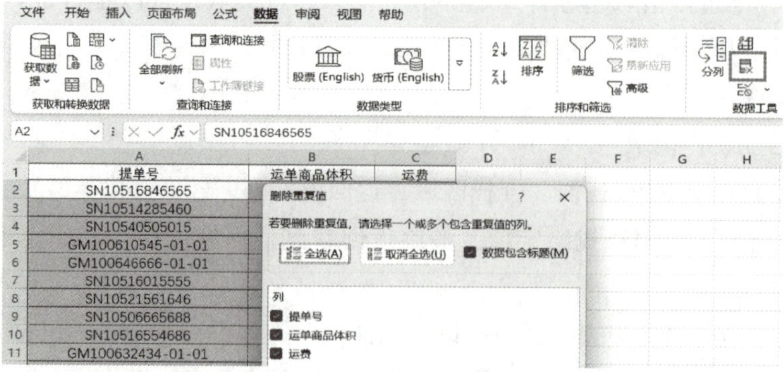

图 4-4-3　删除重复值对话框

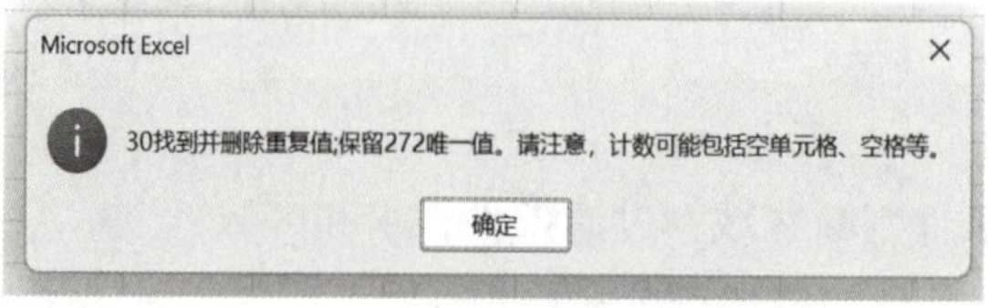

图 4-4-4　删除重复值提示

4. 计算运单商品体积

在体积及运费计算表的 B2 单元格中输入公式"=SUMIF(销售记录单! C:C,@体积及运费计算! A:A,销售记录单! F:F)"，回车后即可得到第一个提单的商品体积，将公式引用至最后一个提单号所在的行，分别汇总出每一个提单号的商品体积，如图 4-4-5 所示。

5. 计算提单运费

在体积及运费计算表中的 C2 单元格中输入公式"=VLOOKUP(B2,运费标准! A$2:B$12,2,1)"，回车后即可计算出第一个提单的运费，将公式引用至最后一个提单号所在的行，完成对所有提单号运费的计算，如图 4-4-6 所示。

	A	B	C
1	提单号	运单商品体积(m^3)	运费(元)
2	SN10516846565	0.415	
3	SN10514285460	0.415	
4	SN10540505015	0.4	
5	GM100610545-01-01	0.372	
6	GM100646666-01-01	0.317	
7	SN10516015555	0.352	
8	SN10521561646	1.525	
9	SN10506665688	0.415	
10	SN10516554686	0.089	

图 4-4-5 运单商品体积汇总

	A	B	C
1	提单号	运单商品体积(m^3)	运费(元)
2	SN10516846565	0.415	70
3	SN10514285460	0.415	70
4	SN10540505015	0.4	50
5	GM100610545-01-01	0.372	50
6	GM100646666-01-01	0.317	50
7	SN10516015555	0.352	50
8	SN10521561646	1.525	170
9	SN10506665688	0.415	70
10	SN10516554686	0.089	30

图 4-4-6 提单运费计算结果

任务小结

在本任务中同一运单可能涉及多种不同商品，因此需要将这些不同商品的体积求和。体积求和通过条件求和 SUMIF 函数来完成。在完成运单体积求和之后，通过 VLOOKUP 函数来进行运费标准的匹配。VLOOKUP 函数有四个参数，其最后一个参数"匹配类型"一般情况下采用"False"进行精确匹配，但本任务中使用了"True"进行近似匹配，这种用法要求查找区域(本任务中的运费标准)中的值是从小往大升序排列的，同时要特别注意临界值的处理。

人工智能小贴士：

在 ChatGPT 人工智能技术的支持下，当你面对配送运费计算的任务毫无头绪时，可以使用提示词"配送""运费计算"等让它帮助你设计运费计算的初稿，然后再根据实际使用情况进行完善。

任务评价

本任务为分组任务：每组若干组员，在组长带领下，根据任务内容进行分工，使用学生自评表(表 4-4-1)、学生互评表(表 4-4-2)、教师评价表(表 4-4-3)完成任务评价。

表 4-4-1　学生自评表

班级		学号		姓名	
角色	□组长　□组员		完成时间		
任务内容		完成情况记录			

表 4-4-2　学生互评表

班级		被评人学号		被评人姓名	
评价者角色		评价者学号		评价者姓名	
任务内容		完成情况记录			

表 4-4-3　教师评价表

班级		被评人学号		被评人姓名	
任务内容		完成情况记录			

课证融通

一、单选题

1. 同一提单号的运费计算依据是(　　)。

A. 商品总重量　B. 商品总体积　C. 商品总数量　D. 商品总价格

2. SUMIF 函数的作用是(　　)。

A. 按条件计数　B. 按条件求和　C. 按条件查找　D. 按条件排序

3. 使用 VLOOKUP 函数进行近似匹配时，运费标准表的首列(体积区间)必须(　　)。

A. 降序排列　B. 升序排列　C. 随机排列　D. 无需排序

4. 若提单体积为 1.8m^3，运费标准表中对应区间的运费应为(　　)。

A. 30 元　B. 50 元　C. 70 元　D. 190 元

5. 在 VLOOKUP 函数中，最后一个参数设置为“1”表示(　　)。

A. 精确匹配　B. 近似匹配　C. 模糊匹配　D. 错误匹配

二、多选题

1. 运费计算的关键步骤包括(　　)。

A. 删除重复提单号　B. 使用 SUMIF 汇总商品体积

C. 使用 COUNTIF 统计订单数量　D. 使用 VLOOKUP 匹配运费标准

2. 关于 SUMIF 函数的参数，正确的说法是(　　)。

A. 第一个参数是条件判断区域　　B. 第二个参数是筛选条件

C. 第三个参数是求和区域　　D. 三个参数必须为同一区域

3. 运费标准表中“体积临界值”的处理要求是(　　)。

A. 必须包含上限值(如“2.0”)　　B. 必须从小到大排列

C. 必须使用整数　　D. 必须包含运费计算公式

4. 以下哪些场景适合使用近似匹配(VLOOKUP 的最后一个参数为 True)？(　　)

A. 根据成绩划分等级(如 90 分以上为 A)

B. 根据体积区间计算运费

C. 根据商品编号精确查找价格

D. 根据姓名查找身份证号

5. 可能导致运费计算错误的原因是(　　)。

A. 运费标准表未按升序排列

B. SUMIF 函数的条件区域未锁定(如未使用 $ 符号)

C. 未删除重复提单号

D. VLOOKUP 的查找区域未包含所有体积区间

课赛强化

某家电商场的配送中心现需为下单的客户配送商品，销售记录单数据在“模块四任务四附件”Sheet4(课赛强化)，请你帮助商场计算每个提单的运费。计算标准是：同一提单号，按该提单中商品的体积之和计算运费。体积小于等于 0.2m^3，运费为 40 元，之后每增加 0.2m^3，运费增加 25 元，超过 2m^3，运费相同。

课程思政

京东物流 2025 年大件商品运费计算与优化策略

一、背景与问题

2025 年，某电商企业通过京东物流配送一款智能按摩椅(包装尺寸 120cm×80cm×90cm，实际重量 45kg)，需从杭州仓发往北京。根据京东物流最新运费标准，需计算该订单的配送费用，并探索优化空间。

二、优化前运费计算过程

抛比系数：京东特快重货抛比系数为 6000；体积重量＝长×宽×高(cm)/抛比系数＝(120×80×90)/6000＝144kg；实际重量＝45kg；计费重量＝MAX(体积重量，实际重量)＝144kg(因体积重量远大于实际重量)。首重价格：14 元(1kg 内)；续重价格：4 元/kg；总运费＝14+(144−1)×4＝14+572＝586 元。

三、体积优化后计算运费

由于按摩椅包装松散导致体积重量畸高，严重影响利润。可压缩体积，采用可折叠支架+真空压缩包装，将尺寸优化至110cm×75cm×85cm。

新体积重量＝(110×75×85)/6000＝117kg，运费降至14+(117－1)×4＝478元，节省18%。

四、智能调度

路径优化：京东物流AI系统推荐“杭州—天津—北京”中转路线，利用天津分拨中心空闲运力，节省燃油费约200元；车型匹配：选择17.5m平板车(载重30t)，单件运输成本再降5%。

五、政策利用

批量折扣：当月累计发货量超10t，享受续重费9折优惠，最终运费＝5630×0.9＝5067元。

请同学们根据案例思考：

还可以采用什么方案降低配送运费呢？

模块五　自动化设备性能分析

项目背景

快鹿商超集团是一家大型连锁商超企业，总部设在 A 市，其经营网络覆盖全国大部分地区，拥有完善的物流服务网络。依托先进的物流服务平台，主要为快鹿商超集团分布在 A 市的门店提供仓储和市内配送等物流服务，同时为该集团分布在其他城市的门店提供长途干线运输等物流服务。随着业务量的日益增长，快鹿商超集团决定在 A 市新建一座集存储、分拣等功能为一体的智慧仓库。为了快速而高效地服务客户，减少现场操作人员的数量，公司在智慧仓库设备选型时优先考虑引进智能化物流设备，目前初步选定搬运 AGV、多层穿梭车、分拣 AGV、自动分拣机等。

任务一　AGV 设备性能分析

任务描述

2024 年 9 月 1 日，快鹿商超集团在 A 市建立了智慧仓库，初步选用了两款 AGV 搬运设备 AQR80 和 AC100。经过 6 个月的运营之后，快鹿商超集团管理层下发指示，要求对现有设备进行对比，确定最终选型。物流中心总监蒋立安排智慧仓主管陈辰负责本次自动化设备性能分析及选型工作，并于 2025 年 3 月 15 日上报设备性能分析结果。陈辰对两款 AGV 搬运设备行走的距离和所用时间进行了数据搜集和分析，经计算得出运行的速度。随机抽取了 50 个数据（见表 5-1-1 及表 5-1-2），根据速度指标进行相应的统计分析并绘制直方图，以便集团管理层确定最终选择哪个型号的 AGV。

表 5-1-1　AGV 搬运设备 AQR80 性能数据表

AQR80 设备速度				
0.74	0.68	0.54	0.61	0.61
0.60	0.66	0.58	0.66	0.69
0.60	0.34	0.69	0.58	0.66
0.62	0.46	0.48	0.51	0.68
0.63	0.61	0.69	0.69	0.38
0.51	0.72	0.71	0.46	0.62

续表

AQR80 设备速度				
0. 62	0. 74	0. 69	0. 45	0. 50
0. 74	0. 66	0. 55	0. 57	0. 60
0. 51	0. 70	0. 71	0. 59	0. 59
0. 65	0. 68	0. 67	0. 59	0. 65

表 5-1-2　AGV 搬运设备 AC100 性能数据表

AC100 设备速度				
0. 31	0. 69	0. 70	0. 63	0. 74
0. 67	0. 58	0. 57	0. 66	0. 57
0. 63	0. 73	0. 66	0. 60	0. 62
0. 31	0. 71	0. 57	0. 56	0. 64
0. 55	0. 43	0. 63	0. 68	0. 30
0. 66	0. 70	0. 71	0. 57	0. 62
0. 56	0. 64	0. 54	0. 73	0. 58
0. 67	0. 58	0. 24	0. 69	0. 47
0. 67	0. 68	0. 59	0. 72	0. 50
0. 63	0. 60	0. 62	0. 25	0. 33

学习目标

【知识目标】

1. 掌握 AGV 搬运设备的主要性能指标。
2. 掌握频率直方图的制作步骤。

【技能目标】

1. 能够熟练使用 Excel 对设备性能指标进行描述统计。
2. 能够制作性能指标的频率直方图。

【素养目标】

1. 树立严谨认真的工作态度。
2. 培养吃苦耐劳的工作精神。

任务准备

1. 知识准备

AGV 搬运设备的主要性能指标如下：

(1) 额定载重量

额定载重量即自动导引搬运车所能承载货物的最大重量。AGV 的载重量范围在 50～

20000kg，其中以中小型居多。随着 AGV 在生产、物流领域小件分拣搬运中的广泛使用，小载重量的 AGV 将会越来越多。

（2）自重

自重是指自动导引搬运车与电池加起来的总重量。目前 AGV 自重 20kg 至几百千克不等，主要与载重量和结构有关。随着技术的发展，AGV 的自重会逐渐降低。

（3）车体尺寸

车体尺寸是指车体的长、宽、高外形尺寸，该尺寸应该与所承载货物的尺寸和通道宽度相适应。分拣 AGV 的车体尺寸一般小于搬运 AGV。

（4）停位精度

停位精度指 AGV 到达目的地址处并准备自动移载时所处的实际位置与程序设定的位置之间的偏差值。这一参数很重要，是确定移载方式的主要依据，不同的移载方式要求不同的停位精度。目前，主流 AGV 的停位精度均小于 10mm。

（5）最小转弯半径

最小转弯半径指 AGV 在空载低速行驶，偏转程度最大时，瞬时转向中心到 AGV 纵向中心线的距离，是确定车辆弯道运行所需空间的重要参数。

（6）运行速度

运行速度指 AGV 行驶时所能达到的最大速度，是确定车辆作业周期和搬运效率的重要参数。运行速度分空载与负载两种情况，一般空载速度要大于负载速度。但相差不大。以某车型为例，空载速度为 2.0m/s，负载速度为 1.6m/s。

（7）工作周期

工作周期是 AGV 完成一次工作循环所需的时间，为不确定性指标，与导引方式、工作距离和地面条件等均有关系。

2. 技能准备

（1）描述统计

描述统计是通过图表或数学方法，对数据资料进行整理、分析，并对数据的分布状态、数字特征和随机变量之间的关系进行估计和描述的方法。描述性统计分析的作用主要是将搜集整理的一系列复杂数据，加工处理减少到几个起到描述概括的关键数据，然后对已有数据集进行整体分析。

描述统计最简单的办法是使用 Excel 进行统计，以 Excel 2016 为例，具体步骤如下：

① 启用“数据分析”工具。

在 Excel 中单击“文件”→“选项”→“加载项”，然后单击下部的“转到”，跳出“加载项”对话框。在加载项中勾选“分析工具库”，单击“确定”（见图 5-1-1）。

② 运行描述统计。

单击 Excel 菜单栏“数据”→“数据分析”→“描述统计”，单击“确定”。依次选择设置“输入区域”“分组方式”“输出区域”参数，勾选“汇总统计”，选择设置“平均数置信度”等其他参数，单击“确定”（见图 5-1-2），即可获得描述统计结果（见图 5-1-3）。

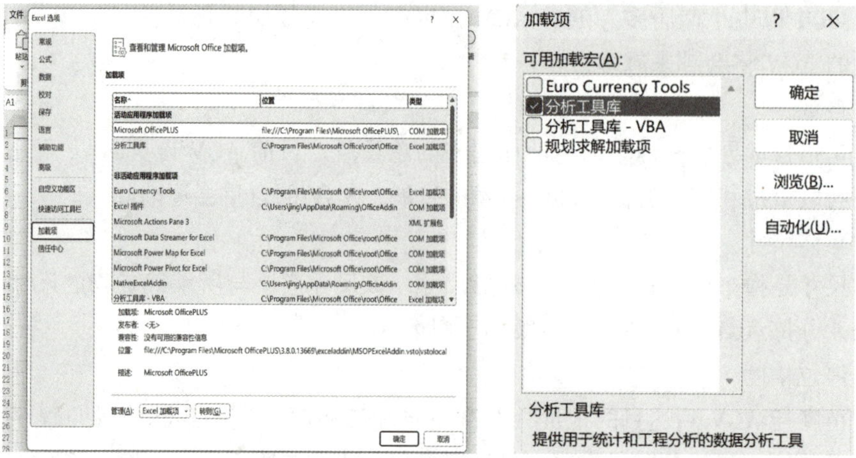

图 5-1-1 启用数据分析工具

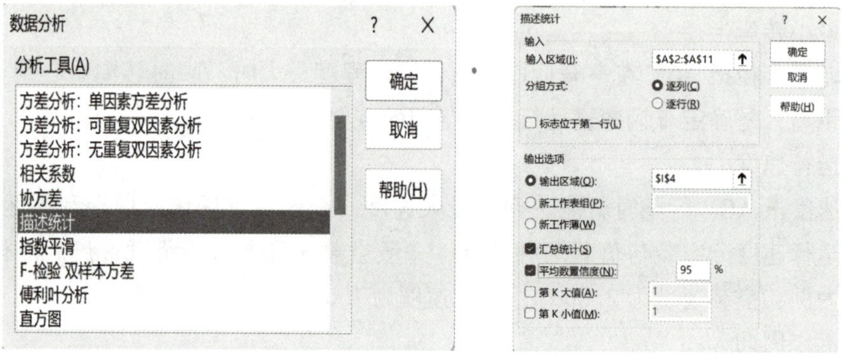

图 5-1-2 描述统计对话框

平均	0.622
标准误差	0.024667
中位数	0.62
众数	0.74
标准差	0.078003
方差	0.006084
峰度	-0.19153
偏度	0.139695
区域	0.23
最小值	0.51
最大值	0.74
求和	6.22
观测数	10
置信度(95.0%)	0.0558

图 5-1-3 描述统计结果

(2) 频率直方图

直方图是由一系列高度不同的线段来代表数据分布的图形，简单来讲，频率直方图就是利用直方图来反映样本的频率分布规律。一般用横轴表示变量的取值，纵轴表示频率与组距的比值，形成小矩形构成频率直方图，这样能直观显示各组频数在总数中所占份额。利用 Excel 2016 制作频率直方图的具体步骤如下。

第一步：计算相关数据。计算“最大值”“最小值”“极差”“分组数”“分组组距”等相关数据。其中计算数据中的最大值，目的是确定直方图起止范围的终点；计算数据中的最小值，目的是确定直方图起止范围的起始点；极差就是最大值与最小值的差值；直方图的分组数量不是一个硬性数值，可以采用数据数量开平方后取整数等方式来确定分组数；分组组距就是极差除以分组数。

第二步：分组。分组就是确定直方图的横轴坐标起止范围和每个小组的起止位置。选一个比最小值小的恰当的值作为第一个组的起始坐标，然后依次加上“分组组距”，直到最后一个数据值比“最大值”大为止。

第三步：生成频率分布表。频率就是统计每个分组中所包含的数据的个数，采用 FREQUENCY 函数计算频数。选中输出区域后，输入公式“=FREQUENCY(Date_array,Bins_array)”，其中 Date_array 是要统计的数据源，Bins_array 是直方图分组的数据源。同时按 Ctrl+Shift+Enter 键确认，即可得出每个分组的频数。

第四步：绘制直方图。选中分组和频率，点击菜单栏“插入→图表→柱形图→簇状柱形图”。选中柱形区域单击鼠标右键，设置直方图格式和外观。

任务实施

1. 整理数据

找到附件 5-1，打开表 5-1-1 和表 5-1-2，把 AQR80 和 AC100 设备速度的数据字段复制到新表中，单击 Excel 菜单栏“数据”→“数据分析”→“描述统计”，单击“确定”(见图 5-1-4)

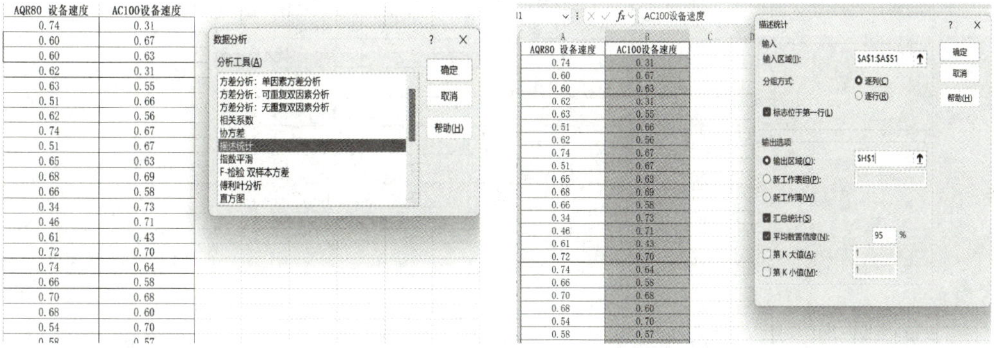

图 5-1-4　设备速度描述统计

2. 对比描述统计

选中“数据”，选择输出区域后，得到 AQR80 和 AC100 两个设备各 50 个运行速度的描述统计，对比相关数据(见图 5-1-5)。

AQR80　设备速度		AC100设备速度	
平均	0.6094	平均	0.5858
标准误差	0.013153	标准误差	0.018268
中位数	0.62	中位数	0.62
众数	0.69	众数	0.63
标准差	0.093009	标准差	0.129175
方差	0.008651	方差	0.016686
峰度	0.524904	峰度	1.248978
偏度	-0.90018	偏度	-1.38852
区域	0.4	区域	0.5
最小值	0.34	最小值	0.24
最大值	0.74	最大值	0.74
求和	30.47	求和	29.29
观测数	50	观测数	50
置信度(95.0%)	0.026433	置信度(95.0%)	0.036711

图 5-1-5　描述统计对比结果

3. 绘制直方图

第一步：计算相关数据。计算“最大值”“最小值”“极差”“分组数”“分组组距”等相关数据，此处以分组数取 8 为例(见图 5-1-6)。

AQR80设备速度		AC100设备速度	
数据名称	数值	数据名称	数值
最大值	0.74	最大值	0.74
最小值	0.34	最小值	0.24
极差	0.40	极差	0.50
分组数	8	分组数	8
组距	0.05	组距	0.0625

图 5-1-6　相关数据

第二步：分组。选一个比最小值小的恰当的值作为第一个组的起始坐标，然后依次加上“分组组距”(见图 5-1-7)。

AQR80 设备速度		AQR81 设备速度	
序号	分组	序号	分组
1	0.3	1	0.2
2	0.35	2	0.2625
3	0.4	3	0.325
4	0.45	4	0.3875
5	0.5	5	0.45
6	0.55	6	0.5125
7	0.6	7	0.575
8	0.65	8	0.6375

图 5-1-7　分组数据结果

第三步：生成频率分布表。频率就是统计每个分组中所包含的数据的个数，采用 FREQUENCY 函数计算频数。选中输出区域后，输入公式“=FREQUENCY(Date_array,Bins_array)”，其中 Date_array 是要统计的数据源，Bins_array 是直方图分组的数据源。同时按 Ctrl+Shift+Enter 键确认，即可得出每个分组的频率(见图 5-1-8)。

	AQR80设备速度			AC100设备速度	
序号	分组	频率	序号	分组	频率
1	0.3	0	1	0.2	0
2	0.35	1	2	0.2625	2
3	0.4	1	3	0.325	3
4	0.45	0	4	0.3875	1
5	0.5	4	5	0.45	1
6	0.55	5	6	0.5125	2
7	0.6	10	7	0.575	8
8	0.65	9	8	0.6375	13
9	0.7	20	9	0.7	20

图 5-1-8　频率分布结果

第四步：绘制直方图。选中分组和频率，点击菜单栏“插入→图表→柱形图→簇状柱形图”。选中柱形区域单击鼠标右键，设置直方图格式和外观(见图 5-1-9)。

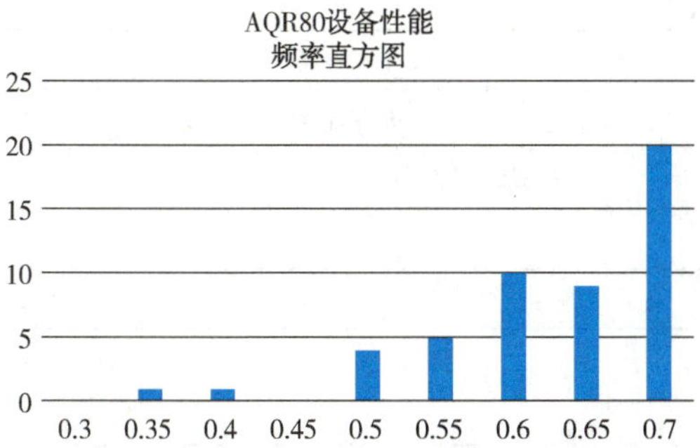

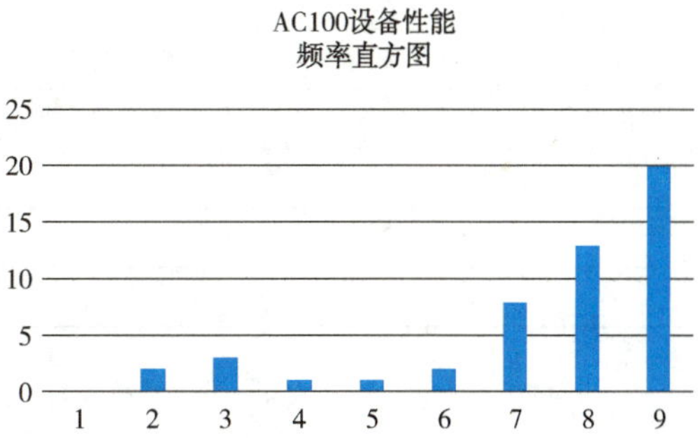

图 5-1-9　频率直方图结果

任务小结

通过统计描述和直方图分析，物流企业可精准掌握设备运行效率、稳定性及故障规律，通过对比设备的均值与标准差识别性能差异；通过频率分布发现速度集中区间，优化分拣、运输环节的调度策略。这种数据驱动的分析可降低停机风险、提升吞吐量，最终实现降本增效与智能化管理升级。

人工智能小贴士：

在 Deepseek 人工智能技术的支持下，当你面对绘制频率直方图任务毫无头绪时，可以使用提示词“直方图”“统计描述”“智能物流设备性能分析”等关键词让它帮助你列出任务实施步骤，然后再根据实际使用情况进行完善。

任务评价

本任务为分组任务：每组若干组员，在组长带领下，根据任务内容进行分工，使用学生自评表(表 5-1-3)、学生互评表(表 5-1-4)、教师评价表(表 5-1-5)完成任务评价。

表 5-1-3　学生自评表

班级		学号		姓名	
角色	□组长　□组员		完成时间		
任务内容		完成情况记录			

表 5-1-4　学生互评表

班级		被评人学号		被评人姓名	
评价者角色		评价者学号		评价者姓名	
任务内容		完成情况记录			

表 5-1-5　教师评价表

班级		被评人学号		被评人姓名	
任务内容		完成情况记录			

课证融通

一、单选题

1. 描述统计最简单的办法是使用 Excel 的(　　)菜单进行统计。

A. 插入　　B. 公式　　C. 视图　　D. 数据

2. (　　)是通过图表或数学方法，对数据资料进行整理、分析，并对数据的分布状态、数字特征和随机变量之间的关系进行估计和描述的方法。

A. 描述统计　　B. 数值统计　　C. 数据统计　　D. 估计统计

3. (　　)函数为 AVERAGE，是指在一组数据中所有数据之和再除以这组数据的个数，用来表明资料中各观测值相对集中较多的中心位置。

A. 均值　　B. 中位数　　C. 众数　　D. 中心值

4. 确定直方图的分组数量，一般采用数据数量(　　)的值来确定分组数。

A. 最大　　B. 平方根　　C. 最小　　D. 平均

5. 在绘制频率分布直方图时，(　　)就是最大值与最小值的差值。

A. 极值　　B. 标准差　　C. 方差　　D. 极差

二、多选题

1. AGV 设备的主要性能指标包括(　　)。

A. AGV 小车的额定载重量　　B. AGV 小车自重

C. AGV 小车停位精度　　D. AGV 小车最小转弯半径

2. AGV 小车运行速度是指自动导引搬运车在额定载重下行驶时所能达到的最大速度，它是确定(　　)的重要参数。

A. 最大作业能力　　B. 进出库作业量　　C. 车辆作业周期　　D. 搬运效率

3. 绘制直方图的步骤有哪些？(　　)

A. 计算相关数据　　B. 分组　　C. 生成频率分布图　D. 绘制直方图

4. 通过 AGV 数据分析推动绿色物流发展，可采取哪些措施？(　　)

A. 优先选择速度均值高但能耗超标的设备

B. 基于直方图识别设备低速区间，优化调度减少空驶

C. 忽略设备稳定性，仅关注采购成本最低的型号

D. 通过标准差分析设备运行稳定性，降低故障率

5. AGV 设备性能分析中，以下哪些指标直接影响设备选型决策？(　　)

A. 速度平均值(均值)　　B. 速度标准差

C. 设备外观颜色　　D. 运行速度的极差

课赛强化

以下为快鹿商超集团智慧仓 2025 年 4 月份统计的 AGV 搬运设备速度，请对表 5-1-6 中数据进行描述统计，并绘制直方图。

表 5-1-6　2025 年 4 月 AGV 搬运设备速度

0.71	0.23	0.35	0.65	0.52
0.57	0.68	0.73	0.69	0.37
0.22	0.53	0.57	0.37	0.68
0.71	0.52	0.32	0.62	0.56
0.57	0.56	0.67	0.55	0.52
0.66	0.38	0.68	0.54	0.50
0.67	0.63	0.68	0.71	0.72
0.68	0.60	0.71	0.65	0.47
0.66	0.60	0.53	0.54	0.68
0.72	0.71	0.67	0.53	0.58
0.71	0.64	0.59	0.62	0.46
0.43	0.61	0.61	0.48	0.45
0.61	0.48	0.43	0.62	0.43
0.70	0.43	0.49	0.43	0.33
0.66	0.72	0.39	0.61	0.35
0.56	0.64	0.70	0.49	0.71
0.65	0.67	0.74	0.44	0.44
0.66	0.52	0.26	0.70	0.61
0.46	0.70	0.67	0.52	0.62
0.68	0.69	0.30	0.71	0.69

课程思政

数据赋能：德邦智能分拣机器人效率倍增

德邦快递在上海浦东分拨中心实施的智能分拣机器人效能提升项目，是国内物流企业

智能化实践的典型案例。该分拨中心部署了200台“小黄人”AGV机器人用于大件包裹分拣，通过实时采集设备运行数据，包括分拣速度、故障代码、能耗等关键性能指标(KPI)，建立了完整的设备性能分析体系。在运行中发现，通过数据分析显示20%的机器人分拣效率仅为平均值的70%，性能波动明显；每日约15台机器人因轮毂过热或路径规划错误而宕机，MTBF(平均故障间隔时间)低于设计标准；且通过分时段对比分析发现夜班效率比白班低25%，自动化设备的稳定性有待提升。

针对这些通过性能分析发现的问题，德邦快递采取了数据驱动的改进措施：首先基于温度监测数据更换耐高温电机和强化轮毂，使故障率下降50%；其次通过对路径规划日志的分析，基于华为云AI优化算法，提升分拣速度18%；最后通过运营数据分析，在夜班增设调度员实时监控，使夜班效率恢复至白班的90%。改进后性能监测显示，这些改进使分拨中心在“双11”期间单日分拣量从25万件提升至35万件，OEE(设备综合效率)提升至92%，减少30台备用机器人采购，节省600万元成本，并入选交通运输部“智慧物流典型案例”。

该项目通过建立完善的设备性能监测与分析系统，实现了从被动维修到预测性维护的转变，证明智能物流设备需要基于数据分析的持续优化，包括硬件升级、算法调优和运营管理的协同改进。这种数据驱动的性能分析方法为行业智能化升级提供了宝贵的实践经验，展现了设备性能分析在提升自动化系统效能方面的重要价值。

根据案例思考以下问题：

1. 指出德邦快递智能设备三个最关键的性能指标(KPI)及其优化价值。
2. 若缺乏设备性能分析这一工作环节，可能给物流企业带来哪些运营风险？

任务二　AGV设备异常分析

任务描述

2024年9月1日，快鹿商超集团在A市建立了智慧仓库，初步选用了一批AGV搬运设备。经过6个月的运营之后，智慧仓自动化设备出现一定的故障率。为有效解决潜在问题，提升智慧仓整体运营效能，并为后续设备维护与更新打好基础，公司决定针对异常频发的设备及其所处位置展开深入分析研究。快鹿商超集团管理层下发指示要求对智慧仓自动化设备进行异常分析，物流中心总监蒋立安排智慧仓管理员刘东负责本次设备异常分析工作，并于2025年4月10日上报设备异常分析结果。

刘东对设备的异常地点、故障次数等进行了数据搜集和分析，该智慧仓平面码点分布情况(见表5-2-1)、2024年9月—2025年3月智慧仓设备运营异常情况记录(见表5-2-2)、2025年3月AGV设备异常次数统计(见表5-2-3)情况如下。

表 5-2-1 智慧仓平面码点分布情况

智慧仓平面码点分布情况														
	货架第 1 列	货架第 2 列	货架第 3 列	通道 1	货架第 4 列	货架第 5 列	货架第 6 列	通道 2	货架第 7 列	货架第 8 列	货架第 9 列	通道 3	通道 4	工作站
通道 1	101XY101	102XY101	103XY101	104XY101	105XY101	106XY101	107XY101	108XY101	109XY101	110XY101	111XY101	112XY201	113XY101	114XY101
货架第 1 排	101XY102	102XY102	103XY102	104XY102	105XY102	106XY102	107XY102	108XY102	109XY102	110Y102	111XY102	112XY102	113XY102	114XY102
货架第 2 排	101XY103	102XY103	103XY103	104XY103	105XY103	106XY103	107XY103	108XY103	109XY103	110XY103	111XY103	112XY103	113XY103	114XY103
通道 2	101XY104	102XY104	103XY104	104XY104	105XY104	106XY104	107XY104	108XY104	109XY104	110XY104	111XY104	112XY104	113XY104	114XY104
货架第 3 排	101XY105	102XY105	103XY105	104XY105	105XY105	106XY105	107XY105	108XY105	109XY105	110XY105	111XY105	112XY105	113XY105	114XY105
货架第 4 排	101XY106	102XY106	103XY106	104XY106	105XY106	106XY106	107XY106	108XY106	109XY106	110XY106	111XY106	112XY106	113XY106	114XY106
通道 3	101XY107	102XY107	103XY107	104XY107	105XY107	106XY107	107XY107	108XY107	109XY107	110Y107	111XY107	112XY107	113XY107	114XY107
货架第 5 排	101XY108	102XY108	103XY108	104XY108	105XY108	106XY108	107XY108	108XY108	109XY108	110XY108	111XY108	112XY108	113XY108	114XY108
货架第 6 排	101XY109	102XY109	103XY109	104XY109	105XY109	106XY109	107XY109	108XY109	109XY109	110XY109	111XY109	112XY109	113XY109	114XY109
通道 4	101XY110	102XY110	109XY110	104XY110	105XY110	106XY110	107XY110	108XY10	109XY110	110XY110	111XY110	112XY110	113XY110	114XY110
货架第 7 排	101XY111	102XY111	103XY111	104XY111	105XY111	106XY111	107XY111	108XY111	109XY111	110XY111	111XY111	112XY111	113XY111	114XY111
货架第 8 排	101XY112	102XY112	103XY112	104XY112	105XY112	106XY112	107XY112	108XY112	109XY112	110XY112	111XY112	112XY112	113XY112	114XY112
通道 5	101XY113	102XY113	103XY113	104XY113	105XY113	106XY113	107XY113	108XY113	109XY113	110XY113	111XY113	112XY113	113XY113	114XY113
货架第 9 排	101XY114	102XY114	103XY114	104XY114	105XY114	106XY114	107XY114	108XY114	109XY114	110XY114	111XY114	112XY114	113XY114	114XY114
货架第 10 排	101XY115	102XY115	103XY115	104XY115	105XY115	106XY115	107XY115	108XY115	109XY115	110XY115	111XY115	112XY115	113XY115	114XY115
通道 6	101XY116	102XY116	103XY116	104XY116	105XY116	106XY116	107XY116	108XY116	109XY116	110XY116	111XY116	112XY116	113XY116	114XY116
货架第 11 排	101XY117	102XY117	103XY117	104XY117	105XY117	106XY117	107XY117	108XY117	109XY117	110XY117	111XY117	112XY117	113XY117	114XY117
货架第 12 排	101XY118	102XY118	103XY118	104XY11B	105XY118	106XY118	107XY118	108XY118	109XY118	110XY118	111XY118	112XY118	113XY118	114XY118
通道 7	101XY119	102XY119	103XY119	104XY119	105XY119	106XY119	107XY119	108XY119	109XY119	110XY119	111XY119	112XY119	113XY119	114XY119

表 5-2-2　2024 年 9 月—2025 年 3 月智慧仓设备运营异常情况记录

智慧仓运营异常情况记录表						
序号	异常发生日期	运营异常类型	运营异常设备	异常发生码点	异常情况记录人	备注
1	2024 年 9 月 1 日	AGV 设备无法识别二维码	AGV104	104XY102	仓管员刘＊＊	
2	2024 年 9 月 1 日	设备与货架发生碰撞	AGV136	108XY104	仓管员王＊	
3	2024 年 9 月 1 日	AGV 停止运行	AGV115	112XY111	仓管员王＊	
4	2024 年 9 月 1 日	AGV 停止运行	AGV109	101XY105	仓管员王＊	
5	2024 年 9 月 2 日	AGV 设备无法识别二维码	AGV122	113XY101	仓管员刘＊＊	
6	2024 年 9 月 2 日	设备与货架发生碰撞	AGV104	104XY111	仓管员刘＊＊	
7	2024 年 9 月 2 日	AGV 停止运行	AGV133	105XY114	仓管员刘＊＊	
8	2024 年 9 月 3 日	行驶过程中，AGV 偏离预设路径	AGV114	102XY103	仓管员刘＊＊	
9	2024 年 9 月 4 日	AGV 无法充电	AGV139	114XY104	仓管员刘＊＊	
10	2024 年 9 月 5 日	AGV 停止运行	AGV129	101XY106	仓管员李＊＊	
11	2024 年 9 月 5 日	设备与货架发生碰撞	AGV114	105XY114	仓管员李＊＊	
12	2024 年 9 月 5 日	行驶过程中，AGV 偏离预设路径	AGV111	103XY109	仓管员李＊＊	
13	2024 年 9 月 5 日	AGV 停止运行	AGV102	113XY115	仓管员李＊＊	
14	2024 年 9 月 6 日	行驶过程中，AGV 偏离预设路径	AGV123	114XY101	仓管员李＊＊	
15	2024 年 9 月 7 日	AGV 无法充电	AGV104	109XY101	仓管员李＊＊	

表 5-2-3　2025 年 3 月 AGV 设备异常次数统计

2025 年 3 月 AGV 设备异常次数							
设备名称	异常次数	设备名称	异常次数	设备名称	异常次数	设备名称	异常次数
AGV100	27	AGV110	14	AGV120	34	AGV130	16
AGV101	44	AGV111	111	AGV121	79	AGV131	41
AGV102	20	AGV112	19	AGV122	53	AGV132	19
AGV103	18	AGV113	17	AGV123	17	AGV133	17
AGV104	37	AGV114	38	AGV124	16	AGV134	58
AGV105	63	AGV115	97	AGV125	38	AGV135	35
AGV106	20	AGV116	20	AGV126	12	AGV136	20
AGV107	38	AGV117	56	AGV127	20	AGV137	18
AGV108	21	AGV118	20	AGV128	44	AGV138	21
AGV109	55	AGV119	2	AGV129	30	AGV139	11

学习目标

【知识目标】

1. 掌握智慧物流设备发生异常的原因。
2. 掌握异常频发码点和异常频发设备分析方法。

【技能目标】

1. 能够使用 Excel 制作热力图分析异常频发码点。
2. 能够使用 Excel 制作箱线图分析异常频发设备。

【素养目标】

1. 树立严谨认真的工作态度。
2. 培养吃苦耐劳的工作精神。

任务准备

1. 知识准备

智慧物流设备作为现代仓储系统的核心组成部分，其运行稳定性直接关系到整体物流效率。常见的智慧物流设备异常主要源于硬件系统、软件系统和运营管理三个维度的因素，这些因素往往相互影响，形成连锁反应。

(1) 硬件系统异常

智慧物流设备硬件系统异常通常是由设备本身产生的，硬件系统异常导致设备故障的原因是多方面的，主要有以下几种类型。

一是机械零件的损坏及配合关系的变化。设备是由机械零件组成的，零件间配合完成工作任务。在设备使用过程中，其零件如果发生了尺寸与形状的变化，一般会有最大允许变化的极值，一旦偏离原始设计性能，就会发生零件本身损坏或配合关系变化，导致设备不能正常使用。常见的零件损伤是由于意外损伤和长期使用老化损伤造成的。

二是设备超负荷运转。每台设备都有一个合理的负荷区间，上限即设备的设计输出极限，设备在设计生产时，都会考虑一定的超负荷运转能力，设备达到使用年限后，一般也能减负荷正常运转，但如果长期超负荷使用，机械的正常状态将遭到破坏形成故障，如吊车长期的超负荷起重。

三是机械工作能力的损耗。任何设备，随着使用时间的增长，在偶发异常期过后，性能都会出现一定程度的下降。如吊车长期使用后，起重能力会有所下降；AGV 长期使用后，运转速度与灵敏度也会下降。

在硬件系统方面，设备的异常呈现出明显的阶段性特征。在设备运行初期(0～500 小时)，异常主要源于装配误差和零部件磨合问题；在稳定运行期(500～5000 小时)，自然磨损成为主导因素，特别是传动系统、导向装置等运动部件的渐进式损耗；而在设备寿命后期(5000 小时以上)，材料疲劳和结构性老化则成为主要问题。值得注意的是，现代智慧物流设备普遍采用机电一体化设计，这使得机械异常往往伴随着电气参数的异常波动，形成复合型故障模式。

(2) 软件系统异常

由于仓库中的仓储管理与控制系统，或者仓库网络信息系统连接所导致的异常。软件系统异常可以分为内在原因与外在原因两种情况。

内在原因是系统软件开发中出现的、未能发现并修改的潜在隐患。如开发过程中的逻辑与代码错误。外在原因一般由两方面造成，一方面是软件依托的硬件系统发生外部或内部异常，另一方面是操作人员的错误操作，或系统遭到了病毒、外部黑客等的恶意侵袭。外在原因相对于内在原因，容易解决，能较快恢复正常。

而随着工业物联网的普及，网络安全风险呈现指数级增长态势，既包括传统的病毒、木马等威胁，也面临着新型的勒索软件威胁和攻击，这些风险具有潜伏期长、破坏性大的特点。

（3）仓库运营异常

仓库运营异常主要包括：设备长期使用，只在异常时进行应急修理，缺乏定期的预防性维护；设备超过使用年限，进入磨损故障期，进行大修才能恢复设备规定的精度和性能；设备使用人员的粗暴操作与错误操作；仓库的外部环境不能满足设备正常运转，如湿度过大，造成部分零件锈蚀。

运营管理方面的异常反映了人机交互的深层次问题。操作人员的技能水平与设备复杂度之间不匹配常常导致误操作，这种问题在设备更新换代期间尤为明显。在维护管理方面，传统的事后维修模式难以适应智慧物流设备的预防性维护需求，特别是对关键部件的状态监测和寿命预测存在明显不足。在环境因素方面，除了常规的温湿度影响外，电磁干扰、振动噪声等新兴环境因素对高精度传感器的影响也不容忽视。

2. 技能准备

（1）异常频发码点分析

为精准定位设备异常频发位置，智慧仓管理人员需对特定时间周期内的设备异常数据进行深度分析，通过统计各码点的异常发生频次及异常类型，为团队提供精准的维修定位和故障排查依据。对于码点的分析一般认为，单月内同一码点异常发生次数超过15次即判定为频繁异常。在设备异常评估体系中，我们采用以下三个关键指标进行多维分析：

① 涉及AGV设备数量：该指标用于判别异常频发是否由特定设备引起。若异常涉及AGV数量较多，则表明该码点本身存在系统性问题的可能性较大；

② 码点异常占比：通过计算特定码点异常数占仓库同类异常总数的比例，可有效识别主要异常源。该指标值越高，说明该码点对整体异常情况的贡献度越大；

③ 近七日异常频次：该时效性指标用于监测异常问题的持续性。若近期仍保持较高异常发生率，则需优先安排检修处理，以避免影响扩大。

这三个指标从设备影响范围、异常集中度和时效性三个维度构建了完整的码点评估体系，为智慧仓的设备维护决策提供了科学依据。

（2）制作热力图

热力图是通过数值进行可视化用于表示地图中点密度的热图。热力图以特殊高亮的形式显示数据的大小和数据所发生地理区域。

使用Excel 2016制作热力图的步骤如下：

1）选中数值区域后，点击“开始”→“条件格式”→“色阶”，选择适合的配色方案（如红、黄、绿等），Excel会自动按数值大小填充颜色，数值越高颜色越深（或越暖），从而直观呈现数据分布（见图5-2-1）。

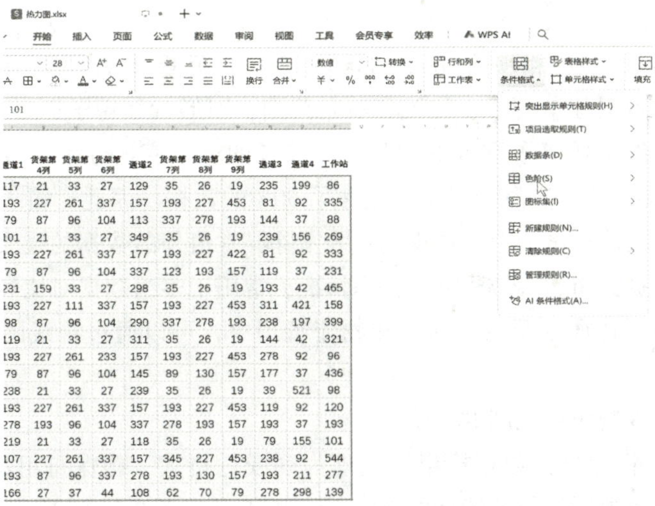

	货架第1列	货架第2列	货架第3列	通道1	货架第4列	货架第5列	货架第6列	通道2	货架第7列	货架第8列	货架第9列	通道3	通道4	工作站
通道1	101	97	68	117	21	33	27	129	35	26	19	235	199	86
货架第1排	333	130	157	193	227	261	337	157	193	227	453	81	92	335
货架第2排	219	62	70	79	87	96	104	113	337	278	193	144	37	88
通道2	33	14	22	101	21	33	27	349	35	26	19	239	156	269
货架第3排	238	130	157	193	227	261	337	177	193	227	422	81	92	333
货架第4排	253	62	70	79	87	96	104	337	123	193	157	119	37	231
通道3	19	134	22	231	159	33	27	298	35	26	19	193	42	465
货架第5排	432	130	157	193	227	111	337	157	193	227	453	311	421	158
货架第6排	354	62	70	98	87	96	104	290	337	278	193	238	197	399
通道4	27	14	22	119	21	33	27	311	35	26	19	144	42	321
货架第7排	321	130	157	193	227	261	233	157	193	227	453	278	92	96
货架第8排	238	62	70	79	87	96	104	145	89	130	157	177	37	436
通道5	41	14	22	238	21	33	27	239	35	26	19	39	521	98
货架第9排	89	355	157	193	227	261	337	157	193	227	453	119	92	120
货架第10排	53	62	337	278	193	96	104	337	278	193	157	193	37	193
通道6	211	14	66	219	21	33	27	118	35	26	19	79	155	101
货架第11排	89	130	157	107	227	261	337	157	345	227	453	238	92	544
货架第12排	53	337	278	193	87	96	337	278	193	130	157	193	211	277
通道7	101	11	21	166	27	37	44	108	62	70	79	278	298	139

图 5-2-1　制作热力图的过程

2）去掉文字。选中单元格，单击右键打开“单元格格式”，在“数字”→“自定义”中输入“;;;”，即可隐藏单元格中的文字（见图 5-2-2）。根据需求调整单元格的高度、宽度、颜色，获得最终效果。

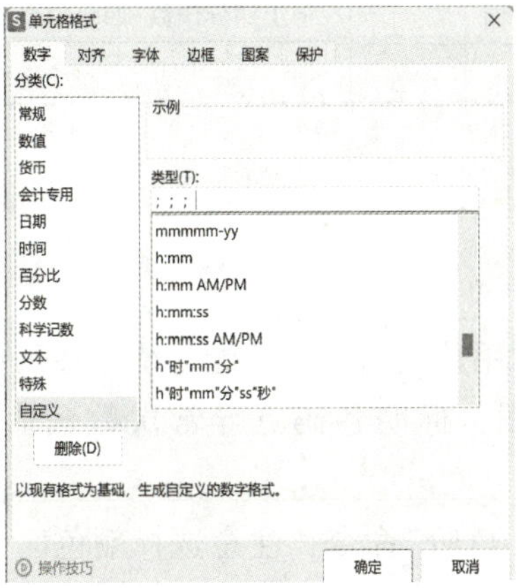

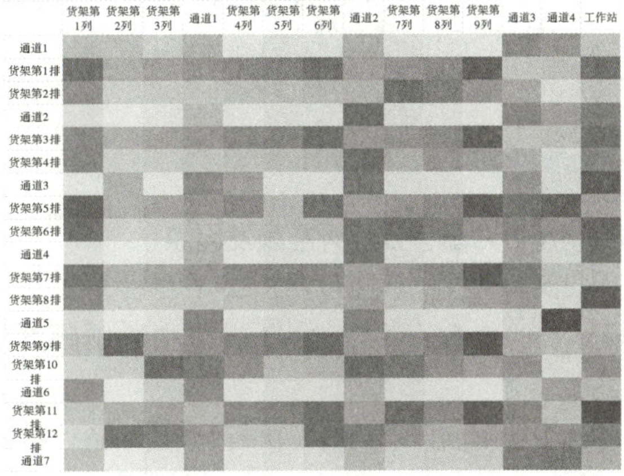

图 5-2-2　去掉文字的热力图

（3）制作箱线图

箱线图(Box-plot)也称箱须图(Box-whisker Plot)、箱形图、盒图，可以用来反映一组或多组连续型定量数据分布的中心位置和散布范围，因形状如箱子而得名。在箱线图中，箱子的中间有一条线，代表了数据的中位数。箱子的上下底，分别是数据的上四分位数(Q_3)和下四分位数(Q_1)，这意味着箱体包含了50%的数据。因此，箱子的高度在一定程度上反映了数据的波动程度。上下边缘则代表了除异常值外的数据的最大值和最小值。箱线图能直观反映数据分布、离散程度和偏态情况，常用于多组数据对比和异常值检测，是统计分析中探索数据特征的重要方法。在物流管理中，可以通过箱线图分析异常频发的设备。

使用Excel 2016制作箱线图的步骤如下：

① 准备数据：将待分析数据按组别整理为列或行格式，确保每组数据独立且完整。清除缺失值，数值型数据需符合统计要求。

② 创建图表：在Excel 2016中依次点击“插入”→“图表”→“统计图”→选择箱线图类型。

③ 格式设置：右键点击图表调整数据源和坐标轴，双击箱体自定义颜色样式。通过“图表工具”优化整体布局和视觉效果。

④ 分析箱线图：利用表5-2-4中的公式进行计算，对箱线图进行分析，异常次数超过箱线图异常值的设备应予以重点关注。

表5-2-4　箱线图数值与计算公式

名称	数值	公式	名称	数值	公式
最小值		=QUARTILE(取值区域，0)	上边缘异常值		=四分位差＊1.5+下四分位数
上四分位数		=QUARTILE(取值区域，1)	上边缘		=最靠近上边缘的正常值
中位数		=QUARTILE(取值区域，2)	下边缘异常值		=上四分位数-四分位差＊1.5
下四分位数		=QUARTILE(取值区域，3)	下边缘		=最靠近下边缘的正常值
最大值		=QUARTILE(取值区域，4)	极端上异常值		=四分位差＊3+下四分位数
四分位差		=下四分位数-上四分位数	极端下异常值		=上四分位数-四分位差＊3
均值		=AVERAGEA(取值区域)			

任务实施

1. 制作热力图，分析异常频发码点

① 找到附件5-2，打开表5-2-1和表5-2-2，利用数据透视表功能，统计各码点位置出现异常的次数，并在Excel表格中绘制码点地图，标明各码点异常次数数值(见图5-2-3)。

② 选中各码点异常数值，执行“开始—条件格式—色阶”命令，注意选择颜色区分较大的色阶(见图5-2-4)。

智慧仓运营异常情况记录表

序号	异常发生日期	运营异常类型	运营异常设备	异常发生码点	异常情况记录人	备注
1	2024年4月2日	AGV设备无法识别二维码	AGV104	104XY102	仓管员刘**	
2	2024年4月3日	设备与货架发生碰撞	AGV136	108XY104	仓管员王*	
3	2024年4月3日	AGV停止运行	AGV115	112XY111	仓管员王*	
4	2024年4月3日	AGV停止运行	AGV109	101XY105	仓管员王*	
5	2024年4月5日	AGV设备无法识别二维码	AGV122	113XY101	仓管员刘**	
6	2024年4月5日	设备与货架发生碰撞	AGV104	104XY111	仓管员刘**	
4	2024年4月5日	AGV停止运行	AGV133	105XY114	仓管员刘**	
8	2024年4月5日	行驶过程中，AGV偏离预设路径	AGV114	102XY103	仓管员刘**	
9	2024年4月5日	AGV无法充电	AGV139	114XY104	仓管员刘**	
10	2024年4月6日	AGV停止运行	AGV129	101XY106	仓管员李**	
11	2024年4月8日	设备与货架发生碰撞	AGV114	105XY114	仓管员李**	
12	2024年4月9日	行驶过程中，AGV偏离预设路径	AGV111	103XY109	仓管员李**	
13	2024年4月11日	AGV停止运行	AGV102	113XY115	仓管员李**	
14	2024年4月11日	行驶过程中，AGV偏离预设路径	AGV123	114XY101	仓管员李**	
15	2024年4月11日	AGV无法充电	AGV104	109XY101	仓管员李**	
16	2024年4月11日	设备与货架发生碰撞	AGV139	104XY116	仓管员李**	

< > >| 智慧仓运营异常记录表 Sheet2 +

异常发生码点	求和项:序号
101XY101	101
101XY102	333
101XY103	219
101XY104	33
101XY105	238
101XY106	253
101XY107	19
101XY108	432
101XY109	354
101XY110	27
101XY111	321
101XY112	238
101XY113	41
101XY114	89
101XY115	53
101XY116	211
101XY117	89
101XY118	53
101XY119	101
102XY101	97
102XY102	129.5
102XY103	61.5
102XY104	14
102XY105	129.5
102XY106	61.5
102XY107	134
102XY108	129.5
102XY109	61.5
102XY110	14

	货架第1列	货架第2列	货架第3列	通道1	货架第4列	货架第5列	货架第6列	通道2	货架第7列	货架第8列	货架第9列	通道3	通道4	工作站
通道1	101	97	68	117	21	33	27	129	35	26	19	235	199	86
货架第1排	333	130	157	193	227	261	337	157	193	227	453	81	92	335
货架第2排	219	62	70	79	87	96	104	113	337	278	193	144	37	88
通道2	33	14	22	101	21	33	27	349	35	26	19	239	156	269
货架第3排	238	130	157	193	227	261	337	177	193	227	422	81	92	333
货架第4排	253	62	70	79	87	96	104	337	123	193	157	119	37	231
通道3	19	134	22	231	159	33	27	298	35	26	19	193	42	465
货架第5排	432	130	157	193	227	111	337	157	193	227	453	311	421	158
货架第6排	354	62	70	98	87	96	104	290	337	278	193	238	197	399
通道4	27	14	22	119	21	33	27	311	35	26	19	144	42	321
货架第7排	321	130	157	193	227	261	233	157	193	227	453	278	92	96
货架第8排	238	62	70	79	87	96	104	145	89	130	157	177	37	436
通道5	41	14	22	238	21	33	27	239	35	26	19	39	521	98
货架第9排	89	355	157	193	227	261	337	157	193	227	453	119	92	120
货架第10排	53	62	337	278	193	96	104	337	278	193	157	193	37	193
通道6	211	14	66	219	21	33	27	118	35	26	19	79	155	101
货架第11排	89	130	157	107	227	261	337	157	345	227	453	238	92	544
货架第12排	53	337	278	193	87	96	337	278	193	130	157	193	211	277
通道7	101	11	21	166	27	37	44	108	62	70	79	278	298	139

图 5-2-3 整理数据

	货架第1列	货架第2列	货架第3列	通道1	货架第4列	货架第5列	货架第6列	通道2	货架第7列	货架第8列	货架第9列	通道3	通道4	工作站
通道1	101	97	68	117	21	33	27	129	35	26	19	235	199	86
货架第1排	333	130	157	193	227	261	337	157	193	227	453	81	92	335
货架第2排	219	62	70	79	87	96	104	113	337	278	193	144	37	88
通道2	33	14	22	101	21	33	27	349	35	26	19	239	156	269
货架第3排	238	130	157	193	227	261	337	177	193	227	422	81	92	333
货架第4排	253	62	70	79	87	96	104	337	123	193	157	119	37	231
通道3	19	134	22	231	159	33	27	298	35	26	19	193	42	465
货架第5排	432	130	157	193	227	111	337	157	193	227	453	311	421	158
货架第6排	354	62	70	98	87	96	104	290	337	278	193	238	197	399
通道4	27	14	22	119	21	33	27	311	35	26	19	144	42	321
货架第7排	321	130	157	193	227	261	233	157	193	227	453	278	92	96
货架第8排	238	62	70	79	87	96	104	145	89	130	157	177	37	436
通道5	41	14	22	238	21	33	27	239	35	26	19	39	521	98
货架第9排	89	355	157	193	227	261	337	157	193	227	453	119	92	120
货架第10排	53	62	337	278	193	96	104	337	278	193	157	193	37	193
通道6	211	14	66	219	21	33	27	118	35	26	19	79	155	101
货架第11排	89	130	157	107	227	261	337	157	345	227	453	238	92	544
货架第12排	53	337	278	193	87	96	337	278	193	130	157	193	211	277
通道7	101	11	21	166	27	37	44	108	62	70	79	278	298	139

图 5-2-4 制作热力图

③ 去掉数值，美化格式，形成更直观的热力图(见图 5-2-5)。

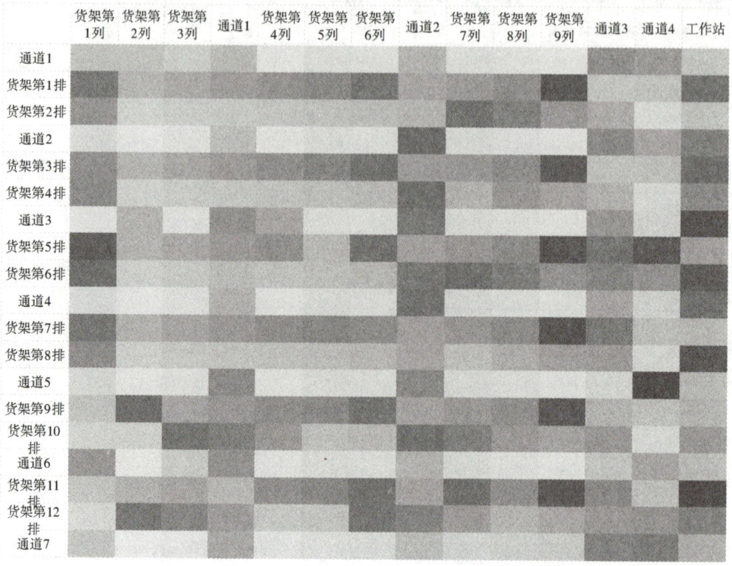

图 5-2-5　最终热力图

④ 分析热力图。根据热力图，货架通道交叉点附近和工作站附近为设备异常多发点。该区域容易发生设备与货架间的碰撞，应告知现场工作人员加强对相关码点的排查，定期维护。同时，可以在货架与通道连接处使用保护性装置，避免设备碰撞损坏货架。

2. 制作箱线图

① 准备数据：找到附件 5-2，打开表 5-2-3，将数据按组别整理为列或行格式，确保每组数据独立且完整。清除缺失值，数值型数据需符合统计要求(见图 5-2-6)。

2025年3月 AGV设备异常次数

设备名称	异常次数	设备名称	异常次数	设备名称	异常次数	设备名称	异常次数
AGV100	27	AGV110	14	AGV120	34	AGV130	16
AGV101	44	AGV111	111	AGV121	79	AGV131	41
AGV102	20	AGV112	19	AGV122	53	AGV132	19
AGV103	18	AGV113	17	AGV123	17	AGV133	17
AGV104	37	AGV114	38	AGV124	16	AGV134	58
AGV105	63	AGV115	97	AGV125	38	AGV135	35
AGV106	20	AGV116	20	AGV126	12	AGV136	20
AGV107	38	AGV117	56	AGV127	20	AGV137	18
AGV108	21	AGV118	20	AGV128	44	AGV138	21
AGV109	55	AGV119	2	AGV129	30	AGV139	11

设备名称	异常次数
AGV100	27
AGV101	44
AGV102	20
AGV103	18
AGV104	37
AGV105	63
AGV106	20
AGV107	38
AGV108	21
AGV109	55
AGV110	14
AGV111	111
AGV112	19
AGV113	17
AGV114	38
AGV115	97
AGV116	20

图 5-2-6　整理后的数据

② 创建图表：在 Excel 2016 中依次点击“插入”→“图表”→“统计图”→选择箱线图类型(见图 5-2-7)。

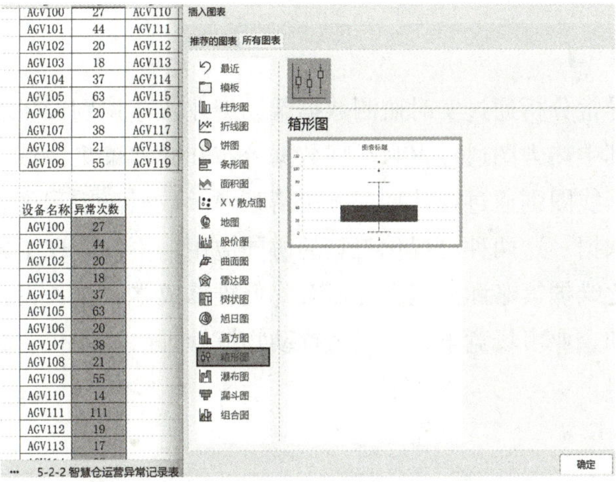

图 5-2-7 插入箱线图

③ 右键单击图表调整数据源和坐标轴，双击箱体自定义颜色样式。通过“图表工具”优化整体布局和视觉效果(见图 5-2-8)。

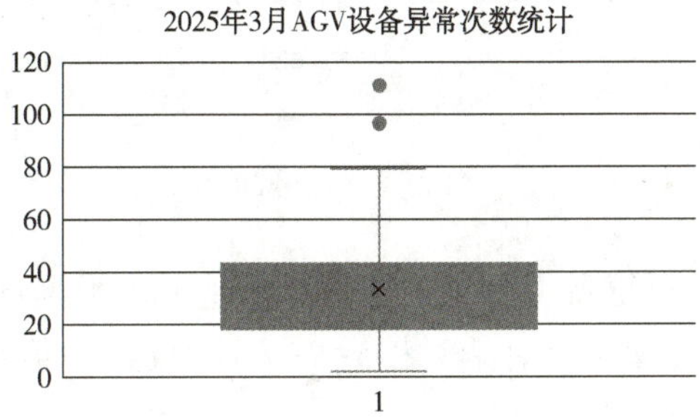

图 5-2-8 箱线图最终效果

④ 分析箱线图。对箱线图进行计算的结果见图 5-2-9，异常次数大于上边缘异常值的设备为异常次数过高设备。在本任务中，共有 3 台 AGV 设备异常次数过高，应加强关注。

设备名	异常次数
AGV111	111
AGV115	97
AGV121	79
AGV105	63
AGV134	58
AGV117	56
AGV109	55
AGV122	53
AGV101	44
AGV128	44
AGV131	41
AGV107	38
AGV114	38
AGV125	38
AGV104	37
AGV135	35
AGV120	34
AGV129	30
AGV100	27

名称	数值
最小值	2
上四分位数	18
中位数	21
下四分位数	41.75
最大值	111
四分位差	23.75
均值	33.4
上边缘异常值	77.375
上边缘	79
下边缘异常值	-17.625
下边缘	2
极端上异常值	113
极端下异常值	-53.25

图 5-2-9 箱线图计算结果

任务小结

智慧物流设备异常分析通过实时监测数据帮助企业快速识别设备故障、减少停机时间并提升运营效率，其中热力图通过直观呈现数据分布和异常聚集区域，精准定位高频故障点和性能瓶颈，而箱线图则通过统计特征分析清晰揭示数据离散程度和异常值分布，为预测性维护提供决策依据。这两种可视化工具的协同应用，不仅实现了异常情况的精准检测与预警，更通过优化维护策略和流程管理显著降低维修成本、延长设备寿命，从而全面提升供应链的稳定性和企业市场竞争力，成为推动物流管理向智能化、高效化转型的核心技术支撑。

人工智能小贴士：

在 Deepseek 人工智能技术的支持下，当你面对绘制热力图、箱线图任务毫无头绪时，可以使用提示词“热力图”“箱线图描述”“智能物流设备异常分析”等关键词让它帮助你列出任务实施步骤，然后再根据实际使用情况进行完善。

任务评价

本任务为分组任务：每组若干组员，在组长带领下，根据任务内容进行分工，使用学生自评表（表 5-2-5）、学生互评表（表 5-2-6）、教师评价表（表 5-2-7）完成任务评价。

表 5-2-5　学生自评表

班级		学号		姓名	
角色	□组长　□组员		完成时间		
任务内容		完成情况记录			

表 5-2-6　学生互评表

班级		被评人学号		被评人姓名	
评价者角色		评价者学号		评价者姓名	
任务内容		完成情况记录			

表 5-2-7 教师评价表

班级		被评人学号		被评人姓名	
任务内容		完成情况记录			

课证融通

一、单选题

1. 在绘制箱线图时，除异常值之外，在(　　)上边缘和下边缘的两个值处，画横线作为箱线图的边缘。

A. 最靠近　　B. 最不靠近　　C. 1 倍四分位差　　D. 2 倍四分位差

2. 描述箱线图的上下范围，上限为上四分位数，下限为下四分位数，在箱子内部(　　)的位置绘制横线。

A. 四分位差　　B. 中位数　　C. 1/3 四分位差　　D. 平均值

3. 为找出异常频发的位置，分析人员通常对一定时间内的异常数据进行分析，统计每一个码点发生异常的次数和异常类型，对于码点的分析一般认为，一个月内发生(　　)次以上即为频繁发生。

A. 5　　B. 10　　C. 15　　D. 20

4. 热力图是以特殊(　　)的形式显示数据的大小和数据所发生地理区域的图示。

A. 低亮　　B. 高亮　　C. 颜色　　D. 色彩

5. 热力图是通过数值进行可视化用于表示地图中点的密度的热图。在 Excel 中，常用(　　)来实现热力图绘制。

A. 数据　　B. 表格　　C. 色阶　　D. 底纹

二、多选题

1. 由仓库运营产生的异常指由于仓库本身生产存在不合理运营所造成的异常。由于仓库运营导致的异常原因很多，包括(　　)。

A. 仓库设备定期维护保养不足，设备带病运行

B. 仓库设备达到使用年限后未报废更新

C. 软硬件使用人员的培训不足

D. 设备运行的外部环境恶劣，如仓库的温湿度过高过低、粉尘污染等

2. 在仓库中，常见的设备异常原因可以分为(　　)三类。

A. 由硬件系统产生的异常　　B. 由软件系统产生的异常

C. 由仓库运营产生的异常　　D. 由系统操作错误产生的异常

3. 为找出异常频发的位置，分析人员通常对一定时间内的异常数据进行分析，统计每一个码点发生异常的次数和异常类型，为售后人员排查码点和维修设备提供信息。结合

(　　)指标，可以全面地反映码点的情况。

A. 涉及 AGV 数量

B. 该码点发生异常数占该仓库此类异常总数的比例

C. 近七日的异常次数

D. 异常总次数

4. 箱线图包含数学统计量，不仅能够分析不同类别数据各层次水平差异，还能揭示(　　)等。

A. 数据间离散程度　　B. 异常值

C. 分布差异　　D. 差别原因

5. 为找出异常频发的位置，分析人员通常对一定时间内的异常数据进行分析，统计每一个码点发生的(　　)，为售后人员排查码点和维修设备提供信息。

A. 异常次数　　B. 异常类型　　C. 异常设备　　D. 异常数值

课赛强化

以下为快鹿商超集团智慧仓 2025 年 4 月份统计 40 台 AGV 的异常次数，请根据异常次数统计表(见表 5-2-8)制作箱线图，并使用 Excel 相应的函数计算箱线图需具备的数值。

表 5-2-8　2025 年 4 月设备异常次数统计表

设备名称	异常次数	设备名称	异常次数	设备名称	异常次数	设备名称	异常次数
AGV100	11	AGV110	23	AGV120	22	AGV130	22
AGV101	21	AGV111	20	AGV121	20	AGV131	20
AGV102	20	AGV112	19	AGV122	19	AGV132	19
AGV103	18	AGV113	17	AGV123	17	AGV133	17
AGV104	16	AGV114	16	AGV124	16	AGV134	16
AGV105	23	AGV115	22	AGV125	22	AGV135	22
AGV106	20	AGV116	20	AGV126	20	AGV136	20
AGV107	19	AGV117	19	AGV127	19	AGV137	18
AGV108	21	AGV118	20	AGV128	18	AGV138	17
AGV109	15	AGV119	21	AGV129	20	AGV139	18

课程思政

菜鸟网络无锡智能仓 AGV 异常诊断与预测性维护实践

菜鸟网络无锡智能仓在部署 500 台“曹操”AGV 机器人后，运行 3 个月内出现了突发性停机、路径偏移等问题，导致分拣效率下降 15%。通过系统分析发现主要问题包括每日

8%的 AGV 因激光导航模块异常触发急停、部分 AGV 电池续航从 8 小时降至 5 小时，以及 10%的 AGV 出现±20cm 的路径抖动。深入调查显示故障根源在于仓库粉尘导致 62%的激光传感器误判、电池管理系统低温适应性不足，以及多 AGV 交叉路径时的算法缺陷。

针对这些问题，菜鸟网络采取了加装防尘罩使激光导航模块故障率下降 80%、升级动态充电算法恢复电池续航至 7.5 小时，并开发基于振动数据的 AI 预测模型实现提前 6 小时故障预警等解决方案。这些措施使 AGV 综合效率从 78%提升至 92%，月度非计划停机减少 70%，年节省维护成本超 200 万元。该案例证明智能物流设备的故障分析需要综合硬件状态、环境因素和软件日志等多维度数据，而预测性维护能有效提升供应链稳定性，为行业提供了从被动维修转向主动预防的典型范例。

在解决技术难题的同时，菜鸟网络积极践行新发展理念——通过 AI 预测模型实现提前 6 小时故障预警，不仅将 AGV 综合效率提升至 92%，更减少了 70%的非计划停机，年节省维护成本超 200 万元，展现了数字经济时代的质量效益。该项目被纳入“中国智慧物流发展白皮书”典型案例，为行业培养了 300 余名智能设备运维人才，其中 40%来自乡村振兴重点地区。这种将技术创新与国家战略、社会责任相结合的实践，生动诠释了当代物流企业“科技报国、产业为民”的使命担当，为加快建设现代化产业体系提供了鲜活样本。

根据案例思考以下问题：

1. 当智能物流设备出现运行异常时，应从哪些维度进行系统性故障诊断？请结合案例中的处理方案，说明设备维护人员应具备的专业技能要求。

2. 结合菜鸟网络的实践案例，分析智能物流设备的异常诊断和预测性维护技术会为仓储管理带来哪些影响？

任务三　AGV 设备可靠性分析

任务描述

2024 年 9 月 1 日，快鹿商超集团在 A 市建立了智慧仓库，初步选用了 120 台 AGV 搬运设备。随着时间的推移，智慧仓自动化设备逐渐出现失效现象。为有效解决潜在问题，提升智慧仓整体运营效能，并为后续设备维护与更新打好基础，公司决定针对自动化设备可靠性展开深入分析研究。快鹿商超集团管理层下发指示要求对智慧仓自动化设备进行可靠性分析，物流中心总监蒋立安排智慧仓管理员刘东负责本次设备可靠性分析工作，并于 2025 年 4 月 20 日上报设备可靠性分析结果。

刘东对设备的失效时间范围和失效个数进行了数据搜集和分析，具体使用时间与失效个数如表 5-3-1 所示。

表 5-3-1　智慧仓 AGV 失效与可靠度统计

失效时间范围	失效个数	累计失效个数	仍在工作个数	可靠度
0～500	6			
501～1000	27			
1001～1500	41			
1501～2000	25			
2001～2500	12			
2501～3000	5			
3001～3500	3			
3501～4000	1			
总计	120			

学习目标

【知识目标】

1. 掌握设备可靠性的定义。
2. 掌握可靠性工程的定义与作用。
3. 掌握常用的可靠性指标。

【技能目标】

1. 能够计算设备可靠度。
2. 能够使用 Excel 制作可靠度趋势图。

【素养目标】

1. 树立严谨认真的工作态度。
2. 培养吃苦耐劳的工作精神。

任务准备

1. 知识准备

(1) 可靠性的定义

可靠性(Reliability)是指系统、设备或产品在规定的条件下和规定的时间内，无故障地完成规定功能的能力。它是衡量技术系统稳定性和持续运行能力的重要指标，反映了设备在长期使用中的性能稳定性。

可靠性的核心要素包括：①规定的条件，包括环境(温度、湿度、振动等)、负载、操作方式等。②规定的时间，可以是连续运行时间、任务周期或使用寿命。③无故障运行，在预期使用范围内不发生影响功能的失效。④完成规定功能，设备必须按照设计要求执行其核心任务。

可靠性分析与质量管理不同，质量管理关注的是出厂时刻的产品合格率，可靠性关注的是使用过程中产品的故障情况。此外，质量管理与可靠性工程采用的工具也不同，可靠性工程主要应用概率论和数理统计，质量管理使用的是因果图、相关图、排列图等。

可靠性与耐用性也有所区别，耐用性是产品或设备在长期使用过程中，抵抗外部和内部不利影响的能力。可靠性是个概率数，耐用性倾向为时间量。耐用性是可靠性的一个方面，指因磨损引起故障的发生；可靠性还包括因疲劳、腐蚀、参数设定错误等引起的故障。

（2）可靠性工程

可靠性工程是指为达到产品的可靠性要求而进行的一套设计、研制、生产和试验等工作流程。可靠性工程是一门研究产品缺陷或者故障的发生和发展的规律，进而解决缺陷或者做好故障的预防和纠正，从而使缺陷或者故障不发生或者尽可能少发生的学科。因此，可靠性工程是一门与故障作斗争的学科。

可靠性工程具有四大目的，即预防、发现、纠正和验证，目的之间具有优选顺序，其原因在于要以最低的成本生产出可靠的产品，具体包括：

① 防止或者降低发生失效的可能性或者频率，重视预防故障和缺陷是可靠性工程最重要的一步，是可靠性工程的核心。即在设计产品性能和功能时，采取一系列的可靠性设计与分析的专门方法，应用并行工程的方法对可靠性与性能进行一体化设计。

② 确认并纠正发生失效的原因。发现产品形成过程中可能存在的缺陷或薄弱环节的早期暴露原因，予以纠正并改进，这样会使损失变小。

③ 确定解决失效的方法。发现失效不是目的，解决失效和故障才是真正的目的，才能提高产品的可靠性。目前在可靠性纠正故障的过程中形成了一些典型的方法，如故障报告、分析纠正系统等能够对产品可靠性增长过程进行有效管理。

④ 分析可靠性数据并评估可靠性工程。可靠性数据分析并不是可靠性工程的首要目的，而是退而求其次的选择，可靠性的关键在于解决故障。

2. 技能准备

（1）常用的可靠性指标统计计算

可靠性也叫可靠度，指的是产品在规定的时间内，在规定的条件下，完成预定功能的能力。它包括结构的安全性、适用性和耐久性，当以概率来度量时，称可靠度，以 $R(t)$ 表示，其中 t 为时间。例如：某智慧仓现有 50 台 AGV 搬运设备，使用 1 年后，有 2 台发生损坏无法修复，以天为时间单位进行结算，则此时的设备可靠度为 $R(365)=(50-2)/50=96\%$。

在失效时间范围与个数统计表中，可靠性指标计算方法如下：

累计失效个数=上一行的累计失效个数+本时间范围失效个数

仍在工作个数=设备总数-本时间范围的累计失效个数

可靠度=本时间范围的仍在工作个数/设备总数

（2）制作可靠度趋势图的步骤

① 制作散点图：选中数据区域，点击菜单栏“插入”→“图表”→“散点图”（见图 5-3-1）。

② 添加趋势线：单击图表中的任意数据点（所有点会高亮显示），单击右键选择“添加趋势线”（见图 5-3-2）。

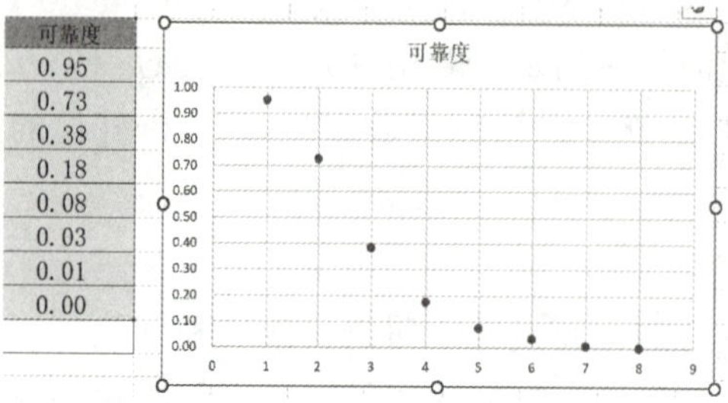

图 5-3-1　散点图

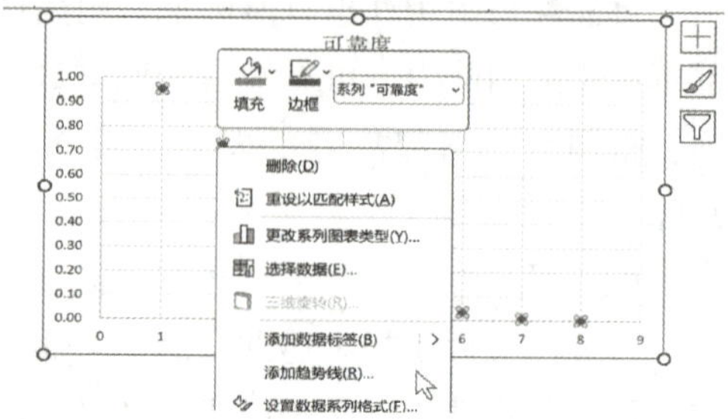

图 5-3-2　添加趋势线

③ 选择趋势图类型：可靠度数据分析选择“指数”，简单趋势选择“线性”，复杂曲线选择“多项式”，如图 5-3-3 所示。

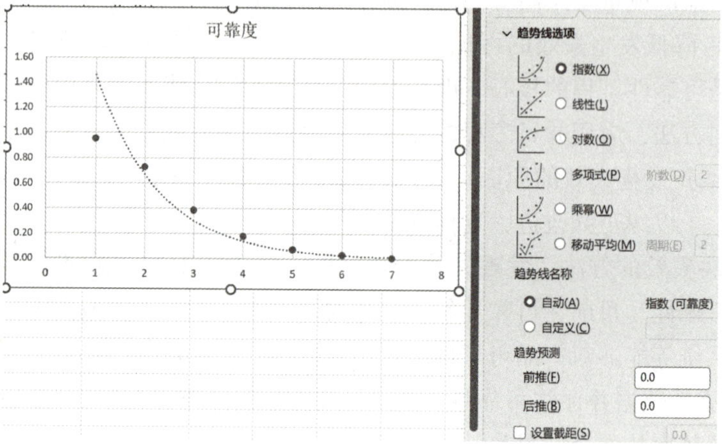

图 5-3-3　选择趋势图类型

任务实施

1. 计算累计失效个数

找到附件 5-3 打开表 5-3-1，根据累计失效个数 = 上一行的累计失效个数 + 本时间范围失效个数，逐一计算各个失效时间范围的累计失效个数，如图 5-3-4 所示。

=C4+D3

失效时间范围	失效个数	累计失效个数
0~500	6	6
501~1000	27	33
1001~1500	41	74
1501~2000	25	99
2001~2500	12	111
2501~3000	5	116
3001~3500	3	119
3501~4000	1	120
总计	120	

图 5-3-4　计算累计失效个数

2. 计算仍在工作个数

根据仍在工作个数=设备总数-本时间范围的累计失效个数，逐一计算各个失效时间范围的仍在工作个数，如图 5-3-5 所示。

=120-D3

失效时间范围	失效个数	累计失效个数	仍在工作个数
0～500	6	6	114
501～1000	27	33	87
1001～1500	41	74	46
1501～2000	25	99	21
2001～2500	12	111	9
2501～3000	5	116	4
3001～3500	3	119	1
3501～4000	1	120	0

图 5-3-5 计算仍在工作个数

3. 计算可靠度

根据可靠度=本时间范围的仍在工作个数/设备总数，逐一计算各个失效时间范围的可靠度，如图 5-3-6 所示。

=E3/120

失效时间范围	失效个数	累计失效个数	仍在工作个数	可靠度
0～500	6	6	114	0.95
501～1000	27	33	87	0.73
1001～1500	41	74	46	0.38
1501～2000	25	99	21	0.18
2001～2500	12	111	9	0.08
2501～3000	5	116	4	0.03
3001～3500	3	119	1	0.01
3501～4000	1	120	0	0.00
总计	120			

图 5-3-6 计算可靠度

4. 制作散点图

选中“可靠度”数据区域，点击菜单栏“插入”→“图表”→“散点图”，制作散点图(见图 5-3-7)。选择数据区域含标题行，则标题会显示在散点图中。

失效时间范围	失效个数	累计失效个数	仍在工作个数	可靠度
0～500	6	6	114	0.95
501～1000	27	33	87	0.73
1001～1500	41	74	46	0.38
1501～2000	25	99	21	0.18
2001～2500	12	111	9	0.08
2501～3000	5	116	4	0.03
3001～3500	3	119	1	0.01
3501～4000	1	120	0	0.00
总计	120			

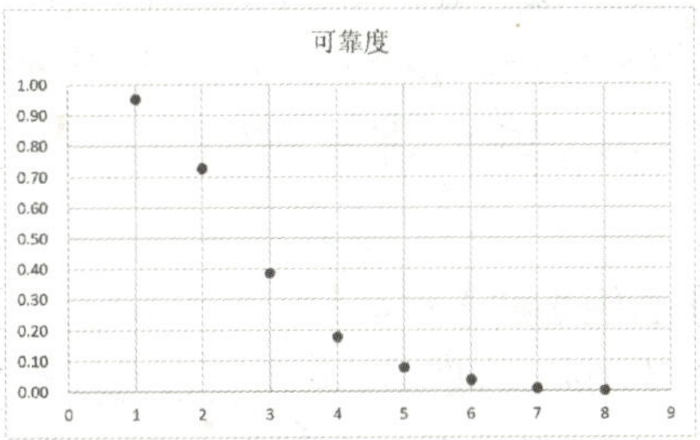

图 5-3-7 制作散点图

5. 获得可靠度趋势图

单击散点图中的任意数据点，右键选择“添加趋势线”(见图 5-3-8)，添加趋势曲线。在趋势图类型中选择“指数”，即可获得可靠度趋势图。

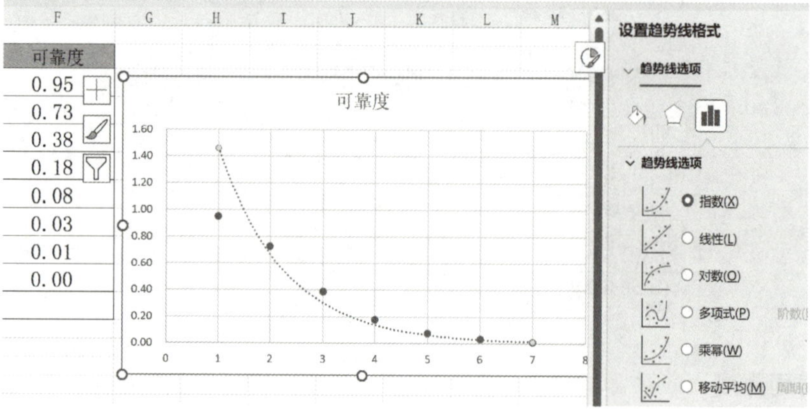

图 5-3-8　可靠度趋势图

6. 可靠性分析

由可靠度数据及可靠度趋势图可以得出，在初始阶段(0～500 小时)设备可靠度较高(95%)，但随使用时间的增加快速下降，在 1500 小时时可靠度已降至约 38%，3500 小时后仅剩约 1%。这一结果符合 AGV 设备的典型磨损规律，早期故障率较低，中期进入集中失效期，后期因幸存设备质量较高，失效速度减缓。

设备失效个数在 1001～1500 小时达到峰值，之后逐渐下降，说明设备存在明显的磨损失效期。针对这一情况，智慧仓管理人员可以采取相应措施对设备进行预防性维护，例如在 1001～1500 小时前对 AGV 设备进行关键部件检修或更换。

任务小结

智慧物流设备可靠性分析是企业实现高效运营的核心支撑。通过系统性评估设备失效模式和寿命特征，企业能够显著提升运营稳定性，保障订单履约能力；同时精准优化维护策略，降低运维成本。该工作可直接增强企业服务竞争力，支撑高端物流场景的可靠运行。从更深层次看，可靠性分析驱动产品技术迭代，推动行业标准制定，形成差异化优势。最终，这些成果转化为科学决策依据，帮助企业在智慧物流领域构建“技术—成本—服务”三位一体的长期竞争力。

人工智能小贴士：

在 Deepseek 人工智能技术的支持下，当你面对可靠性分析任务毫无头绪时，可以使用提示词“设备可靠度计算”“绘制趋势图”等关键词让它帮助你列出任务实施步骤，然后再根据实际使用情况进行完善。

任务评价

本任务为分组任务：每组若干组员，在组长带领下，根据任务内容进行分工，使用学生自评表(表 5-3-2)、学生互评表(表 5-3-3)、教师评价表(表 5-3-4)完成任务评价。

表 5-3-2　学生自评表

班级		学号		姓名	
角色	□组长　□组员		完成时间		
任务内容		完成情况记录			

表 5-3-3　学生互评表

班级		被评人学号		被评人姓名	
评价者角色		评价者学号		评价者姓名	
任务内容		完成情况记录			

表 5-3-4　教师评价表

班级		被评人学号		被评人姓名	
任务内容		完成情况记录			

课证融通

一、单选题

1. 在可靠性的定义中，规定的时间是指(　　)的时间，例如小时、千米、次数，如每行驶 10km 发生故障的次数。

A. 广义　　B. 狭义　　C. 确定　　D. 无法确定

2. 在可靠性的定义中，规定的功能是产品规格说明书中规定的(　　)工作指标，例如搬运、顶升、旋转等。

A. 极限　　B. 准确　　C. 正常　　D. 一般

3. 在可靠性的定义中，能力通常用概率度量，可靠性的概率度量称为(　　)。

A. 可靠概率　　B. 可靠能力　　C. 可靠度　　D. 可靠性能

4. 某仓库投入使用 AGV 搬运设备 100 台，在使用 1 年后，发现有 5 台损坏无法修复，以天作为度量时间的单位，此时的工作可靠度是(　　)。

A. 0.03　　B. 0.5　　C. 0.05　　D. 0.95

5. 随着工作时间的增加，零件的可靠度(　　)。

A. 不变　　B. 变大　　C. 变小　　D. 以上可能性都会出现

二、多选题

1. 可靠度也叫可靠性，指的是产品在规定的时间内，在规定的条件下，完成预定功能的能力，它包括结构的(　　)。

A. 安全性　　B. 适用性　　C. 耐久性　　D. 维修性

2. 常用的可靠性指标包括(　　)。

A. 可靠度　　B. 平均故障间隔时间

C. 平均故障维修时间　　D. 可用度

3. 可靠性的核心要素包括(　　)。

A. 规定的条件　　B. 规定的时间　　C. 无故障运行　　D. 完成规定功能

4. 可靠性的定义为产品在给定时间、给定条件下完成所需功能而不出现失效的概率。以下(　　)属于规定的时间。

A. 小时　　B. 公里

C. 次数　　D. 每行驶 10km 发生故障的次数

5. 在可靠性的定义中，规定的功能是产品规格说明书中规定的正常工作指标，例如(　　)等。

A. 搬运　　B. 顶升　　C. 旋转　　D. 速度

课赛强化

快鹿商超集团在 B 市的智慧仓有 300 台 AGV 设备，随着使用时间的推移逐渐失效，使用的时间与失效个数如表 5-3-5 所示，0~500 小时失效 19 个，501~1000 小时失效 49 个。计算不同时间的可靠度，并绘制可靠度图的趋势曲线。

表 5-3-5　失效时间范围与个数统计表

失效时间范围	失效个数	累计失效个数	仍在工作个数	可靠度
0~500	19			
501~1000	49			
1001~1500	88			
1501~2000	57			
2001~2500	42			
2501~3000	28			
3001~3500	12			
3501~4000	5			
总计	300			

课程思政

可靠性如何重塑智慧物流？亚马逊 Kiva 机器人案例深度解析

在智慧物流系统的实际运营中，设备可靠性直接决定着企业的运营效率和成本控制。亚马逊在 2012 年收购 Kiva 机器人公司后，开始大规模部署自动化仓储系统。亚马逊在部署 Kiva 机器人系统的过程中，深刻认识到设备可靠性对智慧物流运营的关键影响。初期由于中央控制系统存在单点故障风险，曾导致整个仓库运营瘫痪 12 小时，严重影响订单履约时效；机器人关键部件寿命短、维护频繁，不仅推高运营成本，更制约了整体效率提升。这些痛点促使亚马逊将设备可靠性提升到战略高度，从硬件改良、系统架构到运维模式进行全方位优化。

通过系统性技术创新，亚马逊构建了完整的可靠性保障体系。硬件方面采用新型复合材料延长驱动轮寿命 6 倍，并加装实时监测传感器；控制系统升级为分布式架构，单点故障风险大幅降低；创新设计的快速换电系统将设备有效作业时间提升至 92%。这些改进形成了包含预防性维护、故障自愈等功能的可靠性工程体系，更建立了“运营数据—研发优化”的闭环改进机制，使系统抗故障能力达到工业级标准。

可靠性提升为亚马逊带来了显著的商业价值转化。在运营端，机器人系统成功支撑了疫情期间 300%的订单量增长；在成本方面，预测性维护减少 70%突发维修，年节省数千万美元；在市场竞争力方面，98. 5%的准时交付率巩固了服务优势。这个案例证明，在现代智慧物流体系中，设备可靠性管理已超越技术范畴，成为影响服务质量、运营成本和市场竞争力的战略要素，其价值不仅体现在当下效率提升，更在于为企业数字化转型和持续创新提供坚实基础。

根据案例思考以下问题：

1. 在亚马逊 Kiva 机器人系统中，设备可靠性不足曾导致哪些具体运营问题？这些问题的改善为企业带来了哪些实质性效益？

2. 基于亚马逊 Kiva 机器人案例，分析设备可靠性提升如何影响企业的运营成本和服务质量？

模块六　智慧仓运营绩效分析

项目背景

快鹿商超集团是一家大型连锁商超企业，总部设在 A 市，其经营网络覆盖全国大部分地区。快鹿商超集团在 A 市建立了一家物流中心(以下简称“快鹿物流中心”)。快鹿物流中心拥有完善的物流服务网络，依托先进的物流服务平台，主要为快鹿商超集团分布在 A 市的门店提供仓储和市内配送等物流服务，同时为快鹿商超集团分布在 B、C、D、E、F、G 六市的门店提供长途干线运输等物流服务。

快鹿物流中心结合客户具体要求和企业管理制度，完成客户委托的日常业务，项目背景数据基于快鹿物流中心 2025 年 1 月 10 日当天的物流作业情况。快鹿物流中心每天的工作时间为 8：00—17：30。快鹿物流中心组织部门架构如图 6-1 所示，快鹿物流中心人员管理架构如图 6-2 所示。

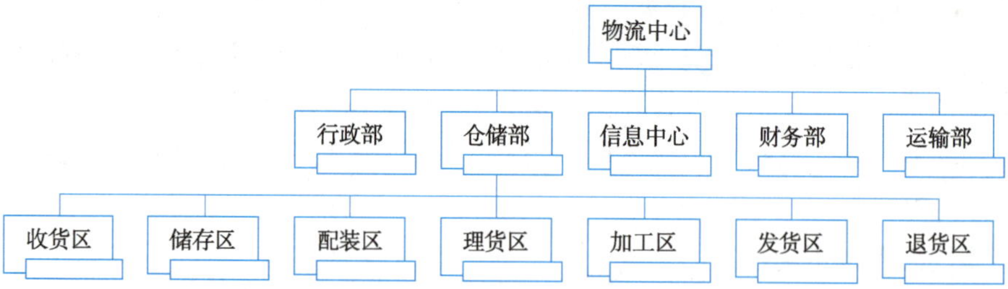

图 6-1　快鹿物流中心组织部门架构图

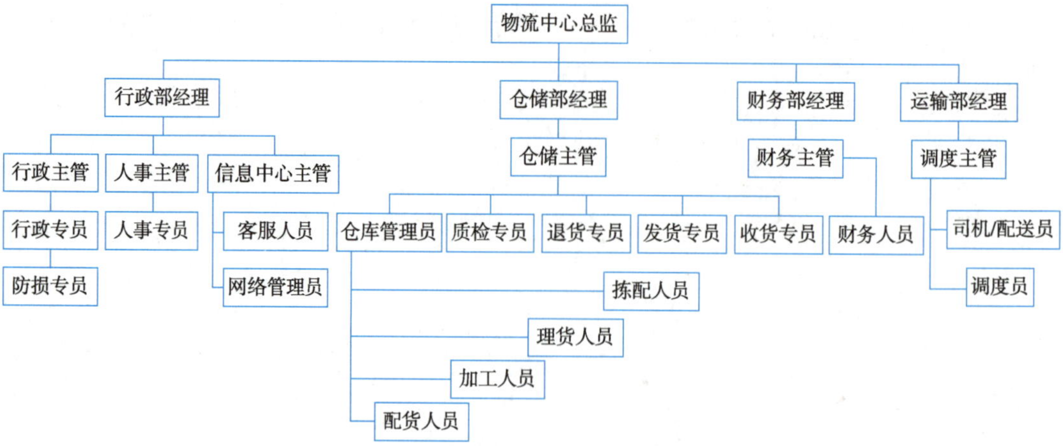

图 6-2　快鹿物流中心人员管理架构图

任务一 智慧仓仓储绩效分析

任务描述

2025 年 1 月 10 日，快鹿商超集团管理层下发指示，对智慧仓的运营进行仓储绩效分析。要求仓储绩效评价具有一定的标准和原则，同时要从不同的角度设定指标，按绩效评价的步骤要求，系统地制定仓储绩效评价体系。

物流中心总监蒋立安排行政部经理刘强完成该项工作，刘强指派人事主管王娜负责制定仓储绩效指标的评价体系。

学习目标

【知识目标】

1. 熟悉仓储绩效管理的指标。
2. 掌握仓储绩效评价指标的计算。

【技能目标】

1. 会根据仓储绩效指标分析企业的优势与不足。
2. 会计算仓储绩效评价指标。

【素养目标】

1. 具有绩效管理的意识。
2. 具有工作过程的安全意识。

任务准备

1. 知识准备

1.1 仓储绩效评价标准

仓储绩效评价标准是衡量仓库运营效果的核心指标体系，涵盖资源利用、服务水平、效率等多个维度。以下为关键评价标准及对应的量化指标。

(1) 资源利用效率

地产利用率：仓库建筑面积占地产面积的比例(计算公式：地产利用率=仓库建筑面积/地产面积×100%)。

仓容利用率：实际库存占仓库可存容量的比例(公式：库存商品实际数量/仓库可存数量×100%)。

设备利用率与完好率：设备实际工作时数占总能力比例、完好设备台数占比。

仓库面积利用率=货架区不含通道面积/仓库总面积。

(2) 服务水平评价

缺货率：缺货次数占订货次数的百分比(公式：缺货率=缺货次数/顾客订货次数×100%)。

准时交货率：准时交货次数占总交货次数比例(公式：准时交货率=准时交货次数/总交货次数×100%)。

货损货差赔偿费率：赔偿费占业务收入的比例，反映作业精确度。

(3) 储存效率与质量

库存周转率：出库量与平均库存量之比(公式：库存周转率=出库量/平均库存量×100%)。

进发货准确率：吞吐量减去差错量占吞吐量的比例(公式：进发货准确率=(期内吞吐量-差错量)/期内吞吐量×100%)。

商品缺损率：缺损商品占总库存量的比例。

货物周转次数=全年出货金额/平均库存金额。

(4) 成本控制

仓储吨成本：仓储费用与库存量的比值(公式：仓储吨成本=仓储费用/库存量×100%)。

呆滞料处理率：已处理的呆废料占全部呆废料的比率。

年平均库存金额=(年初库存金额+年末库存金额)/2。

年平均存货数量=每月平均库存×12。

年平均存货费用=全年仓储费用/年平均存货数量。

1.2　仓储绩效评价原则

全面性与科学性：指标需覆盖仓储全流程(如入库、出库、存储等)，并基于数据驱动分析。

可操作性：指标应易于量化、数据可获取(如通过 WMS 系统自动采集)。

客观公正：避免主观判断，以标准化公式计算(如库存准确率=账实相符种类数/总种类数×100%)。

可比性与稳定性：指标需在时间维度及行业基准间可比，且保持长期稳定。

战略一致性：评价体系需与企业整体目标对齐(如降低成本、提升客户满意度)。

1.3　仓储绩效评价步骤

实施仓储绩效评价需系统化推进，具体步骤如下。

(1) 目标设定与指标选择

诊断现状：通过数据分析(如历史库存周转率)识别痛点。

匹配战略：选择与企业目标相关的核心指标(如电商企业侧重拣货准确率)。

(2) 数据采集与清洗

自动化采集：利用 WMS、ERP 系统获取实时数据(如设备工作时数、订单处理时间)。

人工补充：对异常事件(如货损原因)进行人工记录。

(3) 绩效分析与评估

多维度对比：包括历史对比(如季度库存周转率变化)、行业基准对比(如 GB/T

30331—2021 标准)。

根因挖掘：例如缺货率高可能与采购延迟或需求预测偏差相关。

(4) 改进方案设计

流程优化：如重新规划拣货路径提升效率。

技术升级：引入自动化设备降低人工错误率。

培训与激励：通过绩效奖惩机制(如奖金与准时交货率挂钩)提升员工积极性。

(5) 撰写评价报告

评价报告主要内容包括评估结果、评估分析、评估结论及相关附件等，可送专家咨询组征求意见。由评价项目主持人签字，报送评价组织机构审核认定。如果委托中介机构进行评价，需加盖单位公章。

(6) 评价工作的总结

将评价工作背景、时间地点、基本情况、评价结果、工作中的问题及措施、工作建议等形成书面材料，建立评价工作档案，以便查阅及保证绩效评价的连续性。

2. 技能准备

为了全面、客观地评估智慧仓的仓储绩效，需要选取一系列关键绩效指标(KPI)。这些指标应涵盖仓储管理的各个方面，包括库存管理、仓储成本、作业效率和服务质量等。以下是智慧仓仓储绩效分析中常用的 KPI。

库存周转率=出库量/平均库存量×100%

意义：较高的库存周转率表明库存管理效率高，资金占用少；较低的库存周转率则可能意味着存在库存积压或缺货问题。

库存准确率=实际库存数量/账面库存数量×100%

意义：较高的库存准确率有助于减少库存盘点误差，提高库存管理的透明度和可靠性。

订单处理效率=总订单处理时间/订单数量×100%

意义：较高的订单处理效率可以提高客户满意度，减少客户等待时间。

客户满意度=满意客户数量/总客户数量×100%

意义：较高的客户满意度有助于提升企业的市场竞争力和品牌形象。

任务实施

任务 1：设计仓储绩效核算方法实训目标：掌握仓储绩效指标核算方法。

实训内容：有一个 10000m^2 的仓库，其货架区含通道的面积为 8000m^2，不含通道面积为 7000m^2；仓库全年出货量为 3.4 亿元；年初库存 2000 万元，年末库存 1400 万元，全年的仓储费用为 300 万元，每月平均库存约 10 万件。请计算以下三个指标：

(1)仓库面积利用率；(2)货物周转次数；(3)年平均存货费用。

实训器具：无。

实训要求：理解绩效指标评价体系。

任务2：掌握仓储绩效指标核算方法实训内容：

三一公司2005年到库物资2500t，出库1800t，年初库存700t，全年错发错收丢失1t，损害2t、赔偿5000元，另因消防不合格被罚款5000元。全年营业收入35000元。

请计算吞吐量、年平均存货数量、进发货差错率、物资完好率、业务赔偿率。

实训器具：无。

实训要求：理解绩效指标评价体系。

任务小结

智慧仓储绩效优化需以“技术—数据—管理”为核心驱动，通过自动化设备、AI算法与精益管理实现降本增效。企业一般分阶段推进改造，优先聚焦高价值场景(如AGV集群调度、爆品预打包)，并通过PDCA循环持续迭代，最终达成供应链敏捷响应与客户满意度双提升。

人工智能小贴士：

在ChatGPT人工智能技术的支持下，当你面对配送中心选址的任务毫无头绪时，可以使用提示词“配送中心”“选址”等让它帮助你设计配送中心选址的初稿，然后再根据实际使用情况进行完善。

任务评价

本任务为分组任务：每组若干组员，在组长带领下，根据任务内容进行分工，使用学生自评表(表6-1-1)、学生互评表(表6-1-2)、教师评价表(表6-1-3)完成任务评价。

表6-1-1　学生自评表

班级		学号		姓名	
角色	□组长　□组员		完成时间		
任务内容		完成情况记录			

表6-1-2　学生互评表

班级		被评人学号		被评人姓名	
评价者角色		评价者学号		评价者姓名	
任务内容		完成情况记录			

表 6-1-3 教师评价表

班级		被评人学号		被评人姓名	
任务内容		完成情况记录			

课证融通

一、单选题

1. 下列哪项指标最能反映库存管理效率？（　　）

A. 设备利用率　B. 库存周转率　C. 客户满意度　D. 地产利用率

2. 根据 GB/T 30331—2021 标准，仓储绩效评价的横向对比应参考什么？（　　）

A. 企业历史数据　B. 行业基准值　C. 部门预算　D. 员工满意度

3. 计算“进发货准确率”时，分母应为（　　）。

A. 吞吐量　B. 吞吐量-差错量　C. 吞吐量+差错量　D. 订单总量

4. 某仓库全年仓储费用为 120 万元，库存量为 3 万吨，其仓储吨成本为（　　）。

A. 4 元/t　B. 40 元/t　C. 400 元/t　D. 0.4 元/t

5. 下列哪项属于仓储绩效评价的素养目标？（　　）

A. 掌握库存周转率计算　B. 具有绩效管理意识

C. 优化拣货路径　D. 分析设备故障率

二、多选题

1. 仓储绩效评价原则包括哪些？（　　）

A. 全面性与科学性　B. 主观经验优先

C. 战略一致性　D. 数据不可量化

2. 下列属于“仓储质量”评价指标的是（　　）。

A. 进发货差错率　B. 库存周转率　C. 账货相符率　D. 订单处理效率

3. 数据采集与清洗环节包括哪些步骤？（　　）

A. 人工记录异常事件　B. 通过 WMS 导出设备数据

C. 随机抽样验证数据　D. 忽略缺失字段

4. 影响“库存持有成本”的因素包括（　　）。

A. 仓储成本　B. 资金成本　C. 设备完好率　D. 库存风险成本

5. 智慧仓优化的技术方向包括（　　）。

A. 动态路径规划算法　B. 区块链溯源

C. 纸质台账管理　D. 光伏储能系统

课赛强化

某仓库总面积为 15000m^2，其中货架区含通道的面积为 12000m^2，不含通道的面积为

$10000m^2$；全年出货总金额为5.2亿元；年初库存金额为3000万元，年末库存金额为2000万元；全年仓储费用为450万元，每月平均库存数量约为15万件。

请计算以下三个指标：1. 仓库面积利用率；2. 货物周转次数；3. 年平均存货费用。

课程思政

智慧仓储助力乡村振兴——川西高原牦牛肉冷链枢纽绩效优化实践

一、案例背景与行业痛点

四川省阿坝藏族羌族自治州是国家级牦牛养殖基地，年出栏牦牛超50万头，但受制于传统仓储模式，产业发展面临两大难题。

冷链断链损失大：牦牛肉需在-18℃以下存储，县域冷库覆盖率不足20%，从屠宰到预冷平均耗时8小时，腐损率高达30%(年损失超5亿元)。

市场溢价能力弱：采用“农户→乡镇中转→省会冷库”模式，高端市场(北上广深)渗透率仅10%，优质牦牛肉溢价空间流失严重。

二、解决方案：绩效评价体系构建与数智化升级

2024年，某生鲜电商联合四川省农业农村厅启动“雪域鲜品”计划，构建“智慧冷链+绩效管理”双轮驱动模式。

1. 科学绩效评价体系设计

指标体系：围绕“效率、质量、成本、可持续”四大维度，选取8项核心指标(表6-1-4)。

表6-1-4　核心指标表

维度	指标	算法与数据来源
效率	库存周转率、设备稼动率	周转率=年出库量/平均库存量×100%；AGV日志分析
质量	货损率、订单准确率	货损金额/库存总金额；WMS系统订单比对
成本	吨货能耗、冷链运输成本占比	总耗电量/出库吨数；TMS运输费用统计
可持续	碳排放强度、可再生能源利用率	碳足迹追踪系统；可再生能源利用率=光伏发电量/总耗电量×100%

评价原则：遵循全面性、战略一致性、可操作性。

2. 智慧冷链技术集成

动态货位分配：基于RFID+AI视觉识别技术，实现-25℃冷库内牦牛肉按部位自动分区存储，空间利用率提升40%。

氢能冷链网络：在红原县建设西部首个“光储氢一体化”冷链枢纽，年减少CO_2排放1.2万吨，获评四川省绿色仓储示范项目。

3. 牧民赋能机制创新

绩效可视化平台：开发藏汉双语版“牧云通”App，牧民可实时查看库存状态、销售分成，结算周期从90天缩短至7天。

合作社分红模式：将冷库运营利润的20%反哺牧民合作社，带动5000户牧民年均增收1.8万元。

三、实施成效与社会价值

表 6-1-5　社会价值表

维度	优化前	优化后	提升幅度
库存周转率	4 次/年	8 次/年	+100%
能耗	1. 5kWh/kg	0. 8kWh/kg	-46. 7%
高端市场渗透率	10%	35%	+250%
牧民满意度	60%(传统经销商模式)	92%(数字化直供)	+53. 3%

经济振兴：项目入选国家乡村振兴局“东西部协作典型案例”，带动阿坝州 GDP 增长 2. 3%。

生态保护：减少腐损肉品填埋量 8 万吨/年，相当于保护高原草场 1. 5 万亩。

文化传承：通过冷链技术延长风干牦牛肉保质期，促进非遗工艺市场化。

讨论议题：

如何通过绩效指标设计体现“双碳”目标与乡村振兴的协同？

智慧仓储技术如何支撑“共同富裕”政策在民族地区的落地？

任务二　智慧仓运输绩效分析

任务描述

2025 年 1 月 10 日，快鹿商超集团管理层下发指示，对智慧仓的运营进行运输绩效分析。要求运输绩效评价具有一定的标准和原则，同时要从不同的角度设定指标，按绩效评价的步骤要求，系统地制定运输绩效评价体系。

物流中心总监蒋立安排行政部经理刘强完成该项工作，刘强指派人事主管王娜负责制定仓储绩效指标的评价体系。

学习目标

【知识目标】

1. 掌握运输绩效分析的意义。
2. 理解运输绩效分析的含义。

【技能目标】

1. 掌握运输绩效分析的指标含义。
2. 理解指标计算的公式。

【素养目标】

1. 培养系统思维与资源优化意识。
2. 强化数据驱动的决策能力。

任务准备

1. 知识准备

1.1 运输绩效分析概述

运输绩效分析是物流管理中的核心环节，旨在通过量化指标和数据分析方法，评估运输活动的效率、成本、服务质量及可持续发展能力。其核心目标包括：

效率优化：降低空驶率、提升满载率，缩短运输周期(参考京东物流“超脑系统”动态路由算法案例)；

成本控制：通过路径规划、车型匹配等技术降低吨千米成本(如某冷链企业节约里程法应用后成本下降30%)；

服务提升：提高准时交货率、降低货损率(顺丰区块链溯源技术将货损率降至0.05%)；

绿色转型：减少碳排放强度(氢能重卡较柴油车减碳86%)。

1.2 运输绩效的核心意义

战略价值：直接影响客户满意度(如准时交付率)、企业运营成本(燃油、人力)及品牌声誉。通过数据驱动决策优化供应链韧性，应对市场波动(如油价上涨、需求激增)。

行业痛点：运输成本占物流总成本比例高达50%~60%(据世界银行数据)，降本空间巨大。客户对“最后一公里”时效要求提升(如电商24小时达覆盖率超80%)。

1.3 分析方法与工具

(1) 多维度对比分析

横向对比：同线路不同承运商的成本-时效矩阵分析。

纵向趋势：季度环比燃油效率变化(如百公里油耗下降5%)。

(2) 根因诊断技术

帕累托分析：识别导致80%延迟的20%关键节点(如某中转仓分拣效率低)。

鱼骨图：分解货损因素(人为操作、包装缺陷、路况等)。

(3) 智能预测模型

机器学习预测需求波动，动态调整运力(如节假日峰值预判误差率<8%)。

数字孪生技术模拟运输网络，测试极端场景下的应急方案。

2. 技能准备

运输绩效评价指标体系：运输绩效需围绕质量、效率、成本、服务、可持续五大维度设计指标，如表6-2-1所示。

表6-2-1 运输绩效评价指标体系

维度	关键指标	计算公式与意义
质量类	货损率、订单准确率	货损率=破损商品金额/运输总金额×100%，反映运输过程对商品的保护能力
效率类	车辆满载率、平均配送时效	车辆满载率=实际载重量/最大载重量×100%；平均配送时效=订单出库至签收的平均时长

续表

维度	关键指标	计算公式与意义
成本类	吨千米成本、退货处理成本占比	吨千米成本=运输总成本/(货物吨数×运输里程)，城乡配送行业标准≤0.8元/(t·km)
服务类	客户满意度(NPS)、准时交货率	准时交货率=准时交货次数/总交货次数×100%，电商行业目标值≥98%
可持续类	碳排放强度、可再生能源使用率	碳排放强度=总碳排放量/万订单量(单位：tCO_2/万单)，氢能/电动车辆可降低碳排放量≥85%

任务实施

任务1：某物流公司全年运输总金额为5000万元，其中因运输破损导致的货损金额为85万元。请计算该公司货损率，并判断是否达到生鲜行业标准(≤5%)。

货损率=85/5000×100%=1.7%

结论：1.7%≤5%，符合生鲜行业标准。

任务2：一辆最大载重量为10t的货车，实际装载了8.5t货物，运输距离为300km。请计算其车辆满载率，并分析优化空间。

满载率=8.5/10×100%=85%

可通过智能拼车算法提升至目标值。

任务3：某企业全年运输总成本为4.8亿元，运输货物总量为6000t，总运输里程为10万km。

(1) 计算吨千米成本；(2)判断是否满足城乡配送行业标准[≤0.8元/(t·km)]。

吨千米成本=48000/(6000×10)=0.08元/(t·km)

刚好达到城乡配送标准，需进一步优化避免超支。

任务4：某快递公司第四季度总交货次数为12500次，其中准时交货次数为12100次。

(1) 计算准时交货率；(2)若电商行业目标为≥98%，是否达标?

准时交货率=12100/12500×100%=96.8%

96.8%<98%，未达标，需优化路由或增加应急运力。

任务5：某公司全年运输环节碳排放量为1200tCO_2，完成订单量50万单。

(1)计算碳排放强度(tCO_2/万单)；(2)若改用氢能车辆可减排85%，问新碳排放强度为多少?

碳排放强度=1200/50=24tCO_2/万单

氢能减排后=24×(1-85%)=3.6tCO_2/万单

技术升级后碳排放强度大幅降低。

任务小结

运输绩效分析需按“数据采集-洞察挖掘-行动落地”形成闭环，结合技术迭代与组织变革，构建敏捷、低碳、高竞争力的运输网络。

人工智能小贴士：

在 ChatGPT 人工智能技术的支持下，当你面对运输绩效分析的任务毫无头绪时，可以使用提示词“运输绩效”“数据分析”等让它帮助你设计配送路径的初稿，然后再根据实际使用情况进行完善。

任务评价

本任务为分组任务：每组若干组员，在组长带领下，根据任务内容进行分工，使用学生自评表(表 6-2-2)、学生互评表(表 6-2-3)、教师评价表(表 6-2-4)完成任务评价。

表 6-2-2　学生自评表

班级		学号		姓名	
角色	□组长　□组员		完成时间		
任务内容		完成情况记录			

表 6-2-3　学生互评表

班级		被评人学号		被评人姓名	
评价者角色		评价者学号		评价者姓名	
任务内容		完成情况记录			

表 6-2-4　教师评价表

班级		被评人学号		被评人姓名	
任务内容		完成情况记录			

课证融通

一、单选题

1. 运输成本占物流总成本的比例为(　　)。

A. 20%～30%　　B. 30%～40%　　C. 50%～60%　　D. 70%～80%

2. 氢能重卡相较于传统柴油车，碳排放量可降低(　　)。

A. 50%　　B. 70%　　C. 86%　　D. 95%

3. 货损率的计算公式是(　　)。

A. 破损商品数量/运输总数量×100%　　B. 破损商品金额/运输总金额×100%

C. 客户投诉次数/总运输次数×100%　　D. 退货金额/总订单金额×100%

4. 城乡配送行业的吨千米成本行业标准应不高于(　　)。

A. 0.5 元/(t·km)　B. 0.8 元/(t·km)　C. 1.0 元/(t·km)　D. 1.2 元/(t·km)

5. 电商行业的准时交货率目标值通常为(　　)。

A. ≥90%　　B. ≥95%　　C. ≥98%　　D. ≥99%

二、多选题

1. 运输绩效分析的核心目标包括哪些？(　　)

A. 效率优化(如提升满载率)　　B. 成本控制(如降低吨千米成本)

C. 服务提升(如提高准时交货率)　　D. 绿色转型(如减少碳排放)

2. 以下哪些属于运输绩效分析的根因诊断技术？(　　)

A. 帕累托分析(识别 20%关键节点)　　B. 机器学习预测模型

C. 鱼骨图(分解货损因素)　　D. 数字孪生技术

3. 质量类运输绩效指标可能包括(　　)。

A. 货损率　　B. 车辆满载率　　C. 订单准确率　　D. 吨千米成本

4. 以下哪些技术可用于降低运输碳排放强度？(　　)

A. 氢能重卡　　B. 动态拼车算法　　C. 区块链溯源技术　D. 电动车辆

5. 多维度对比分析包括哪些方式？(　　)

A. 横向对比(同线路不同承运商)　　B. 纵向趋势(季度环比燃油效率)

C. 帕累托分析(关键节点识别)　　D. 鱼骨图(问题分解)

课赛强化

某企业运输数据如下：

全年运输总成本：7.2 亿元

货物总重量：9000t

总运输里程：12 万 km

准时交货次数：28900 次

总交货次数：30000 次

碳排放量：1800tCO_2

请计算：

(1) 吨千米成本；

(2) 准时交货率。

课程思政

成本压缩实践——某快运企业动态拼车算法应用

技术实现：开发基于蚁群算法+遗传算法的动态拼车系统，整合历史订单数据(日均5万单)、车辆载重(4.2~16t)及实时路况信息，实现智能拼单。系统自动匹配同线路订单，生成最优装载方案，满载率从75%提升至92%。

成本效益：年节省运费1800万元，其中燃油成本下降25%(算法优化路径缩短15%里程)，人工调度成本降低40%。

绿色转型：引入氢能重卡(续航800km)与电动轻卡(载重3t)，政府补贴覆盖车辆购置成本的30%，全生命周期TCO降低30%。截至2025年，新能源车辆占比达40%，碳排放强度降至0.3kgCO_2/(t·km)

时效提升方案——华东区域分拨网络重构

基础设施布局：在长三角地区新建3个区域分拨中心(RDC)，覆盖半径从300km缩减至150km，平均运输距离减少40km。采用四向穿梭车立体仓(高度22m)，货物周转效率提升3倍。

技术赋能：应用区块链智能合约实现海关通关自动化，系统自动校验报关单、商品溯源数据(RFID+物联网)，通关时间从72小时压缩至24小时，跨境运输时效提升2.5天。

客户体验升级——全链路可视化与智能预警

技术架构：集成GPS轨迹数据、温湿度传感器与CRM系统，开发实时追踪平台。当暴雨导致延误时，系统自动触发预警(短信/App推送)，客户投诉率下降35%。

NLP投诉分析：采用BERT模型分析10万条历史投诉数据，识别高频关键词。

包装破损(35%)→优化缓冲材料采购标准。

配送延迟(28%)→建立异常天气应急调度机制。

信息不透明(20%)→升级订单状态更新频率至15分钟/次。

根据以上三个案例回答问题：

1. 案例中用到哪些智能技术？
2. 运输行业未来有哪些发展趋势？

任务三　智慧仓配送绩效分析

任务描述

2025年1月10日，快鹿商超集团管理层下发指示，配送中心负责嘉年华超市在成都地区所有门店的商品配送业务，配送订单时效要求中午12点前的订单，于当天24点前送达，中午12点后的订单，于第二天中午12点前送达，否则为延误。请根据配送中心2024

年 3 月份业务明细(数据见“模块六任务三附件”)，完成以下两个任务：

① 统计 3 月每周的运单准时率(3 月 29/30/31 日默认为第 5 周)。

② 用线性图直观表示配送中心 2024 年 3 月份每周的运单准时率，横坐标显示第几周，纵坐标显示准时率，并标注出数据标签，主标题“3 月份运单准时率”。

物流中心总监蒋立安排运输部经理张鹏完成该项工作，张鹏指派数据分析师李娜完成以上两个任务。

学习目标

【知识目标】

1. 掌握订单时效性分析在供应链管理中的目的和意义。
2. 熟练掌握通过函数、图表等工具进行订单时效性分析的具体步骤。

【技能目标】

1. 掌握利用数据透视表和数据透视图对汇总数据的操作过程。
2. 能够阐述配送绩效考核的指标含义。

【素养目标】

1. 培养运用所学知识解决实际问题的能力。
2. 培养细致负责的工作作风。

任务准备

1. 知识准备

1.1 物流时效的衡量

对于消费者而言，物流时效是影响用户体验的关键环节，直接影响对物流企业服务质量的评价；对于企业而言，物流时效影响到企业的供应链计划，生产、销售等环节的效率直接受其影响；对于物流服务提供商而言，物流时效则代表企业的运作效率，时效性高的服务商可以为客户提供更加快速的物流服务，在市场中具有很强的竞争力。

衡量物流时效性主要有两个因素：一是运单准时率，二是交货提前期。产品交货提前期能反映企业的运作水平高低，运单准时率能反映企业的诚信和竞争力，这两大指标也成了客户对物流时效优化追求的方向。

1.2 关键指标体系构建

配送绩效评价需围绕质量、效率、成本、服务、时效五大维度设计指标。

(1) 质量类指标

订单准确率=正确配送订单数/总订单数×100%(生鲜行业要求≥99.5%)。

货损率=破损商品金额/配送总金额×100%(生鲜行业需控制在 5%以内)。

(2) 效率类指标

平均配送时效：订单出库至签收的平均时长(电商行业目标<24 小时)。

车辆满载率=实际装载量/最大载重量×100%(优化目标≥85%)。

(3) 成本类指标

吨千米成本=运输总成本/(货物吨数×运输里程)[城乡配送标准≤0.8元/(t·km)]。

退货处理成本占比=退货处理费用/总收入×100%(服装行业需<3%)。

(4) 服务类指标

客户满意度：通过NPS(净推荐值)或投诉率衡量(外卖行业NPS目标>40%)

1.3 数据分析流程与技术应用

(1) 数据采集与整合

多源数据整合：整合ERP、TMS、GPS等系统的订单数据、车辆轨迹、仓储状态等(如观麦生鲜系统实时采集温湿度数据)。

异常数据清洗：剔除重复订单、修复缺失字段(如补全地址模糊的订单)。

(2) 建模与根因分析

路径优化算法：应用蚁群算法、遗传算法动态规划路线。

预测模型：使用LSTM预测订单峰值。

(3) 可视化与决策支持

实时看板：通过BI工具展示关键指标(如Power BI生成配送热力图)。

智能预警：设置阈值触发异常告警(如货损率超5%时自动通知质检)。

2. 技能准备

2.1 IF和AND函数

【格式】=IF(判断条件的表达式，条件成立返回的值，不成立返回的值)

【作用】判断是否满足某个条件，满足返回一个值，不满足则返回另一个值。

【格式】=AND(待验证条件1，待验证条件2…)

【作用】多个参数条件同时满足，则返回“TRUE”；只要有一个参数的逻辑值为假，则返回“FALSE”。

2.2 COUNTIF和COUNTIFS函数

【格式】=COUNTIF(统计区域，统计条件)

【作用】计算区域中满足给定条件的单元格的个数。

【说明】条件的形式，可以是数字、表达式或文本，常需要用双引号括起来。

【格式】=COUNTIFS(条件区域1，条件1，条件区域2，条件2…)

【作用】计算多个区域内符合指定条件的单元格的个数。

2.3 WEEKNUM函数

【格式】=WEEKNUM(日期，返回值的类型)

【作用】返回特定日期在该年的周数。此函数可采用两种机制。

机制1：包含1月1日的周为该年的第1周，其编号为第1周；

机制2：包含该年第一个星期四的周为该年的第1周，其编号为第1周。此机制是ISO 8601指定的方法，通常称作欧洲周编号机制。

任务实施

1. 判断订单是否延误

根据明细判断每笔订单是否延误，若客户签收时间晚于承诺到货时间，或商品仍为在途状态，尚无明确签收时间，则为订单延误，否则为准时送达。在 G 列新增一列“是否准时送达”，使用 IF 和 AND 函数嵌套，判断“客户签收时间”与“承诺到货时间”关系，在 G2 单元格输入公式“=IF(AND(F2<E2,F2<>""),"准时","延误")”，并快速填充，如图 6-3-1 所示。

	A	B	C	D	E	F	G
1	运单号	运单创建时间	运单状态	始发城市	承诺到货时间	客户签收时间	是否准时送达
2	130001800088	2021/3/1 9:59	整单签收	S配送中心	2021/3/1 23:59	2021/3/1 17:00	准时
3	130001800090	2021/3/1 9:59	整单签收	S配送中心	2021/3/1 23:59	2021/3/1 17:00	准时
4	130001800091	2021/3/1 9:59	整单签收	S配送中心	2021/3/1 23:59	2021/3/1 17:00	准时
5	130001800092	2021/3/1 9:59	整单签收	S配送中心	2021/3/1 23:59	2021/3/1 17:00	准时
6	130001800094	2021/3/1 9:59	整单签收	S配送中心	2021/3/1 23:59	2021/3/1 17:00	准时
7	130001800105	2021/3/1 9:59	整单签收	S配送中心	2021/3/1 23:59	2021/3/1 11:00	准时
8	130001800106	2021/3/1 9:59	整单签收	S配送中心	2021/3/1 23:59	2021/3/1 11:00	准时
9	130001800107	2021/3/1 9:59	整单签收	S配送中心	2021/3/1 23:59	2021/3/1 11:00	准时
10	130001800108	2021/3/1 9:59	整单签收	S配送中心	2021/3/1 23:59	2021/3/1 11:00	准时

图 6-3-1　判断订单是否延误

2. 判断订单创建时间是当月第几周

WEEKNUM 函数可计算某一日期为当年第几周，若要求计算某一日期为当月第几周，可用 WEEKNUM 函数计算：WEEKNUM(该日期的当年周数)-WEEKNUM(该日期当月 1 号的当年周数)+1。在 H 列新增一列“周数”，使用 WEEKNUM 函数分别计算每笔运单创建时间属于 3 月的第几周，在 H2 单元格输入公式“="第"&WEEKNUM(B2,2)-WEEKNUM($B$2,2)+1&"周"”，并快速填充，如图 6-3-2 所示。

	A	B	C	D	E	F	G	H
1	运单号	运单创建时间	运单状态	始发城市	承诺到货时间	客户签收时间	是否准时送达	周数
2	130001800088	2021/3/1 9:59	整单签收	S配送中心	2021/3/1 23:59	2021/3/1 17:00	准时	第1周
3	130001800090	2021/3/1 9:59	整单签收	S配送中心	2021/3/1 23:59	2021/3/1 17:00	准时	第1周
4	130001800091	2021/3/1 9:59	整单签收	S配送中心	2021/3/1 23:59	2021/3/1 17:00	准时	第1周
5	130001800092	2021/3/1 9:59	整单签收	S配送中心	2021/3/1 23:59	2021/3/1 17:00	准时	第1周
6	130001800094	2021/3/1 9:59	整单签收	S配送中心	2021/3/1 23:59	2021/3/1 17:00	准时	第1周
7	130001800105	2021/3/1 9:59	整单签收	S配送中心	2021/3/1 23:59	2021/3/1 11:00	准时	第1周
8	130001800106	2021/3/1 9:59	整单签收	S配送中心	2021/3/1 23:59	2021/3/1 11:00	准时	第1周
9	130001800107	2021/3/1 9:59	整单签收	S配送中心	2021/3/1 23:59	2021/3/1 11:00	准时	第1周
10	130001800108	2021/3/1 9:59	整单签收	S配送中心	2021/3/1 23:59	2021/3/1 11:00	准时	第1周

图 6-3-2　判断订单创建时间是当月第几周

3. 统计每周订单情况

创建一张空白表，如图 6-3-3 所示，按周统计每周的订单数量、准时送达数量及比例、延迟送达数量及比例。

	A	B	C	D	E	F
1	周数	订单量	准时量	准时率	延误量	延误率
2	第1周					
3	第2周					
4	第3周					
5	第4周					
6	第5周					
7	小计					

图 6-3-3　建立空白统计表

（1）统计每周订单数量

根据上述对运单创建时间的判断，使用 COUNTIF 函数分类统计每周创建订单的数量。在 K2 单元格输入公式“=COUNTIF($H$2：$H$1951,J2)”，并快速填充，如图 6-3-4 所示。

J	K	L	M	N	O
周数	订单量	准时量	准时率	延误量	延误率
第1周	513				
第2周	450				
第3周	391				
第4周	368				
第5周	228				
小计	1950				

图 6-3-4　统计每周订单数量

（2）统计每周准时送达订单数量及比例

根据上述对订单是否准时送达和对运单创建时间的判断，使用 COUNTIFS 函数统计每周准时送达订单数量及比例。在 L2 单元格输入公式“=COUNTIFS($G$2：$G$1951,"准时",$H$2：$H$1951,J2)”，并快速填充，在 M2 单元格输入公式“=L2/K2”，并快速填充，如图 6-3-5 所示。

J	K	L	M	N	O
周数	订单量	准时量	准时率	延误量	延误率
第1周	513	488	95.13%		
第2周	450	437	97.11%		
第3周	391	381	97.44%		
第4周	368	355	96.47%		
第5周	228	218	95.61%		
小计	1950	1879			

图 6-3-5　统计每周准时送达订单数量及比例

（3）统计每周延误送达订单数量及比例

根据上述对订单是否准时送达和对运单创建时间的判断，使用 COUNTIFS 函数统计每周延误送达订单数量及比例。在 N2 单元格输入公式“=COUNTIFS($G$2：$G$1951,"延误",$H$2：$H$1951,J2)”，并快速填充，在 O2 单元格输入公式“=N2/K2”，并快速填充，如图 6-3-6 所示。

J	K	L	M	N	O
周数	订单量	准时量	准时率	延误量	延误率
第1周	513	488	95.13%	25	4.87%
第2周	450	437	97.11%	13	2.89%
第3周	391	381	97.44%	10	2.56%
第4周	368	355	96.47%	13	3.53%
第5周	228	218	95.61%	10	4.39%
小计	1950	1879			

图 6-3-6　统计每周延误送达订单数量及比例

4. 绘制运单准时率线性图

选中 J1:J6，M1:M6 单元格，插入“带数据标记的折线图”，添加“数据标签元素”，修改主标题为“3 月份运单准时率”，如图 6-3-7 所示。

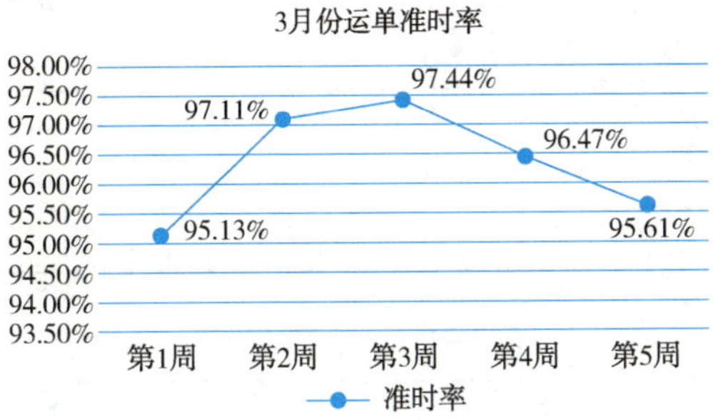

图 6-3-7　运单准时率线性图

任务小结

配送绩效分析是通过量化指标和技术手段评估配送效率、成本、质量及服务能力的过程，其核心目标是优化资源配置、降低运营成本并提升客户满意度。订单时效性分析主要用于事后评价企业运输能力、订单处理能力等服务管理水平，同时可用于事中对延误订单报警提示、跟踪异常订单信息等，是客户衡量物流企业服务水平、物流企业对服务水平自我审查并改进的重要绩效指标分析。

人工智能小贴士：

在 ChatGPT 人工智能技术的支持下，当你面对配送绩效分析的任务毫无头绪时，可以使用提示词“配送绩效”“数据分析”等让它帮助你设计配送绩效分析的初稿，然后再根据实际使用情况进行完善。

任务评价

本任务为分组任务：每组若干组员，在组长带领下，根据任务内容进行分工，使用学生自评表(表 6-3-1)、学生互评表(表 6-3-2)、教师评价表(表 6-3-3)完成任务评价。

表 6-3-1　学生自评表

班级		学号		姓名	
角色	□组长　□组员		完成时间		
任务内容		完成情况记录			

表 6-3-2　学生互评表

班级		被评人学号		被评人姓名	
评价者角色		评价者学号		评价者姓名	
任务内容		完成情况记录			

表 6-3-3　教师评价表

班级		被评人学号		被评人姓名	
任务内容		完成情况记录			

课证融通

一、单选题

1. 物流时效性的衡量主要依据哪两个关键指标？(　　)

A. 订单准确率与货损率　　B. 运单准时率与交货提前期

C. 车辆满载率与吨公里成本　　D. 客户满意度与退货处理成本

2. 生鲜行业对订单准确率的最低要求是(　　)。

A. 95%　　B. 98%　　C. 99.5%　　D. 100%

3. 使用 Excel 函数判断订单是否延误时，若要求同时满足“签收时间早于承诺时间”且“签收时间不为空”，应选择的函数组合是(　　)。

A. =IF(OR(F2<E2,F2<>""),"准时","延误")

B. =IF(AND(F2<E2,F2<>""),"准时","延误")

C. =COUNTIFS(F2:E2,"<",F2,"<>")

D. =IF(F2<E2,"准时","延误")

4. 以下哪个指标属于配送绩效评价中的“效率类”指标？(　　)

A. 客户满意度　　B. 吨公里成本

C. 平均配送时效　　D. 退货处理成本占比

5. WEEKNUM 函数用于计算某日期属于当年的第几周，若采用 ISO 8601 标准(欧洲周编号机制)，其参数应为(　　)。

A. WEEKNUM(日期，1)　　B. WEEKNUM(日期，2)

C. WEEKNUM(日期,"ISO")　　D. WEEKNUM(日期，0)

二、多选题

1. 以下哪些属于物流时效优化的目标？(　　)

A. 提升交货准时率　　B. 缩短交货提前期

C. 降低吨公里成本　　D. 提高车辆满载率

2. 配送绩效评价的关键维度包括哪些？(　　)

A. 质量　　B. 效率　　C. 成本　　D. 服务

E. 时效

3. 使用 COUNTIFS 函数统计"第 2 周延误订单数量"时，需要满足的条件是(　　)。

A. 周数=第 2 周　　B. 是否延误="延误"

C. 订单金额>100 元　　D. 签收时间不为空

E. 客户满意度≥90%

4. 数据分析流程中"建模与根因分析"阶段可能应用的技术包括(　　)。

A. LSTM 预测订单峰值　　B. Power BI 生成热力图

C. 蚁群算法优化路径　　D. SQL 清洗异常数据

E. 遗传算法规划路线

5. 以下关于 WEEKNUM 函数的描述，正确的是(　　)。

A. 机制 1 以包含 1 月 1 日的周为第 1 周

B. 机制 2 以包含第一个星期四的周为第 1 周

C. WEEKNUM(B2,1)表示采用 ISO 8601 标准

D. 计算当月周数需减去当月 1 日的周数

E. 公式"="第"&WEEKNUM(B2,2)-WEEKNUM($B$2,2)+1&"周""可显示当月周数

课赛强化

配送中心负责家乐福超市在成都地区所有门店的商品配送业务，配送订单时效要求中午 12 点前的订单，于当天 24 点前送达，中午 12 点后的订单，于第二天中午 12 点前送达，否则为延误。请根据配送中心 2024 年 11 月份业务明细(数据见"模块六任务三附件")：

1. 统计 11 月每周的运单准时率(11 月 29/30 日默认为第 5 周)。

2. 用线性图直观表示配送中心 2024 年 11 月份每周的运单准时率，横坐标显示第几周，纵坐标显示准时率，并标注出数据标签，主标题"11 月份运单准时率"。

课程思政

京东物流超脑系统：全链路智能优化

场景：电商大促期间(如"双 11")物流网络压力剧增，需平衡时效性与成本。

技术应用：

智能规划：通过数字孪生技术模拟仓储、运输、配送网络，动态调整资源分配(如预测订单峰值时段的运力需求)。

动态路由算法：基于实时交通数据优化干线运输路径，"双 11"期间订单全链路履约时间缩短 12%，末端站点人效提升 23%。

KPI 监控：追踪"吨千米成本""订单准时率"等指标，结合 GIS 系统优化站点覆盖范

围，降低空驶率。

成效：库存周转天数低于 30 天，运输成本下降 18%，客户满意度提升至 98%。

美团智能配送：骑手调度与区域规划

场景：即时配送高峰期(如午晚餐饮订单激增)的运力资源分配。

技术应用：

区域规划算法：将城市划分为合理配送区域，通过订单聚合度、骑手顺路性等指标优化单均行驶距离，试点城市骑手单均行驶距离减少 5%。

骑手排班模型：以半小时为粒度离散化时间，结合订单量预测动态调整骑手组别开工时段，减少闲时运力浪费。

实时预警：监控“订单延迟率”“骑手空驶率”，自动触发路线重规划指令。

成效：骑手日均配送单量提升 20%，配送成本降低 15%。

重庆奉节脐橙无人机配送：山区物流突破

场景：山区脐橙采摘后需快速运至集散点，传统人力运输效率低、损耗高。

技术应用：

低空物流网络：采用丰舟 90 型无人机执行跨山吊运任务，每日运输量达 5 吨，较人力效率提升 9 倍。

货损监控：通过温湿度传感器实时监测运输环境，结合历史数据优化吊运路径(避开强风区域)。

成效：运输时间缩短至 15 分钟/次，腐损率从 25%降至 5%，带动农户年均增收 1.2 万元。

A 公司冷链物流路径优化：节约里程法应用

场景：烟台地区冷冻食品配送成本高、路线冗余。

技术应用：

节约里程法建模：基于客户地理位置、订单量及车辆载重约束，生成最优闭合回路配送路径。

碳排放核算：对比柴油车与新能源车方案，选择吨千米成本≤0.8 元/(t·km)且碳排放强度最低的组合。成效：配送里程减少 30%，车辆利用率提升至 85%，年节约运输成本 120 万元。

Zeo 食品配送软件：动态路线调整

场景：大型餐饮活动(如婚宴、会议)的餐品需准时、保量配送。

技术应用：

多目标优化算法：综合考虑订单时效性(要求±15 分钟误差)、车辆容量、温控要求，生成最优路线。

实时追踪：通过 GPS 监控配送进度，突发路况变化时自动调整路线并通知客户。

成效：配送准时率从 75%提升至 95%，客户投诉率下降 40%。

根据案例思考以下两个问题：

1. 上面案例中主要涉及哪些指标？
2. 上面案例中用到了哪些技术工具？